数字帝国主义

DIGITAL IMPERIALISM

刘皓琰 —— 著

中国青年出版社

目 录

数字经济时代的秘密

何自力 *

2022 年新年伊始，看到了刘皓琰著《数字帝国主义》。作为他的博士生导师，我深知他于博士期间就在这一领域默默耕耘，如今看到他多年心血之作即将出版，亦是不胜欣慰。

"90 后"的青年学者，遇到的是与以往的政治经济学学者完全不同的成长环境。全球互联网的商业化始于 20 世纪 90 年代，带来的改变从微观主体迅速扩展到全球政治经济生态，也将"90 后"学者推向了潮头，赋予新的学术使命。其中，需要解决的一个最为重要的问题是如何在数字经济时代找到马克思。我们必然无法在《资本论》中找到马克思对于互联网和数字技术的只言片语，但这就意味着政治经济学原理方法解释世界功能的弱化吗？当然不是。技术形态会随着历史的发展不断变化，但马克思对资本运行和发展规律的揭示对我们认识世界、认识资本主义依然有着根本性的意义。在这一点上，《数字帝国主义》体现得淋漓尽致。

我们在本书中还能看到对列宁主义的坚持。受到技术发展进程的影响，国内对数字资本主义的研究晚于西方。西方左翼学者在过去几十年来推出了不少优

---

* 南开大学经济学院原副院长，教授、博士生导师。

秀作品，但细细品读会发现，相较于马克思而言，很多学者对列宁观点和方法的重视程度明显不足，这使得他们的很多思想存在着比较明显的缺陷，也无法提出多少切实可行的斗争方案。事实上，对数字资本主义的研究不应止于数字劳动、零工经济等日常事物，而应当落脚于社会、国家与国际关系，落脚于对资本主义与社会主义的讨论。本书以"数字帝国主义"为题，除了可以鲜明地描述当代资本主义的发展特点外，也是对放弃了帝国主义理论、政党理论等的很多西方左翼学者的一个回应。

在数字经济时代，谁也不能低估技术的进步速度。20年前，电子商务、社交媒体等刚刚兴起；10年前，数字货币、零工经济等逐渐流行；近年来，金融科技、工业互联网等又席卷而来。我们要以怎样的世界观看待这些不断出现的新生事物，如何看待资本对它们的捆绑？在这本书中，我们可以找到很多想要的答案。它不仅梳理了自数字技术出现后的资本主义发展进程，给了我们一个宏观的历史视角，还对诸多新生业态作了深入剖析。非雇佣剥削、"中心—散点"结构、多重竞争结构、数字殖民、双重时间掠夺、"数字—金融"复合体等概念令人耳目一新，让我们看到了当代资本主义在新技术下的全面重塑，也带我们全方位地了解数字帝国主义的经济结构与运行机制。就像书中提到的那样，本应造福于人的数字技术在资本主义应用下，成为对大众进行全生命周期剥削的工具；这个时代虽不见坚船利炮，但对全世界的盘剥与掠夺却同样肮脏血腥。

书中也对数字帝国主义的内在痼疾作了详尽研究。数字帝国主义终究是建立在生产力与生产关系的矛盾之上，其内在的对抗性与不稳定性同其看似华丽的外衣一样显著，"纸老虎"的本质显露无遗。

在大国科技竞争愈发激烈的今天，中国到底走出了怎样一条与数字帝国主义截然不同的发展之路？如何将先进生产力与中国特色社会主义制度相融合？如何应对数字帝国主义构建的联盟打压、抢占未来科技与经济发展制高点？书中均作出了深入思考。

总而言之，这是一部充满了新锐思想的著作。它让我们看到了青年学者的敏锐观察，看到了他们对国情世情的关怀，也看到了马克思主义接力发展的希望。我相信，当代中国的青年们将会在马克思主义的旗帜下继续前行，在这个快速发展又暗流涌动的时代，打碎数字帝国主义的险恶企图，为推动国家发展和民族繁荣不懈奋斗。

是为序。

2022 年春

迎接数智文明时代

鄢一龙

*

未来像盛夏的大雨，
在我们还不及撑开伞时就扑面而来。

——刘慈欣

也许应该把我们身处的时代称为未来化（futurization）时代。传统社会时间是缓慢流淌的，人类数千年历史是遥远古典黄金时代延续。现代化（modernization）社会的时间是快速变化，不断迎来现代化浪潮冲刷。进入未来化时代，时间观是非线性变化，我们生活的世界正变得越来越科幻。

现代化意味着过去是偶然性，现在是必然性，而未来化意味着未来才是必然性，现在不过是偶然性。现代化是从现在走向未来，而未来化则是未来向现在走来。现代化意味着持续改进，未来化则意味着不断颠覆。现代化思维是累积性改进，而未来化思维则是第一性原理逆推。现代化动力来源于专业化分工，未来化动力则来源于跨界融合。

---

* 清华大学公共管理学院副教授，清华大学国情研究院副院长。

数智革命与数智文明

未来化时代主要原因在于新的科技与产业革命，通常称之为"第四次产业革命"（我自己也这么使用），但是这种说法大大低估了这一轮革命的规模与深远影响。

人类社会正发生自工业革命以来又一次重大的技术与产业革命，可以将其称为"数智革命"。如同工业革命推动人类社会进入工业文明时代一样，数智革命将推动人类社会进入数智文明时代。

数智革命是以数据为新生产资料，以智联网为新生产基础设施，以智能设备为新生产工具，以算力为新生产力，以算法为新生产关系的数字化、智能化、自动化革命。数智革命是智能技术、能源技术、生命技术、空间技术四大技术革命浪潮叠加的革命，将根本改变影响人类社会运行的四大基础要素：信息、能源、生命形态和生存空间。这将颠覆人类旧文明形态，推动人类进入数智文明时代。

智能技术革命将推动人类社会演进出超级智能体系。如同经历了漫长进化过程才出现了智人，人类社会也经历了悠久历史演进，将会使人类社会本身智能化，发育出一个连接着各种终端、智能设备、具有高速通道的庞大社会神经网络，而数据像神经脉冲一样涌动，中枢智能、集群智能与节点智能相结合，具有越来越强的存储能力与运算能力的超级智能体系。在数智化浪潮中，所有产业都会重构，社会和政府形态也会重构，推动智慧经济、智慧社会、智慧政府的三位一体演进。

能源技术革命将推动人类向清洁能源转型，改变工业革命时代以来化石能源为主体的格局，帮助人类文明实现与地球母亲的和解，解决迫在眉睫的气候变化危机等环境问题。能源技术革命是能源结构变化，也是使用能源量级跃升。随着太阳能更大规模使用，可控核聚变等新能源技术运用，人类利用能源规模将跃升到新的数量级，以支撑人类社会从工业文明社会跃迁到数智文明社会。

生命增强等生命技术革命将导致人类生命形态的变化，这是人类进化历史上没有过的，以至于有人开始讨论"后人类时代"，这将对人类社会的基本伦理与社会结构产生巨大冲击。空间技术革命将使人类生存空间拓展到外太空，改变这个长期存在于地球薄膜般生物圈的人类文明的生存空间，其开拓意义远远超过了工业革命之前发生的大航海时代的地理大发现。

我们正处于人类历史没有过的最宏伟的技术革命的早期阶段。想到这一轮技术革命对人类文明的再造，不禁令人深深敬畏，又充满无限遐想。未来的数智文明，就如同一个无与伦比的完美雕塑，就在人类浩瀚意识深处，向现实世界一点一点浮现出来。

数字社会主义与数字资本主义

数智革命是资本主义的天然掘墓人，却是社会主义的天然盟友。

数智革命带来去稀缺化（物质极大丰富）、生产资料的社会化、产品公共化（非排他性产品日益增多）、机器人对于就业替代，这些变化实际上会瓦解资本主义社会赖以存在的基础，推动人类社会从资本主义向社会主义、共产主义演进。

历史的吊诡之处在于，数智革命也会推动资本主义发展到超级资本主义的新阶段，这是资本主义发展的更高阶段，也是资本主义发展陷入癫狂的阶段。本书深入讨论这一主题，其中包括四个关键词：数字资本主义、数字帝国主义、数字社会主义、数字人类命运共同体。

数字资本主义是资本主义发展的新阶段，资本杠杆和数字杠杆相结合，成为撬动世界的巨大力量。数字巨头已经具有准国家性质，对应于人民、土地、主权者国家三要素，数字平台三要素是用户、平台、巨头。数字资本会渗透各行各业并对传统行业进行垂直整合，对经济、政治、文化、社会各领域都施加巨大影响。数字资本作为生产中心支配数字劳工，并利用算法对数字劳工进行空前的控制。

数字大资本迅速膨胀，在 21 世纪第一个十年后形成了可以影响全球的垄断力量，数字资本主义也完成了向数字帝国主义的过渡，数字跨域性与资本的跨国性相互融合，正在重塑全球的贸易与分工秩序，并空前放大了资本与劳动的对立性。

资本主义借助传统咒语的力量把数智革命幽灵封装在他们的旧瓶子里，再假装什么都没发生，而这个日益膨胀的幽灵，正在吹大资本主义的瓶子，终将有一日会破瓶而出。

让数智革命和社会主义携手，让公共的回归公共，让共享的真正共享，如同本书揭示的，中国要走的是一条数字社会主义与数字人类命运共同体的新路，这是一条拥有光明未来的人间大道。

青年势力

未来化的后果之一是传统权威让位给青年势力。经验丰富未必是优势，反而有可能是障碍。青春就是颠覆的力量，青春就是时间的朋友。

这是一个青年人做大事、站 C 位的时代。刘皓琰博士是一名90 后学者，本书基于他在清华大学国情研究院攻读博士后期间完成的出站报告。在站期间，他除了进行学术研究之外，还承担了多项国家规划与战略研究任务，迅速成长为一名学术新锐。作为他的合作导师，我从他身上学到了许多新知。

本书体现他作为年轻一代学者的理论自信与锐意创新精神。例如，书中基于互联网"参与式"生产模式探讨了"非雇佣工人"概念，从"多重竞争结构"的视角探讨数字经济时代水平及垂直维度的垄断问题，从"数字殖民"角度理解帝国主义国家利用技术霸权将世界范围内用户汇聚到数字平台等。

在数智革命浪潮中，中国学者与西方学者第一次站在同一起跑线上。我相信，如同会有越来越多的原创技术在中国诞生一样，也会有越来越多原创理论思想在中国诞生。这是一个对于刘皓琰博士这一代年轻学者而言充满挑战与机遇的大时代。

可以说，这部由青年学者创作、中国青年出版社出版的关于已经到来的未来的书，对于我们理解猝不及防的未来化时代，是一场酣畅淋漓的夏雨！

2022 年 9 月

第 一 章

历程：

从数字资本主义
到数字帝国主义

从 1946 年至今，数字资本主义经历了萌芽期和成熟期，并最终过渡到数字帝国主义阶段。在这一过程中，数字技术的影响力不断扩张，并在资本逻辑的导向下与资本家进行了邪恶联姻，改变了帝国主义的经济结构与掠夺方式。

当今世界，即便是普通民众也开始越来越多地意识到数字技术所具有的空前影响力。超强的渗透和整合能力，便利的传输与存储能力，较短的更新周期与强大的可持续性，这些技术特点使得新一轮科技革命绝不再仅仅是某一领域的发展变化，其所产生影响的范围也将从劳动形式、企业分工、雇佣关系延伸至国家形态、国际关系，而"数字帝国主义"便是对数字技术影响下资本主义社会演变的概括总结。从唯物史观的角度看，它的出现是生产力大爆发下历史的必然。我们将按照时间逻辑，窥探数字帝国主义形成与发展的历史脉络与关键节点。

在政治经济学界，关于这一领域的讨论是从"数字资本主义"的概念开始的。在 20 世纪末，由于信息技术的巨大突破和互联网经济的出现，一些西方左翼学者敏锐地观察到了新技术对资本社会带来的或将要带来的重大变化，推出了不少经典之作。其中的代表如西班牙学者曼纽尔·卡斯特的"信息时代三部曲：经济、社会与文化"（《网络社会的崛起》《认同的力量》《千年终结》)、意大利自治主义代表人物安东尼奥·奈格里和他的学生迈克尔·哈特合著的《帝国——全球化的政治秩序》、加拿大学者尼克·迪尔—维斯福特的《赛博—马克思：高科技资本主义斗争的周期和循环》、美国学者丹·席勒的《数字资本主义：全球市场体系的网络化》等。在丹·席勒所著的《数字资本主义：全球市场体系的网络化》中，第一次系统地提出和阐释了"数字资本主义"的概念并梳理了其发展历程。不足的是，虽然在该书中不难看到作者的马克思主义立场和观点，但全书更像一本美国电信行业的发展史，对一些马克思主义基本理论的应用和发展并不充分。即便如此，也并不影响这本著作在该领域研究中的开创性地位。

席勒对数字资本主义概念的定义简单而清晰。他指出，当前社会已经进入了以信息技术为先进生产力的信息时代，经济生活中的生产方式、劳动关系等均出现了重大变化，所谓数字资本主义，即特定历史时期——数字信息时代的资本主义。[1]席勒的这一认识虽未深入到数字时代资本主义制度运行的具体特点，但却有着高度的概括性。资本主义作为一种长时间运行的社会形态，会由于技术进步和制度变迁在不同的历史时期展现出不同的运营模式，譬如大机器时代的工业资本主义、兴起于19世纪末的垄断资本主义以及随着虚拟经济壮大而出现的金融资本主义等，不同的经济模式在资本主义生产关系下相互交织，强化了资本主义经济体系运行的复杂程度。

---

1 [美]丹·席勒.数字资本主义：全球市场体系的网络化[M].杨立平译，南昌：江西人民出版社，2001年，第20—45页。

　　始于 20 世纪 40 年代的数字资本主义社会也并非是一个短暂的、偶发性的历史时期，数字相关技术发展至今已有 70 余年的历史，是资本主义发展过程中的重要篇章，为生产、交换、分配、消费等社会经济生活的方方面面带来了深刻的变化，因此理应同样被视为资本主义社会一个独特和重要的历史阶段进行研究。随着研究的进展，也有一些学者提出过"信息资本主义""平台资本主义"或"互联网资本主义"等类似概念。这些概念只是站在不同角度上对数字时代新型的资本主义市场运行方式与剥削关系作出的描述，有其论证的合理性，也使得学界对数字资本主义的认识更为立体。信息、平台、互联网等要素在数字社会中扮演着关键角色，但随着数字技术的发展和拓展，任何一个概念都无法像"数字"那样囊括这个时代生产力和生产关系的所有变化和发展，并从"数字劳动"到"数字社会"形成一个一脉相承的研究体系。比较而言，"数字资本主义"的定义更为全面和准确，因此也成为研究中最为常用的概念。

　　那么，数字资本主义是如何形成和发展的，又如何一步步过渡到数字帝国主义的呢？丹·席勒虽然在著作中回顾了美国电商资本的发展史与美国网络自由化的进程，讨论了信息、文化的商品化在传媒、移动设备等领域的不断加速以及在全球范围内扩张的过程，但并没有作出清晰的阶段性特征概括。加之该作已经是 20 余年前的著作，对这期间的发展变化同样需要作出新的梳理。

　　我们将这 70 余年的历史作了重新考察，将数字资本主义的发展历程概括为三个阶段。由于美国是目前世界上最为典型的数字帝国主义国家，因此将成为我们重点研究的对象。

★ 数字资本主义的萌芽期

1946 年至 20 世纪 80 年代中后期，是数字资本主义的萌芽阶段。

1946 年 2 月，世界上第一台现代通用电子计算机"埃尼阿克"（ENIAC）在美国诞生，它是早期数字技术和计算机发展史上具有标志性的产品。在埃尼阿克之前，虽然已经有了一些计算机的初级产品，但或者属于机械式、机电式，或者功能单一，或者不可编程。埃尼阿克是历史上第一台图灵完备的计算机，它具备现代计算机所需要的几个要素：可完全编程、完全电子化、通用于所有逻辑任务。在埃尼阿克之后，计算机制造和编程的相关技术逐步走向成熟和稳定，为计算机的大规模应用和其他数字技术的成长创造了条件。因此，将埃尼阿克的诞生视为我们考察数字资本主义的起点是最为合适的。

埃尼阿克的研制初衷是为了服务于战争。时值二战，主要战略武器还是飞机和大炮，设计一种可以计算导弹和炮弹弹道的机器便成了必备之需。这项任务被交予宾夕法尼亚大学莫尔学院的埃克特、莫克利以及被后世称为"计算机之父"的美籍匈牙利数学家冯·诺依曼等人，但研制过程困难重重，以至于这项于 1943 年开始的任务，到了二战结束后才告一段落。然而，战后世界形势依然严峻复杂，美国的很多科研和军事项目得以延续，大批国家实验室继续运作，而计算机是这些项目进行高速运算的基础，因此受到了高度重视。不过，初代计算机埃尼阿克虽然极大地提高了当时的计算水平，但使用的还是电子管，体积庞大，耗电惊人，且容易出现元器件的损毁，因此很快被新型的计算机所替代。

1947 年，贝尔实验室研发出晶体管，采用晶体管制造的计算机开始在 20 世纪 50 年代盛行。50 年代末，德州仪器与仙童公司各自发明了集成电路，到了 70 年代，这一技术逐步成熟，1971 年第一台微处理器在美国硅谷诞生，正式开启了微型计算机时代。计算机的计算速度更快，可靠性显著提高，价格进一步下降，开始具备文字和图像处理功能，为计算机迈向商用、家用领域创造了重要的条件。

在计算机不断发展的同时，互联网技术也开始登上历史舞台。互联网发明之初同样是出于军事目的。1969 年，美苏冷战白热化，美国国防部认为如果仅有一个军事指挥中心，万一被苏联摧毁就会使全国的军事系统陷入瘫痪，因此需要设计一个既相互连接又可以分散工作的指挥系统。在国防部部署下，科研和军事人员将美国西南部的加利福尼亚大学洛杉矶分校、斯坦福大学研究学院等大学院校中的四台主要计算机连接起来，形成了"阿帕网"。随后几年，哈佛大学、麻省理工学院、美国国家航空和宇宙航行局、兰德公司等纷纷加入，形成了早期互联网的雏形。最初的阿帕网所采用的是 NCP 协议，这种网络协议并不实用，随着接入的计算机越来越多，它无法保证发送信息的计算机在庞杂的网络中准确地定位目标机。1973 年，两位大名鼎鼎的科学家罗伯特·卡恩和文顿·瑟夫发明了 TCP/IP 协议，每台电脑都会被分配一个唯一的 IP 地址，一旦信息发送错误也会立刻进行重新传输，这项技术至今仍然是全球互联网得以稳定运作的保证。TCP/IP 协议的出现迅速推动了互联网技术的进步，1986 年，美国国家科学基金会在此基础上建立了国家科学基金会网络（NSFNET），连接了全美 5 个超级计算中心和国家大气研究中心，用于科研人员之间的信息共享。随着 NSFNET 的发展，它逐渐代替阿帕网成为互联网的主干网，也成为后来纵横全球的因特网的前身。

除了计算机和互联网之外，一些影响后世的其他关键技术也开始在这一时期出现。现代通信技术不断进步，主要表现在数字程控交换技术、光纤通信、卫星通信、智能终端等方面，美国于 60 年代开始大规模发展通信卫星事业，第一条光纤通信实验系统于 1976 年在贝尔实验室建成，第一台手机于 1983 年在摩托罗拉公司问世，第一代蜂窝移动通信系统也在 80 年代初诞生。人工智能技术初现雏形，被很多人称为"人工智能之父"的英国计算机科学家艾伦·麦席森·图灵于 1950 年发表了《计算机与智能》一文，对机器思考作出了初步探索，引起了学界的大讨论。1956 年，"人工智能"的概念在达特茅斯会议上被约翰·麦卡锡等人首次提出，并于 60 年代出现了早期的 AI 程序和具有简单智能的机器人，随后虽然遭遇了短暂的发展寒冬，但在一些基础理论上仍有不小的突破，也不乏 XCON 系统这样优秀的产品。数据库技术进行了初代更新，数据库系统的萌芽出现于 20 世纪 60 年代，最初的数据库属于层次和网状数据库管理系统，70 年代后逐渐被关系数据库管理系统取代，它的出现促进了数据库的小型化和普及化，使得在微型机上配置数据库系统成为可能。

在这一时期，各种类型的数字技术如雨后春笋般出现和成长。受益于二战后全球的稳定环境、充足的资金和人才支持，美国也成为世界上数字技术发展最为迅速的国家。由于美苏冷战与太空竞赛的需要，美国军方实行了大规模的军事采购，为企业提供了大量的订单。

二战后初期，计算机与数字技术虽然在国防军事领域大放异彩，商业发展却受到了很多政策限制。譬如纳入有限的社会规划、开展企业责任规制、为工会劳工提供补贴等，这极大地影响了商业用户和设备供应商的发展，也使得数字企业的技术创新路线更贴近军事需求而非民用。市场上，一些关键领域中还存在着显著的垄断现象，譬如美国电话电报公司（AT&T），它们提供着垄断性服务，被合法地列为公共事业的共同承运人，这既阻碍了小企业的成长，也使得 AT&T 必须受到联邦和州的大量监督，行业的准入、推出、操作都受到广泛的限制，运营商的定价、所提供的服务和技术等都必须经过监管机构的严格审查。50 年代后期，商业用户便开始进行大力游说，希望政府进行政策调整，帮助商家提高在获得计算机和网络技术、服务、设备时的自由度。这些诉求的实质便是提高计算机网络行业的私有化程度，建立一个自主的企业网络应用领域，获取包括服务、价格等在内的系统性的特殊优待，同时最大限度地绕开公共审查。

商业用户的游说在约翰逊时期虽然引发了进行改革的尝试，却并未取得实质性的进展，不过在尼克松时期获得了显著的改变。尼克松于 1968 年赢得了总统选举，并迅速确定了将商业用户和专用设备供应商置于首要地位的政策基调。政府开始优先考虑大企业，依靠它们实现网络技术升级。因此，政府的审查流程开始放松，市场愈发自由化，工会的角色被限制，很多制造商几乎不必承担任何社会责任。此外，AT&T 的反垄断事件开始真正受到高度重视，卫星、有线电视等领域也开始引入市场竞争。在尼克松时期，美国的数字行业开始大跃进，一个简单的表象：软件行业的收入在 1969—1974 年短短五年间增加了两倍，从 15 亿美元迅速攀升至 44 亿美元 [1]。

在技术的发展和政策的东风推动下，一些影响后世的巨头公司也开始在这一时期出现和成长。1968 年，后来的半导体巨头英特尔公司成立；1969 年，另一家半导体巨头 AMD 公司成立；1975 年，微软公司成立；1976 年，苹果公司成立；1977 年，企业软件巨头甲骨文公司成立；1982 年，电子游戏巨头美国艺电公司成立；1984 年，思科公司成立。在这一过程中，金融资本发挥了不可忽视的作用，因为作为高新技术代表的数字创新公司往往容易获得较高的估值，金融资本家基于获得高额利润的可能性，通过投资给予了创新企业高度支持。[2] 这些初创公司通过风险投资、纳斯达克股票市场、硅谷银行等获得了便利的融资渠道，在风险资本的支持下迅速成长。[3] 它们为早期数字市场的发展注入了强大的活力，并迅速成为推动数字技术发展的主力军。

回溯数字资本主义的萌芽时期，我们可以看到这样的特点：进行数字劳动的数字劳工开始出现，作为高级雇佣人员专门从事计算机设备研发、操作和程序编程，并研发出了初级的可以投入生产的数字工具和简单网络，数字信息在生产中的作用开始得到重视，专门从事数

1 [美] 丹·席勒. 信息资本主义的兴起与扩张：网络与尼克松时代 [M]. 翟秀凤译，北京：北京大学出版社，2018 年，第 70 页。

2 Matthieu Montalban, Vincent Frigant, Bernard Jullien.Platform economy as a new form of capitalism: a regulationist research programme[J].Cambridge journal of economics, 2019, 43（4）.

3 国务院发展研究中心国际技术经济研究所，西安市中科硬科技创新研究院. 硬科技：大国竞争的前沿 [M]. 北京：中国人民大学出版社，2021 年，第 351—364 页。

字技术研发与服务的企业开始涌现，劳动过程中出现了实际意义上的剥削行为。但是，这一时期的数字劳工仅仅是从事社会生产诸多行业劳动者中的一个小分支，用途专门、有限，其数量和规模远远无法与从事传统物质制造行业、农业和服务行业的劳工相提并论，数字劳动创造的绝大部分价值也还未转化为实际的社会财富。互联网操作技术尚未普及，完整的网络体系也尚未成型，数字公司还在成长期，信息大爆发的时代还未到来，信息也还未在生产要素中占据重要位置。

★ 数字资本主义的成熟期

20 世纪 80 年代中后期至 21 世纪第一个十年，是数字资本主义走向成熟的阶段。从 80 年代开始，一些巨头公司改变了以往的封闭式产品构架，开始采用开放式的创新体系，带动了硅谷中一大批企业的成长。同时，互联网的商用成为影响全球数字进程的一个大事件。

20 世纪 80 年代末，NSFNET 及其他新建网络的子网数目持续增加，互联网继续向全球铺展开来。进入互联网的团体和个人不再完全是学术机构和计算机专业操作人员，开始包括企业员工和个人用户。这些新用户感兴趣的不只是互联网的计算功能，他们逐渐将互联网作为一种通信与交流的工具，简单的聊天工具也被开发出来，形成了之后社交网络的雏形。1987 年，美国国家科学基金会与 Merit Network 公司签署协议，由其来管理 NSFNET 的主干网，随后 IBM 公司和

MCI 公司也参与其中。1989 年，完成了历史使命的阿帕网被关闭，NSFNET 等的服务器已经拥有了各个国家成千上万的用户。NSFNET 曾经明确禁止商业用途，因为它毕竟是研究网络，但新兴互联网产业的参与者决心解除这一限制。

1991 年，苏联解体，原本出于军事目的构建的互联网逐渐转向民用更加成为大势所趋，也因此引起了更多商家的兴趣。在这一时期自由化的经济大势下，各资本主义国家中央政府逐渐开放授予网络设备供应商与网络用户广泛的自由权利，IBM、MCI、MERIT 三家公司联合组建了 ANSNET，随后由大学科研机构、商业公司甚至个人构建的网络逐步出现，互联网商业化的历程开启，NSFNET 也于 1995 年停止运作，AT&T、Verizon 等私有资本逐渐发展为美国网络最主要的运营者。由于前期大量的研发成本已被官方承担成为沉没成本，这些互联网公司得以迅速成长并将网络扩展至全球近百个国家。这一时期，移动通信技术也得到了长足的进步。从 90 年代末开始，随着手机硬件水平的提升，手机的网络功能也开始逐步普及，移动数据业务功能从此被打开。资本家在通信费和流量费中看到了巨大的利润点，各大资本主义电信供应商凭借着私有权和垄断地位加速发展，不断推动移动通信技术的现代化。随着光纤通信技术的应用，线路的传输容量显著增大，采用数字信号传输的 2G 通信技术和以 CDMA 为核心科技的 3G 移动通信技术先后出现，使用通信网络业务的人数持续上升。总而言之，在这 20 余年间，互联网的发展处于惊人的快速成长期，根据美国市场研究机构 Royal Pingdom 发布的报告，到了 2010 年，全球网民数量飞速增长至近 20 亿，顶级域名数量为 2.02 亿个，全球网站数量攀升至 2.55 亿个。[1]

在互联网浪潮中，大量的衍生技术和商业模式也被开发出来，全球掀起了一股互联网创业的浪潮，浏览器、视频网站、社交网络、电子商务、电子银行等新生事物和业态纷纷出现。1994 年，亚马逊公司成立；1995 年，eBay 公司成立；1998 年，谷歌公司成立；2001 年，维基百科创立上线；2004 年，脸书（Facebook，现更名 Meta）公司成立；2006 年，推特公司成立。这些新锐的互联网公司和组织，加上老牌巨头微软、苹果等，迅速改变了经济活动与用户的日常生活，网络社交、购物、阅读、工作、游戏等成为越来越多普通民众的习惯。以脸书的数据为例，到了 2010 年，刚刚成立 6 年的脸书公司已经有了 6 亿用户，其中 70% 为美国以外的用户，每月的视频浏览量超过 20 亿次。[2] 与此同时，一些其他的数字技术也取得了明显的突破，半导体产业不断发展，3D 打印技术出现，AI 领域"深度学习"的概念被提出，等等。这种由美国带动的"互联网热"席卷世界，很多新锐美国数字公司也借机将业务范围覆盖到了海外国家。

在这一时期，由于新自由主义大行其道，政府的自由政策为数字领域的大发展提供了重要的助力。1981 年上任的里根，就职之初便作出了两个重要部署，一是完成了对 AT&T 的拆分，令电信市场愈

1　Royal Pingdom.2010 年互联网发展回顾：全球网民接近 20 亿 [EB/OL].https：//www.cnbeta.com/articles/tech/132254.htm.

2　Royal Pingdom.2010 年互联网发展回顾：全球网民接近 20 亿 [EB/OL].https：//www.cnbeta.com/articles/tech/132254.htm.

发繁荣，二是提出"星球大战计划"，旨在使美国既可以保持军事优势，又可以延续高新技术的领先地位。此后，里根进一步深入贯彻了新自由主义政策，连续、全面地增加科研经费，对小型科技公司实行减税，同时修改立法，帮助小企业获取投资。到了克林顿时期，政府授权网络私有并用于商业用途，随后"信息高速公路计划"出台，光纤、微电子、网络标准等都成为美国面向 21 世纪所要争夺的尖端技术，旨在通过卫星通信和电信光缆连通全国甚至全球信息网络，形成信息共享的竞争机制。在这一过程中，一方面，政府积极鼓励私营企业投资，为民间资本带来了大量的机会，一大批数字企业在国家的发展浪潮中成长；另一方面，国家为数字经济的发展提供了基础设施的铺垫，降低了企业的经营成本，提供了多样化的信息服务，扩大了民用场景，极大地促进了经济的发展和数字社会的形成。到了小布什时代，美国政府在 9·11 事件后将美国本土安全放在首要位置，网络安全问题也开始受到关注，2003 年《国家网络安全战略》出台，政府对网络领域的投入力度继续加大，与科技公司的合作也更加频繁。

在科技的发展与政策的推动下，数字产品开始向各行各业拓展，成为各领域的必要办公工具，网络技术在企业商业活动中的嵌入性进一步增强，从各级供应商到企业自身之间的所有交换与合作的信息管理，以及对客户的售前服务管理和售后数据分析，均可以看到计算机网络设备的运用。在更强大的技术支撑下，资本主义社会的经济和商业模式相较以往出现了许多明显的变化。

从产业发展的角度来看，大众传媒行业的跃进和文化产业的繁荣是一个显著的特点。在互联网通信技术成熟之前，大众传媒行业主要集中在纸质媒介、电视电影和无线广播行业，传播的速度、精度和广度都受到技术条件的限制。而互联网革命为大众传媒开辟了新的传播领地，虚拟平台开始成为信息传播的重要载体，传统的媒体受到冲击并改进，报纸、杂志纷纷开辟电子版面，并通过互联网进行信息采编与加工，电影、动漫、游戏等文化创意产业也借助互联网拓展了发展空间。

从企业组织结构的角度来看，"核心—边缘"模式愈发盛行，其中的典型形式是外包模式。外包的概念形成于 20 世纪 80 年代，在 90 年代中期得到飞速发展。由于行业发展日渐成熟，分工逐渐细化，经济全球化趋势不断增强，为了降低管理成本、利用廉价劳动力，同时满足客户日渐多样化的消费需求，很多资本主义大企业凭借技术和知识产权垄断成为核心公司，将利润较低的加工制作工序外包给发展中国家的边缘企业，而互联网的发展正是核心与边缘公司间完成通信、物流和交易等环节的重要助力。

从就业结构来看，由于企业的快速成长，作为新兴产业的数字行业出现了巨大的人才缺口，开始有越来越多的数字劳工从事计算机网络相关工作，专门进行技术研发和信息的收集、加工、整理、储存工作，行业的高利润使得 IT 部门成为劳动力市场中备受追捧的热门之一。

回溯数字资本主义的成熟阶段，我们可以看到这样的特点：数字生产力大幅跃进，计算机、互联网等前沿科技实现了批量的成果转化，出现了新的企业组织形式和商业模式，形成了完整的信息和文化产业链条，大量的"代码工厂"出现，直接或间接参与数字化生产的数字劳工数量随之大幅提升。与此同时，生产关系在生产力的演进下也发生了明显的改变，劳资关系、就业形式、社会关系均出现不可忽视的变革，数字劳工的脑力劳动成果开始大规模进入剥削体系，"产消合一"行为、非雇佣剥削和休闲异化等被后来马克思主义学者反复研究的现象也在这一时期出现，在经济全球化浪潮中，互联网正式成为资产阶级压榨全球财富的工具。但是，这一时期数字信息技术对经济形态的影响主要体现在文化传播与分工协作方式方面，互联网的主要作用还是传播非实物信息，信息技术的整合能力尚未得到完全发挥，还未完全渗透至制造业、服务业等领域而改变传统业态的形式和结构，也尚未对整个经济社会产生颠覆性的改变。

★ 数字帝国主义的新阶段

一、数字帝国主义阶段的新变

2010 年后，经过几十年的发展与积累，数字资本主义终于过渡到了它的高级形态，即数字帝国主义阶段。我们可以看到一些显著的变化。

首先，从技术角度看，数字技术的影响规模空前，实现了全球、全民、全天候覆盖。

一方面，数字技术开始由信息产业向全行业扩张。世界经济论坛创始人克劳斯·施瓦布曾在 2015 年鲜明地提出，我们这个时代正在经历"第四次工业革命"，而此次工业革命最大的特点就在于，"它不再局限于某一特定领域。无论是移动网络和传感器，还是纳米技术、大脑研究、3D 打印技术、材料科学、计算机信息处理、网络，甚至它们之间的相互作用和辅助效用均是此次工业革命涉足的领域，而这样的组合势必产生强大的力量。它是整个系统的创新"[1]。事实上，早在 2013 年，德国政府便在汉诺威工业博览会上提出了类似的概念，即"工业 4.0"，同样指出当前将迎来人工智能、3D 打印、O2O 模式、工业互联网、互联网金融等多领域技术的共同爆发。新技术革命并不是一场能源革命，也远不仅是生产工具的革新，其技术特点使得数字工具可以无摩擦地嵌入生产、流通和分配的各个环节，改变各传统行业的存在模式。越来越多的新的经济模式出现，越来越多的企业接受平台整合，制造业、零售业、农业、金融业等被新技术重塑，工业互联网、互联网金融、零工经济、众包模式等以往的新生业态开始常态化，过去被视为中介和平台的数字企业也在短短的十几年间"反客为主"，成为价值链的顶端。另一方面，数字工具的普及率与应用时长也在不断攀升。数字技术的全行业覆盖促进了供给端的变革，而需求端的变革则需要数字工具的全民、全天候覆盖。微型计算机的普及所带来的影响尚是有限的，但移动通信行业的爆发却为连接企业和用户提供了新的端口。

---

1 [瑞士]克劳斯·施瓦布.我们正在经历第四次工业革命[EB/OL].https://www.sohu.com/a/48515201_119826.

2010 年 6 月，美国苹果公司发布第四代苹果手机，这是一项在设计、硬件、软件上集中突破的划时代产品。无论是其采用的自研芯片、视网膜屏还是全新的摄像头，均将移动设备的硬件功能提升了一个台阶。而更为全面的系统、语音助手 Siri 及视频软件 FaceTime 等也全方位优化了移动设备的软件生态，这一跨越式发展迅速引发了大众需求。很多厂家也从中看到了信息传播精确化的发展趋势和手机市场的巨大潜力，通过追加投资和研发人员迅速推动了这一领域的发展。手机逐渐演变为集各种智能功能于一身的高科技产品，基于手机软件的专营企业如雨后春笋般出现，这使其作用范围涵盖了衣食住行的方方面面，越来越多的用户选择使用手机规划全天候的工作和生活。截至 2021 年，全球 78 亿人口中，有 46.6 亿互联网用户，平均上网时长接近每天 7 小时。[1] 这两个方面的变化令数字产品及其相关技术普及至生产生活的每一个角落，使得第四次工业革命完成了以往工业革命都不曾做到的事情，即在经济社会的每个领域都可以施加重要的，甚至是决定性的影响。

其次，从市场角度看，数字领域形成了显著的垄断局面，产生了操纵行业的巨型寡头公司。

在传统的经济模式中，追求生产规模效益的资源、制造业领域的大企业往往最容易滋生垄断，但在当前的数字时代，巨型数字垄断公司的出现却成为最为突出的现象。除了技术因素以外，数字行业原本

1　We Are Social & Hootsuite. Digital 2021：Globle Overview Report [EB/OL]. http：//www.199it.com/archives/1197788.html.

就比其他行业更容易滋生垄断，因为平台经济是具有外部性的，容易引起用户的集聚，而其扩张也不必受到地域、交通成本等因素的限制。如今，即便是普通群众也可以明显地感受到数字寡头无所不在的势力，其中最为典型的便是美国五大数字巨头公司，即苹果、微软、谷歌、亚马逊、Meta（原名 Facebook，脸书）。近年来，这几大公司多次陷入反垄断调查，以美国众议院在 2020 发布的报告《数字市场竞争的调查》为例，报告认定苹果、脸书、亚马逊和谷歌均存在市场垄断或是反竞争行为。譬如谷歌，报告认为谷歌是占绝对支配地位的通用在线搜索服务提供商，它占据美国 PC 端通用搜索引擎市场份额的 81%，以及移动端市场份额的 94%[1]。

　　寡头们的影响力不止在全美，而早已波及全球。联合国贸易和发展会议也在 2019 年作出了调查，其中亚马逊公司在全球零售活动中拥有 40% 左右的份额，脸书占据了全球 2/3 的社交媒体市场，谷歌更是在世界范围内拥有了约 90% 的互联网搜索市场[2]，彰显出数字垄断资本对全球数字化生产和世界市场的绝对控制力量。当然，除了这五家公司以外，相关数字领域的垄断现象也屡见不鲜，譬如英特尔之于 CPU，高通之于手机芯片，ASML 之于光刻机，甲骨文之于数据库，几乎在数字行业的每个领域都可以看到资本主义大企业特别是美国寡头的身影。而面对着寡头们建立起的庞大商业帝国，小企业往往

1　House Antitrust Subcommittee. Investigation of Competition in Digital Markets： Majority Staff Report and Recommendations [EB/OL]. https：//xueqiu.com/5995780717/163324103.

2　联合国贸易和发展会议 . 2019 年数字经济报告 [EB/OL].http：//www.199it.com/archives/937122.html.

无力发起冲击，即便出现了真正优秀的科技产品，也常常难以逃脱被收购的命运。

最后，从政治角度看，资产阶级政权与数字技术高度融合。

自奥巴马政府之后，美国政府与数字大企业联系的密切程度便上了一个新的台阶，奥巴马的上任甚至都离不开网络平台的作用。在竞选之初，奥巴马及其团队就已经开始利用社交媒体的政治影响力，频繁地在数字媒介上发动选民。上任后，奥巴马政府又迅速发布了《网络空间政策评估》，进一步提升了网络安全的战略高度，要求加强与企业的合作，提高民众网络安全意识，同时提升军队网络战力量。奥巴马还成立了网络司令部，并大力推行"棱镜计划"，要求美国国安局直接接入雅虎、微软、苹果等大型科技公司的服务器，收集全世界用户的数据。

特朗普政府更是延续并升级了前任的做法，在竞选时就借助剑桥分析公司，利用脸书公司的海量数据进行广告和假新闻推送，在2016年引起了极大的轰动，脸书公司随之也陷入了沸沸扬扬的"泄密门"。进而，特朗普陆续发布了《2018国防部网络空间战略》《国家网络战略》等文件，要求建设开放、互操作、可靠、安全的互联网，利用网络提升美国影响力，开展网络竞争与实施威慑。特朗普除了继续利用"五眼联盟"等组织收集情报外，还开始利用国家力量维系美国数字企业在全球的领先地位，频繁对他国数字企业展开制裁与打压。特朗普对社交媒体政治作用的利用也几乎做到了极致，任期内发布推特近6万条，煽动支持者、聚拢政治能量，被戏称为"推特治国"，无形中为美国的社交媒体带来了巨大的流量。而拜登上任后，同样将继续推行"公私合作"作为重要目标，意在拉拢巨头公司，在整合国内资源的同时，重新恢复美国在国际网络舞台上的影响力。

总之，在 2010 年后，资产阶级政权与数字寡头们愈发紧密地结合在一起，形成了兼具政治、经济、文化、社会等多领域影响力、控制力的巨大资本力量。

二、"帝国主义"话语的延续

在 2010 年后，数字资本主义以一种全新的强大面貌展现在世人面前。那么，为什么要以"帝国主义"概括这一阶段的特点呢？

"帝国主义"一词由拉丁文的"帝国"演化而来，19 世纪被普遍用来形容不断进行殖民统治和对外扩张的强国。19 世纪中期，第二次工业革命爆发，电力逐渐被广泛应用。新的工业技术要求产生了大规模的企业，其所带来的劳动力需求促使人口集中于广大的城市内。新技术所引发的生产过剩加速了企业兼并，康采恩、托拉斯、卡特尔等垄断组织开始形成，资本主义由自由竞争过渡到垄断阶段。此外，工业革命加速了全球经济一体化，间接地促进了欧美国家的全球扩张。能源革命推动了造船业、运输业的发展，降低了物流成本，推动了世界市场的开辟。这也促使英、美、德、俄、日等优先开展工业化的国家不断扩张自身的经济版图，加快争夺殖民地的步伐。到了 19 世纪末，美洲的部分、亚洲的大半、非洲的绝大多数地区都已经成为帝国主义的殖民地或半殖民地。而到了 20 世纪初，各帝国主义国家的政治经济发展出现了不平衡，为了争夺世界霸权和殖民地，改变世界秩序，第一次世界大战于 1914 年爆发。

在这样的背景下，霍布森、希法亭、卢森堡、考茨基等学者纷纷开始对帝国主义进行研究，形成了古典帝国主义理论。最先对帝国主义展开系统研究的是英国经济学家霍布森，他于 1902 年出版了《帝国主义》一书，使得这一研究对象进入学界视野。霍布森认为，帝国主义政策被采用的根本原因是消费不足引发的生产过剩。资本主义的分配不均导致国内社会消费不足，从而引起利润率的下降，当生产力远远超过国内的消费能力，发达的资本主义国家就会以种种方式寻求海外市场。而只要通过社会改良提升工人工资，就可以缓和国内的供需矛盾，避免走向帝国主义政策。[1]

希法亭则于 1910 年出版了著作《金融资本》。他认为，金融资本是产业资本和银行资本相结合形成的全新的资本形式。产业垄断是金融资本形成的基础，通过排挤竞争可以操纵价格、获取更多利润、积累货币。金融资本诞生后，便具备了影响资本主义国家经济政策的力量，其对内实行国家干预，对外则进行关税保护。而由于主要资本主义国家纷纷进行关税保护，发达的资本主义国家便会逐渐由防御政策转向进攻政策，通过对外扩张占据海外市场，以缓解国内垄断造成的资本过剩问题。[2]

卢森堡于 1913 年出版了《资本积累论》。她认为，资本社会为了

1　[英]约翰·阿特金森·霍布森.帝国主义[M].卢刚译，北京：商务印书馆，2017年。

2　[德]鲁道夫·希法亭.金融资本——资本主义最新发展的研究[M].福民等译，北京：商务印书馆，1994年。

不断延续社会再生产，必须解决剩余价值实现的问题，而完成剩余价值的实现，仅靠工人和资本家是不够的，还必须依赖于两者之外的"第三市场"。因此，很多成熟的资本主义国家会通过不断扩张，将资本体系强加给非资本主义国家，把这些国家变为它们的消费市场、原料和劳动力来源地。而由于资本的积累是以对"第三市场"的不断侵占为基础的，当全世界都被纳入资本主义体系内部，资本主义就会由于缺少非资本主义环境的支持而自动崩溃。[1]

考茨基则于 1914 年、1915 年分别完成了《帝国主义》和《两本论述重新学习的书》两部作品。考茨基认为，帝国主义是高度发展的工业资本主义的产物。资本主义国家为了推动本国的工业生产，会通过资本输出的方式掠夺落后国家的原材料，并对这些以农业为主的国家进行压迫和奴役。[2] 而对殖民地的争夺会引发各大资本主义国家间的战争和军备竞赛，使得帝国主义政策走向失败。为了消除帝国主义国家间的矛盾，这些国家很可能联合起来形成国际同盟，向着"超帝国主义阶段"过渡。[3]

革命导师、经典作家列宁同样十分重视帝国主义的出现，他合理扬弃了同时代学者的观点，并最终形成了在马克思主义发展史上具有重要意义的经典帝国主义理论。列宁对霍布森等人依次进行了批判。对于霍布森，列宁十分重视其帝国主义论的学术意义。但是，列宁对

1　[德] 罗莎·卢森堡. 资本积累论 [M]. 彭尘顺, 吴纪先译, 北京：生活·读书·新知三联书店, 1959 年。

2　[奥] 卡尔·考茨基. 帝国主义 [M]. 史集译, 北京：生活·读书·新知三联书店, 1964 年。

3　考茨基言论 [M]. 北京：生活·读书·新知三联书店, 1966 年, 第 229 页。

霍布森将帝国主义出现的根源归结于消费不足的论调十分反对。他指出，在不谈论生产关系的前提下去改变分配关系是十分荒谬的，霍布森认为帝国主义是一种可有可无的政策，而不与无产阶级站在一起，只能使其消除帝国主义的对策变为一种天真的愿望。[1] 对于希法亭，列宁肯定了其对金融资本的研究。但是，希法亭并未对金融资本产生过程中生产垄断的重要性作出足够的重视，也并未对帝国主义的寄生性作出合理的考察。[2] 此外，希法亭还是位不彻底的革命者，认为解决阶级矛盾的方法可以是不改变生产资料私有制下的经济民主，这显然是错误的。对于卢森堡，列宁称其为"革命之鹰"，并肯定了其对"第三市场"必要性的判断。但是，列宁对她将"第三市场"出现的原因归结为剩余价值实现困难的说法并不认可，指出考察国外市场必须重视国内生产部门的作用。[3] 此外，卢森堡关于资本主义崩溃的条件实际上暗含着这样一个观念，只要世界上还有哪怕一点非资本主义环境的存在，资本主义就不会崩溃，这种极限的概念也带来了理论上的矛盾。对于考茨基，列宁指出，帝国主义的核心特点是金融资本而非工业资本，其所掠夺的土地也是一切区域而并非仅仅是农业区域。[4] 考茨基同样将帝国主义视为一种政策而非一个发展阶段，因此导致他作出了"超帝国主义"出现的错误判断。

1　列宁选集（第 2 卷）[M]. 北京：人民出版社，2012 年，第 672 页。

2　列宁选集（第 2 卷）[M]. 北京：人民出版社，2012 年，第 612 页。

3　列宁专题文集 论资本主义 [M]. 北京：人民出版社，2009 年，第 34—35 页。

4　列宁选集（第 2 卷）[M]. 北京：人民出版社，2012 年，第 653—655 页。

　　在这些批判的基础上，列宁形成了对于帝国主义的经典判断。列宁认为，帝国主义是资本主义发展的最高阶段，而垄断组织的出现是帝国主义产生的基础。"垄断代替自由竞争，是帝国主义的根本经济特征，是帝国主义的实质。"[1] 垄断组织和金融资本的统治加剧了资本主义国内的政治经济矛盾，引发了资本和生产过剩，推动了垄断资本的对外扩张。

　　与此同时，列宁在 1917 年出版的《帝国主义是资本主义的最高阶段》中概括了帝国主义的五大特征。第一，"生产和资本的集中发展到这样高的程度，以致造成了在经济生活中起决定作用的垄断组织。"[2] 资本主义自由竞争必然会导致资本和生产的集中，而资本和生产的集中便会逐渐导致垄断组织的出现，这是资本主义发展所无法避开的规律。第二，"银行资本和工业资本已经融合起来，在这个'金融资本'的基础上形成了金融寡头。"[3] 银行间的竞争也会使得小企业被大企业排挤，或是通过参与制等方式使小银行从属于大银行。银行资本与工业资本会彼此影响、相互促进，形成金融资本，而垄断的存在会使社会上的大量财富都汇聚于金融寡头手中。第三，"和商品输出不同的资本输出具有特别重要的意义。"[4] 对于自由竞争占统治地位的资本主义来说典型的是商品输出，而对垄断占统治地位的资本主义

1　列宁选集（第 2 卷）[M]. 北京：人民出版社，1995 年，第 704 页。

2　列宁选集（第 2 卷）[M]. 北京：人民出版社，1995 年，第 651 页。

3　列宁选集（第 2 卷）[M]. 北京：人民出版社，1995 年，第 651 页。

4　列宁选集（第 2 卷）[M]. 北京：人民出版社，1995 年，第 651 页。

来说典型的则是资本输出。垄断会使资本主义的国内市场产生大量的过剩资本，然后通过种种方式将其延伸至国际市场，获取更多利润、掠夺全世界。第四，"瓜分世界的资本家国际垄断同盟已经形成。"[1] 在经济全球化的进程中，促使垄断组织国际化的进程不断加强。为了获取垄断利润这一共同目标，寡头们会通过各种正式或非正式的协定组成垄断同盟，共同瓜分世界财富。第五，"最大资本主义大国已把世界上的领土瓜分完毕。"[2] 为了掠夺原料、劳动力和商品市场，获取全球的经济和政治霸权，帝国主义通过战争等方式掀起了瓜分世界的大潮，很多落后地区都成为帝国主义的殖民地。

通过对这些特征的总结，列宁也观察到了帝国主义的寄生性和腐朽性。金融资本的出现会催生大量的食利者和食利国，他们不直接参与企业的经营和生产活动，完全依靠对资本的掌控攫取财富，过着寄生的生活。此外，垄断组织对竞争的排挤还会压抑创新，造成技术发展的滞缓，使资产阶级逐渐由上升的先进阶级变为腐朽、没落的阶级。随着生产关系越发不适应生产力的发展，阶级矛盾更加激化，帝国主义也将成为过渡的或垂死的资本主义，在阶级斗争中向更高级的社会形态过渡。

经典帝国主义理论的巨大影响一直持续到第二次世界大战。第二次世界大战同样是帝国主义间相互竞争的结果。但二战后，世界格局纷繁复杂，资本主义社会也出现了新的变化。从资本社会的内部变化

1　列宁选集（第2卷）[M]. 北京：人民出版社，1995年，第651页。

2　列宁选集（第2卷）[M]. 北京：人民出版社，1995年，第651页。

来讲，主张国家干预经济的凯恩斯主义开始盛行，许多西方国家进入国家垄断资本主义时期，促进了经济的快速恢复与发展。为了缓和阶级矛盾，资本家及其代理人开始采取一些改善劳资关系的激励制度，股份制盛行，社会福利出现普遍化趋向。

从国际局势来说，二战后民族解放运动不断发展，旧的殖民秩序不断瓦解，亚洲、非洲和拉丁美洲等第三世界的国家逐步摆脱殖民统治，在政治形式上实现了独立。联合国也在二战后成立，试图建立更加平等、互不侵犯的世界秩序。同时，美苏大国冷战，霸权交锋的方式由战争变为军备竞赛和政治联盟对峙。而以军事入侵为基础的对外经济掠夺逐渐消失，在经济全球化的大势下，各国间建立起了看似平等且日益频繁的贸易关系。在国际金融领域，尽管美国在战后建立起了美元本位制的布雷顿森林体系，但也于 70 年代后走向瓦解。

面对着这些新变化，列宁的帝国主义理论受到了挑战。但是，很快有一些马克思主义学者作出回应，他们认为，尽管战后落后国家逐步摆脱了帝国主义的殖民统治，但仍然面对着帝国主义的政治威压与经济操纵，并且深陷不发达的旋涡。他们一致认为，二战后南北矛盾的实质依然是压迫民族与被压迫民族的关系，并将帝国主义理论推进到新的依附论阶段，其中，保罗·亚历山大·巴兰和保罗·马勒·斯威齐的"不发达理论"，伊曼纽尔·莫里斯·沃勒斯坦、安德烈·贡德·弗兰克、乔万尼·阿瑞吉等的世界体系论，特奥托尼奥·多斯桑托斯的"依附理论"等都产生了很大的影响。巴兰和斯威齐于 1966 年合著的《垄断资本》，将资本主义看作一种国际制度或等级制度，认为率先完成资本积累的发达国家会通过资本输出入侵落后国家，打乱落后国家的发展节奏。跨国公司的涌入使得落后国家幼稚工业的发展被抑制，只能将未被利用的人力和资源投入农业，造成长期的不发达局面。[1]沃勒斯坦于 70 年代首次提出了"世界体系论"，后被弗兰克和阿瑞吉等人丰富和发展。"世界体系论"认为当代世界存在着"中心—半边缘—边缘"的层级经济结构，处于"中心"的帝国主义国家拥有生产和交换的双重优势，对"半边缘"和"边缘"经济体进行经济剥削，为本国资本在世界市场获得最大利润。多斯桑托斯的代表作则为 1975 年所著的《帝国主义与依附》，"依附"的含义是指"一些国家的经济受制于它所依附的另一国经济的发展和扩张"[2]。依附的前提是国际分工，帝国主义国家通过掌控先进的生产技术等优势来控制世界市场、聚集资本、垄断储蓄，推动了自身的快速发展，依附国却出现了经济结构单一和资金外流，限制了自身的积累能力。

进入 90 年代后，帝国主义理论的发展出现了短暂的断层。这一时期，冷战结束，世界格局多极化趋势出现，世界民族解放运动繁荣，纳米比亚的独立宣告了世界殖民体系的崩溃，国际组织也开始在世界舞台上发挥着更加突出的作用，因此有关帝国主义的讨论陷入了短暂的沉寂，甚至一些马克思主义学者如哈特和奈格里也宣称"帝国主义已经过去了，没有哪个国家可以以欧洲的一些国家曾经有过的方

1　[美]保罗·巴兰，[美]保罗·斯威齐.垄断资本[M].南开大学政治经济学系译，北京：商务印书馆，1977 年。

2　[巴西]特奥托尼奥·多斯桑托斯.帝国主义与依附[M].杨衍永等译，北京：社会科学文献出版社，1999 年，第 300 页。

式，成为世界的领袖"[1]，应当寻找研究当代资本主义的全新视角。哈特和奈格里随之提出了自己的"帝国"理论，迅速在那个时代成为学术焦点。然而，"帝国"与"帝国主义"这两个词语看似相近却完全不同，"帝国"代表着一个在经济全球化浪潮中，由跨国公司等力量所形成的去中心化、超越国家主权的权力主体，尽管"帝国"理论在很多方面应用了马克思主义的研究视角，但无疑意味着对帝国主义理论分析范式的一种颠覆。

进入 21 世纪后，又有很多学者试图重新延续并创新帝国主义的研究范式，使这一理论再次焕发了生机。其中的代表有戴维·哈维、约翰·贝拉米·福斯特和艾伦·梅克辛斯·伍德。哈维于 2003 年出版了《新帝国主义》一书，他高度重视资本主义研究的"空间"视角，认为地理扩张是吸收剩余资本最有效的路径。帝国主义通过生产、贸易、商业、资本流动、资源侵占、劳动力迁徙、文化冲击等多种方式进行空间扩张和剥夺式积累，而这期间往往伴有政治权力的作用。[2]福斯特则尖锐地批评了左翼学者放弃帝国主义研究范式的思路，坚定地捍卫了列宁的观点。福斯特在 2003 年的作品中指出，自海湾战争后，帝国主义进入了一个新时代，他于后续的作品中称之为"晚期帝国主义"时代。美国利用后冷战时期一家独大的霸权地位，控制石油资源、占据战略要地，尽可能地使其他国家屈从于自身的利益。但在

1　[美] 麦克尔·哈特，[意] 安东尼奥·奈格里. 帝国——全球化的政治秩序 [M]. 杨建国，范一亭译，南京：江苏人民出版社，2003 年，序言第 3 页。

2　[美] 戴维·哈维. 新帝国主义 [M]. 付克新译，北京：中国人民大学出版社，2019 年。

晚期帝国主义阶段，国家间、阶级间的矛盾更加尖锐，资本主义也终将走向终点。[1] 伍德则于 2005 年出版了《资本的帝国》一书，她指出，当前新型的帝国主义与过去那种进行殖民统治的帝国主义有着显著的不同，其所追求的是通过资本和市场，而非军事威压来建立统治。经济全球化并非意味着自由贸易，而是资本的帝国控制世界体系的手段。[2]

随后，学界的热情迅速被点燃，诸如"文化帝国主义""媒介帝国主义""生态帝国主义"等研究视角蓬勃发展。进行文化帝国主义研究的学者认为，当代帝国主义国家建立了输出型文化产业体系，利用各类媒介向世界隐蔽地进行价值观和意识形态渗透，宣扬西方文明优越论。这不仅破坏了世界文明的多样性，阻碍了人类的精神进步，同时还威胁到各国人民对自身文化的认同，严重时会导致国家内部冲突或颜色革命。进行媒介帝国主义研究的学者认为，当代帝国主义通过传媒巨头垄断了世界信息渠道，广播、电视、网络都成为帝国主义国家进行渗透的工具，信息传播的不平等现象日益加剧。以美国为主的发达国家通过控制媒介将自身的生活和消费方式、商业文化等强加给落后国家，加剧了财富向帝国主义国家的流动并严重威胁到了落后国家的国家安全。进行生态帝国主义研究的学者认为，当代帝国主义不仅正在对全球资源进行强制索取，还逐渐将国内高能耗、高污染的产业转移到落后国家。发达国家不仅节约了大量的环境治理成本，还

---

1 [美] 约翰·福斯特，高静宇.帝国主义的新时代 [J].国外社会科学，2004 年第 3 期。

2 [加] 艾伦·伍德.资本的帝国 [M].王恒杰，宋兴无译，上海：上海译文出版社，2006 年，第 2 页。

可以在产业链中获取更高利润。发展中国家则承接了生态危机，由此也引发了严重的全球性问题。

此外，还有学者依照列宁的思路，总结了二战后到 21 世纪初新帝国主义的五大特征，即"一是生产和流通的新垄断：生产和流通的国际化和资本集中的强化，形成富可敌国的巨型跨国垄断公司。二是金融资本的新垄断：金融垄断资本在全球经济活动中起决定性作用，形成畸形发展的经济金融化。三是美元和知识产权的垄断：形成不平等的国际分工和两极分化的全球经济和财富分配。四是国际寡头同盟的新垄断：'一霸数强'结成的国际资本主义寡头垄断同盟，形成全球垄断剥削和压迫的金钱政治、庸俗文化和军事威胁的经济基础。五是经济本质和大趋势：全球化资本主义矛盾和各种危机时常激化，形成当代资本主义垄断性和掠夺性、腐朽性和寄生性、过渡性和垂危性的新态势。"[1]

回看这一阶段的发展特征与学界的研究可以发现，这一时期世界局势跌宕起伏，帝国主义的掠夺手段相对于二战前更加隐蔽也更加丰富。由于厌战情绪盛行、阶级问题尖锐以及冷战因素，帝国主义国家开始减少直接性的军事冲突和入侵行为，也不再追求殖民地上的领土统治，转而更加注重以隐蔽性的方式掠夺世界。因此新帝国主义所体现出的最大特点就在于被强权政治和军事威慑包裹下的经济软控制。一方面，帝国主义非常重视对国际产业链的驾驭，意图对各国形成经

1　程恩富，鲁保林，俞使超 . 论新帝国主义的五大特征和特性 [J]. 马克思主义研究，2019 年第 5 期。

济上的"支配—依附"关系。帝国主义会通过资本流动、资源侵占、知识产权控制、文化冲击等多种方式进行空间扩张和剥夺式积累，尽可能地使其他国家屈从于自身的产业体系。另一方面，美元霸权也成为一种锐利的武器。布雷顿森林体系解体之后，美国又建立了石油美元体系。在执行世界储备货币职能的过程中，美国可利用美元更加轻松地应对债务问题，同时通过货币政策影响国际资本流动，收割世界财富，或是对他国展开金融制裁。这种对经济和金融领域的控制既是资产阶级积累资本与财富的要义，也是资本主义维系生产、转嫁危机的必要手段，关乎帝国主义国家的命脉。因此一旦这种霸权地位受到动摇，经济制裁、外交冲突、长臂管辖与局部性的战争等手段便会纷纷出现。

总之，百年来政治经济学界始终未放弃"帝国主义"的经典话语，并创作出了颇多极具科学性与解释力的成果。事实上，无论帝国主义出现了怎样的阶段性变化，采取更大范围、更高效率的剩余价值掠夺方式必然是其永恒的追求，而技术进步会为剥夺式积累持续性地提供更为先进的工具。2010年后，进入大规模应用的数字技术和工具在这一阶段成为帝国主义对外掠夺的主要手段，因此，以数字帝国主义概括这一阶段恰如其分。当然，这种全新的掠夺格局的形成并非一蹴而就，因为其所追求的是在现实的地缘政治经济格局之外，重新打造一片可以连接、映射甚至超于现实社会的虚拟空间，以网络权力的不平等进行软殖民。搭建这样的虚拟空间是复杂的，它不仅需要帝国主义国家拥有大量适配的基础设施并进行数据的原始积累，还要求大量发展中国家也拥有一定的入网率。

互联网诞生至今已有半个多世纪的历史，但数字帝国主义实际意义上的大规模运转却只是近十年来的事情。几十年来，数字技术的发展、互联网的普及率、经济模式的更替等都出现了巨大的变化，国际政治经济往来中几乎处处都可以看到数字技术的身影，这才构成了数字帝国主义形成的基本条件。

很多学者都感受到了数字技术空前的影响力，但对于数字时代国家形态与国际关系的变化却存在着不同的判断。有些学者虽然看到了数字技术在帝国主义对外扩张时的作用，但也仅仅将其视为新帝国主义的某一个方面或是经济策略之一，没有从数字帝国主义独立的阶段性视角看待问题。这种认知对于 2010 年前的帝国主义而言是适用的，彼时数字技术更多的还是信息技术，数字技术的主要功能还是传播信息和文化等非实物产品，应用场景相对单一，因此对经济社会的作用有限。

2010 年后，数字技术展现出了它超强的渗透能力，开始由信息产业向全行业扩张，逐步实现了全球、全民、全天候覆盖，移动通信、电子商务、人工智能等技术的发展将数字技术的应用场景扩展到人们的全生命周期，其在国家的贸易、安全、军事、外交等领域也开始扮演关键性的角色，因此不应再低估数字技术在帝国主义演进过程中发挥的重要作用。还有些学者深受哈特和奈格里"帝国"理论的影响，认为数字经济时代新的权力中心是各类大型数字公司，垄断了新技术、交易平台和信息媒介的大型数字公司已经具备了与国家抢夺权力甚至超越国家意志的能力。

事实上，数字公司在这个时代强大的影响力虽然有赖于数字技术的技术特点，但更多的还是国家基于国家利益对部分权力进行的让渡。数字帝国主义隐于大型数字公司背后，向数字公司出让部分一般管辖权、经济运作权、信息传播权等，利用数字公司进行内部统治和外部扩张，可以在攫取政治经济利益的同时保障合法性、隐蔽性和高效率。而一旦某种技术或组织威胁到了国家的绝对权力地位，必然会受到国家机器的强制规训，典型的例子便是脸书公司在 2019 年引发的"天秤座"加密货币事件。

脸书公司意图利用自身平台打造一种超主权、跨国界的加密货币，但"天秤座"很有可能导致主权国家丧失监管能力和货币控制权，使脸书成为世界的中心银行。于是，计划一经推出就受到多家监管机构和金融机构的反对，最终被美国众议院金融服务委员会叫停，国家对数字技术的规训能力可见一斑。因此，国家的力量并未由于大型数字公司的形成而削弱，而是由于数字技术和数字公司的成长进一步强化了。数字技术和跨国公司可以通过多种方式轻松地跨越国界，将资本的力量和资产阶级意志全天候地渗透至全球网民和世界各个角落，成为帝国主义获取权力来源和强化控制的重要手段。可以看到，数字经济时代催生的并不是"帝国"，体现了技术、经济和政治捆绑性质的数字帝国主义才是这个时代推动资本扩张和国家间不平等的真正主体。

三、数字帝国主义的五大特征

与二战前的传统帝国主义阶段和二战后到 21 世纪初以地缘空间

扩张为特征的帝国主义阶段相比，数字帝国主义同样具备帝国主义的很多根本特征，如大规模的垄断、频繁的对外输出、活跃的金融资本等，但也展现出很多鲜明的时代特点。我们依然可以遵循列宁的思路，将这些特点概括为五个方面，从中感受帝国主义在数字时代的变与不变。

第一，平台成为新的组织形态，数字化生产不断集中，形成了巨型数字垄断公司。列宁曾说："如果必须给帝国主义下一个尽量简短的定义，那就应当说，帝国主义是资本主义的垄断阶段。"[1] 在前文中，我们已经讲到数字公司在今天造成的显著垄断局面。

在这些垄断公司的运作过程中，"平台"是一个十分关键的组织和生产工具，也是造成垄断的核心动源之一。由于平台化生产的存在，数字行业的垄断比任何传统行业的垄断企业所造成的影响更为深远，其实际上所涉及的单位和个人也绝不仅限于价值链上的雇佣工人。一方面，平台本质上都是由算法组成的，这就使得大平台对于小平台拥有很强的嵌套能力，容易通过并购令诸多小平台为同一个巨型寡头工作；另一方面，在实际生产的过程中，除了资本家和数字工人两极，事实上还存在第三种力量，即普通网民。平台中有大量的内容是由普通网民完成的，而资本家会将这些成果转化为吸引流量的工具，因此网民在无形间也成了资本家的免费工人。这意味着全世界有无数的普通人在为数字寡头工作，其真正意义上的雇佣范围远比我们

1　列宁.帝国主义是资本主义的最高阶段[M].中共中央马克思恩格斯列宁斯大林著作编译局编译,北京.人民出版社,2014年,第86页。

看到的要大得多。

第二，数字资本与产业资本和金融资本等相结合，数字寡头逐渐在经济生活中起决定性作用。随着数字技术的普及，数字资本也开始与产业资本、金融资本等其他资本相融合，凭借着数字平台的中介功能与强大的渗透力延伸到各个行业，经济、社会、生活全方位数字化的趋势已经不可阻挡。对于产业资本而言，与数字资本的结合也是其进行扩张和加速周转的客观需要。平台化的运营模式成为数字经济时代调配资本和连接供需双方的最重要通道，移动支付、搜索引擎等业务的出现实现了对传统线下交易方式的替代，因而只有在平台的助力下才能形成生产与消费之间的完整链条。在这个过程中，随着数字技术对各个资本领域的业态更新，全球价值链与资本运作链逐渐无法脱离数字工具与各类数字平台的参与，数字寡头得以凭借垄断地位在利润分配中占据优势地位。

金融资本同样如此。金融寡头过去往往站在经济社会的权力顶端，通过影响资本流动控制价值流向，但数字技术对金融生态的重塑却使经济社会的权力出现了交接。数字资本以平台、大数据、人工智能等技术工具跻身金融服务领域，利用数据等重构信用体系并提供数字云服务。数字资本利用用户基数与新技术同金融资本抢夺客源，使得金融资本切身感受到了压力，因为它们本身不具备数字公司所能给予的数字服务与金融服务，无法提供与之相当的运营效率、广告宣传与用户体验。近年来，数字资本全面进入金融领域，摩根大通、花旗、高盛等金融巨头也纷纷开始数字化转型，向着"数字—金融"复合体的发展模式迈进。产业资本家、金融资本家们对数字寡头拥有着较强的依赖性，一个重要版面的广告就可以在很大程度上影响商品销量和融资规模，这使得数字寡头在产业链中拥有着近乎绝对的不可替代性。数字寡头逐渐在经济生活中起决定性作用，并凭借各类信息费用、广告费、交易中介费等获取高额利润。

第三，数字输出的意义更为重大。"数字输出"包含三个方面，即数字资本输出、数字商品输出和数字资源输出。首先，在数字帝国主义时代，寡头们对外资本输出的进程依然迅猛，而由于数字企业对其他领域强大的渗透力，数字寡头们的投资范围可以延伸到相当多样化的领域，因此我们可以看到脸书、谷歌等大型科技公司的商业版图扩展到全球各个角落、各个行业。其次，随着电子商务规模的扩大，信息市场和电子商务模式都在变得更加成熟，因此掌控了平台的数字寡头可以通过网络进行非常便利的对外商品输出，实现更大规模的跨国界、全天候的海外市场交易[1]，其中既包含了大量的线下实体商品，也包含了很多纯粹线上的虚拟信息商品。最后，数据、知识等数字资源在数字帝国主义时代成为企业最核心的生产要素，因此拥有大量知识密集型企业和数据库的发达国家可以凭借着数字资源参与全球产业链，将一些工序简单、利润微薄的环节外包出去，并利用知识产权、数据私有权等控制全球生产网络。总而言之，通过数字资本输出、数字商品输出和数字资源输出，数字帝国主义国家对全球财富流向拥有了更加强大的控制力，而被输出国的民族企业只能在夹缝中生存，导

1　高海波．数字帝国主义的政治经济学批判——基于数字资本全球积累结构的视角 [J]．经济学家，2021年第 1 期。

致了发展中国家经济的畸形发展和在全球价值链中长期的从属地位。

第四，形成了瓜分全球产业链的数字寡头同盟。数字经济发展初期，针对一些技术跨度相对较大的领域，各大数字寡头往往会采取构建同盟的方式，通过投资、生产和销售协议共同控制全球产业链，操纵市场和价格，典型的如微软和英特尔的 Wintel 联盟[1]。随着寡头们的商业扩张，对其他生产环节的依赖逐渐降低，但这种寡头同盟依然延续至今。同盟可以是国家间的，如拜登政府上任后，美国就拉拢了澳大利亚、印度、日本等组成了同盟以维系技术霸权。同盟也可以是企业间的，企业间的技术同盟通常有两种形式，第一种是进行寡头间的共同技术开发，以维系其在尖端技术上的霸权地位。数字寡头间虽然存在着显著的竞争关系，但维护现有的垄断统治、阻止小企业或他国企业瓜分"奶酪"却是其共同的利益导向。特别是在技术加速更新换代的数字经济时代，为了遏制外部的技术超越，数字寡头会利用现有的人才和设备优势组建研发同盟，共同开发未来科技。第二种是形成利益联盟影响国际组织中的技术标准制定，掌控行业中的游戏规则，华为公司在 5G 标准之争中被全方位围堵就是典型的例子。在这一过程中，数字帝国主义国家往往会利用政权对寡头们进行强大的保护与支持，利用一系列不正当的竞争手段维系寡头们固有的垄断利益。

第五，帝国主义控制世界的重点方向由现实领土转向虚拟空间，更加追求意识形态上的数字殖民。近年来，帝国主义国家仍然会对落

1　孙艳群，刘伟. 计算机史话 [M]. 青岛：中国海洋大学出版社，2003 年，第 159—166 页。

后国家与身处战略要地的国家采取军事打击行动，但很少再会实施以军事暴力为基础的殖民政策。然而，这并不意味着帝国主义放弃了对殖民地的控制与掠夺。在数字帝国主义时代，帝国主义开始将控制与掠夺的范围从现实领土转向隐蔽性更强的虚拟空间，意图通过意识形态控制推行霸权、打造全新的网络殖民地。由于掌握着数字平台企业的垄断地位，帝国主义国家在进行文化宣传与造势时拥有着显著的优势。文化资本家与数字资本家相勾结，利用传媒的力量抢夺大众注意力，给予西方文化以更多的信息曝光、广告版面和正面解读，从而在世界范围内制造了大批量的粉丝团和追随者。在西方国家对外输出的影视、音乐、文学作品背后，往往都会隐含着所谓的"人权""平等""自由"等价值观，美化帝国主义形象并诋毁他国体制。通过这种数字殖民地的塑造，数字帝国主义国家可以以"不战而屈人之兵"的方式瓦解他国信仰系统、篡改历史记忆、攻击民族象征，从而实现精神征服[1]，干涉甚至控制他国决策和行动。

1　曾华锋，石海明.制脑权: 全球媒体时代的战争法则与国家安全战略 [M].北京: 解放军出版社，2014年。

第 二 章

大厦之基：

数字劳动与

数字商品

在资本关系下，数字技术的运用推动了数字资本家和数字劳工两极的出现。数字劳工通过数字劳动创造了巨大的价值，为数字帝国主义的运行源源不断地提供着养分。作为数字劳动的物化形态，大量的数字产品在社会再生产中不断被投入和产出，并在资本的运作下不断商品化。而随着数字商品交易市场的不断成熟以及数字货币等新生事物的出现，商品和资本的流通速度不断加快，剩余价值从生产到实现的过程不断缩短，它们就像生物体的血液循环系统，为数字帝国主义这座大厦不断注入活力。

在《资本论》中，马克思研究资本主义的生产方式与运行规律，是从劳动与商品开始的。同样的，如果将数字帝国主义比作一栋大厦，那其积累的根基便是数字劳动与数字商品。在数字帝国主义时代，资本主义社会的劳动形式、剥削方式等都与大工业时代出现了很大的差别，想窥其全貌，必须深入劳工群体，重新梳理这一时代的劳动与价值创造过程。

★ 数字劳动与数字劳工

一、数字劳动的出现

随着数字技术的发展，开始出现了一批专门从事数字技术研究与借助数字工具工作的劳工群体，也因此诞生了一种与以往不同的劳动形式。自 20 世纪 70 年代开始，西方左翼学界开始专门针对这种劳动形式展开研究，其中影响力较大的理论有达拉斯·沃克·斯麦兹的"受众劳动"理论与迈克尔·哈特、安东尼奥·奈格里的"非物质劳动"理论。

"受众劳动"理论认为大众传媒和广告将会生产出一种特殊的商品，即"受众"。而受众同样也在为广告商工作，他们除了睡眠之外的时间都是劳动时间，他们的工作就是为广告商品创造需求。[1] "非物质劳动"理论则认为随着福特制向后福特制的不断演进，非物质劳动，即"生产非物质商品，比如知识、信息、交往、关系或者情感反应的劳动"[2] 正在成为数字资本主义剥削体系中的重要环节。两种理论在政治经济学发展史上都存在重要的意义，"受众商品"理论第一次将资

1　Dallas Walker Smythe. Communications： Blindspot of Western Marxism[J].Canadian Journal of Political and Social Theory，1977，1（1）.

2　Michael Hardt， Antonio Negri. Multitude： War and Democracy in the Age of Empire[M].New York： The Penguin Press，2004：108.

本生产和积累的概念拓展至传播领域，并且看到了数字经济时代消费者在剩余价值生产中的重要作用。"受众商品"理论也存在着一些较为明显的理论缺陷，诸如"受众"可否成为商品、受众劳动的生产时间如何确定等，都难以符合劳动价值论的基本原理。"非物质劳动"理论则很好地表达了信息社会中资本主义的生产对象由单纯物的生产向一般智力的生产转型的过程。不过，"非物质劳动"理论侧重于表达非主权的网络权力对劳动者主体性的剥夺，并未完全解释新型劳动组织方式下资本的生产过程。

　　"数字劳动"的概念真正被提出与研究是在 2000 年，提出者是意大利学者蒂齐亚纳·泰拉诺瓦，他将"数字劳动"定义为网民在通过互联网活动时所付出的免费劳动，诸如网页创建、邮件往来等。[1] 随后，这一理念被传播政治经济学派所借鉴，其中的集大成者是克里斯蒂安·福克斯。在 2013 年出版的《数字劳动与卡尔·马克思》一书中，福克斯详尽地阐释了自己的数字劳动理论。他认为，由于信息采集能力的日益强大和互联网对传统产业的整合功能，大机器时代的体力劳动、以物质需要为基础的消费产品拓展到了信息时代的脑力劳动、以精神需要为基础的消费产品，因而构成了一条由无酬大众、互联网平台、产业工人等共同构建的连接全球的剥削链，数字劳动也由此诞生。他重构了马克思的劳动价值论，将数字劳动作了狭义和广义上的定义，认为狭义上的数字劳动专指借助互联网工具生产精神文化

1　Tiziana Terranova. Free Labour: Producing Culture for the Digital Economy[J].Social Text, 2000, 18（2）.

产品，区别于传统生产方式的劳动形式，而广义上的数字劳动则涵盖了通过数字媒介进行资本积累所需要的所有体力和脑力劳动。[1]

数字劳动理论的开创意义深远，它为政治经济学学者研究数字帝国主义夯实了理论基点。一方面，它是马克思主义劳动理论在数字时代的延伸，但另一方面，我们也必须重视数字劳动相较于传统劳动方式的重要变化。与传统的劳动形式相比，数字劳动除了在劳动者、劳动工具、劳动对象上均有所改变外，还有两个明显的不同之处。一是脑力劳动在劳动总量上的比重不断攀升，这一方面缘于生产力变革所带来的人类普遍智力水平的提升和互联网工具的运用，一方面是由于互联网技术所带来的生产要求和人类逐渐增长的精神文化需要对脑力劳动的需求。二是有效劳动范围的扩大。在数字劳动发展的过程中，逐渐出现了生产与消费、劳动与休闲的界限日益模糊，劳动与工作的概念区分日益明显的现象。这归根结底是因为互联网强大的信息采集功能与使用价值的社会历史性所带来的有效劳动范围的扩大。譬如在大机器时代，由于社会历史条件的限制，娱乐、消费等行为所形成的产品并不具备使用价值，也无法进行商品买卖，只能成为无效劳动，而在信息技术高度发达的数字资本主义时代却可以成为资本进行剥削的重要手段。

随着数字技术的延伸，数字劳动的内涵变得愈发广泛。很多学者都试图对数字劳动进行种类和形式的划分，从而更好地认识各种类型

---

1 Christian Fuchs. Digital Labor and Karl Marx[M].New York：Routledge，2013：241—260.

的数字劳动的具体特点。在这里，我们提供三种最基本的划分方式。

第一，根据劳动工具和工作环境的不同，将数字劳动划分为线上劳动和线下劳动。这一划分方法完全是缘于互联网生产工具的出现。线下劳动者多存在于实体经济领域，以自然资源、半成品、传统机械为主要劳作对象。线上劳动最初多存在于互联网数字信息领域，而随着数字设备的普及，线上劳动者越来越广泛，但线下劳动依然在传统物质产品的制造中占据不可替代的地位。线上劳动和线下劳动有时仍然会独立进行，但近年来随着互联网对业态的整合，诸多线下劳动开始依附于线上劳动存在，因此出现了更多线上线下相结合的劳作形式。

第二，根据数字劳动是否可以获取劳动报酬，可以将其划分为有酬劳动和无酬劳动，或者雇佣劳动和非雇佣劳动。这种划分方式最能体现数字帝国主义时代的剥削特点和生产关系。在雇佣制度内部，无论何种工作形式，有酬劳动者在被剥削时尚能通过制度契约获取最终的财富分配，而非雇佣工作者的主观意愿并非为资本家工作，但其劳动成果依然会通过网络工具传输给资本家。由于非雇佣工人不受制度和工作内容限制，因此其涵盖的受众面积非常大，劳动的方式也更加灵活多样。非雇佣劳动的出现意味着数字帝国主义时代剥削关系对雇佣劳动制度的超越，非雇佣工人拿不到劳动者应当享有的薪酬和待遇却依然在为资本家服务，变为没有任何保障的免费劳工，甚至有时会成为产消合一者，在消费过程中产生实际的生产行为，无偿为厂家提供理念、数据等产品，从而进一步被资本家控制。

第三，根据数字劳动的生产内容，可以将其划分为实体劳动和非实体劳动。这一划分方式参考了哈特和奈格里的"非物质劳动"理论，但可以避免"非物质"这一描述所带来的哲学上的争议，因为很多学者并不赞同将文化、信息等产品视为非物质产品[1]。实体劳动基本都是传统劳动，非实体劳动则主要包括生产或加工服务和信息产品的劳动，非实体劳动还可以进一步根据各行业和劳动者的劳动形式进行细分。在三种划分方式中，这种方式最为复杂，因为数字资本主义时代劳动的具体方式包罗万象，而且作为劳动成果的信息产品相较于实体产品更加多元也更难把握。

在非实体劳动中，有三种形式的劳动相较于传统劳动形式的特点而言发生了较大的变化，值得我们重点关注。

第一种是玩劳动。"玩劳动"的概念在由北爱尔兰阿尔斯特大学的朱利安·库克里奇博士首次提出后，受到了广泛的关注。[2]很多人都会对这一概念感到新奇和诧异。玩、娱乐等行为可以成为劳动吗？事实上，玩与劳动并非绝对的对立关系，马克思也曾将自由劳动视为劳动、休闲和发展的统一，因此这一概念是存在理论上的合理性的。但在很多传播政治经济学者那里，玩劳动的概念多是狭义的，专指游戏产业中"玩工"消耗的劳动。而为了考察娱乐活动的普遍规律，我们可以将广义上的玩劳动，即除游戏行业外的其他休闲活动均纳入考

1 [英]肖恩·赛耶斯.现代工业社会的劳动——围绕马克思劳动概念的考察[J].南京大学学报（哲学·人文科学·社会科学），2007年第1期。

2 Julian Kücklich. Precarious Playbour： Modders and the Digital Games Industry[J].Fibreculture Journal，2005（5）.

察范围。在数字资本主义时代，从事娱乐休闲产业的工作人员越来越多，文娱行业开始形成了完整的产业链条，职业的游戏开发商、职业玩家等工作开始出现。这一方面受益于数字信息技术提供的大环境，网络平台为娱乐产业的生产、传播、受众群体都提供了充分的支持；另一方面便得益于人类智力水平和精神需求的提升，消费者无论对娱乐内容本身还是其衍生产品都有着不断扩充的需求，使得玩劳动成为数字资本主义时代重要的劳动形式之一。

第二类是行为类劳动。其中的典型劳动者包括行为艺术家、表演工作者等。与其他数字劳动者不同的是，行为劳动者并非直接生产信息客体，而是由本身的行为劳动形成行为信息，成为影像产品的一部分。与玩劳动者相似的是，数字信息技术也为行为劳动的盛行提供了广阔的环境。随着社会需求的增加，更多的行为劳动者开始出现，而在文娱厂商、社交平台、传媒营销等因素的推动下，行为劳动者的劳动待遇大大提升。

第三类劳动是信息传输类劳动。信息传输者的劳动性质与交通运输工人的劳动性质相近，只不过传输的产品种类有所不同。在大机器时代，首先是传播工具的落后，导致只有少数人从事信息传输类的工作，其次是当时生产的数据量无须大量的岗位需求。在"大数据"井喷的数字帝国主义时代，即时和高品质的信息传输已经成为经济和社会生活中最关键的一环，而通信技术和网络设备的完善和拓展也为传播业的兴盛创造了重要的条件。因此，伴随着大量媒体和网站的出现，从事新闻、广告、通信等行业的传媒工人数量日增，成为数字帝国主义时代不可忽视的劳动群体。

二、数字劳动是生产性劳动吗？

数字劳动的概念自诞生之初便争论不休，而数字劳动是否属于生产性劳动则是其中的焦点问题。有关生产性劳动与非生产性劳动的讨论，在"数字劳动"概念尚未出现之前，便已经在学界引起了很多争议。经过长期的讨论，主要可以划分为三种意见。一种是将生产性劳动的内涵划得十分宽泛，这些学者认为，凡是在社会生产中创造价值的劳动均属于生产性劳动，不仅包括传统的物质生产，科研人员、文艺工作者、服务人员等的工作均是生产性劳动；另一种是将生产性劳动局限在传统物质生产领域，认为生产非实体产品的劳动均不属于生产性劳动的范畴；还有一种则介于两者之间，认为生产性劳动主要是传统物质劳动，但一些直接为传统物质部门服务的劳动也属于生产性劳动的范畴，包括科研、医疗卫生等，是否依靠国家预算和是否通过个人盈利是他们区分是否属于生产性劳动的界限。

"数字劳动"的概念出现后，很快被纳入了对其定性分析的讨论中。有些学者认为，以脑力劳动为主的精神生产不应当与物质生产混为一谈，精神生产与物质生产存在于不同的时间，精神生产来源于自由时间，而物质生产来源于劳动时间，因此精神产品的价值不应由劳动时间衡量。此外，精神生产的一部分属于上层建筑领域，将其与商品化的精神产品等同而论是不科学的。[1] 一些意大利的自治主义马克

1　陈文通 . 劳动价值论不宜拓宽 [J]. 经济纵横，2013 年第 1 期。

思主义者和传播政治经济学者也认为，数字劳动是与传统的马克思的劳动价值论相悖的。马克思对于劳动的界定和计量只适用于大工业时代，而在数字资本主义下，实物、信息、情感、活动等商品化的产品具有高度异质性，难以以抽象的生产时间计量，而随着产消、产娱等界限的模糊，价值形成与劳动的相关性也逐步变弱[1]，因此无法再将数字劳动归于传统生产性劳动的范畴。可以看出，在不同学者那里，对生产性劳动的理解本就存在差异，这就难怪数字劳动也会陷入这样的争论之中了。

　　马克思是怎么看待生产性劳动与非生产性劳动的问题呢？首先，马克思是在一般和特殊两个角度对此展开讨论的。从一般角度而言，就是撇开人类发展阶段和社会属性的不同；从特殊角度而言，就是把生产性劳动放在资本主义制度下具体考察。而我们讨论数字资本主义下的生产性劳动，归根结底也是通过这一概念探究当前资本主义制度下的生产关系，因而理应将生产性劳动放在后一种语境中考察。马克思曾在对资本主义劳动过程和价值增殖过程的讨论中对生产性劳动有过明确的表述。他认为，"只有为资本家生产剩余价值或为资本的自行增殖服务的工人，才是生产工人"[2]。也就是说，在资本主义范畴内讨论生产性劳动，一方面要关注价值创造，另一方面则要看该劳动是否被纳入资本主义生产关系。

　　那么，数字劳动是否符合这两个条件呢？

1　黄再胜.国外数字价值论辩 [N].中国社会科学报，2017-07-25。

2　马克思恩格斯文集（第 5 卷）[M].北京：人民出版社，2009 年，第 582 页。

从第一个方面看，数字劳动是可以创造价值的。数字劳动所创造的信息、文化、行为等，都有可能创造出满足人们某种需要的属性，即具备社会性的使用价值，因而具备了进入交换领域的可能性。也就是说，价值创造并不局限在实体产品领域，马克思也曾以作家、歌女、演员等为例说："一个演员，哪怕是丑角，只要他被资本家（剧院老板）雇用，他偿还给资本家的劳动，多于他以工资形式从资本家那里取得的劳动，那么，他就是一个生产劳动者。"[1] 这意味着马克思对物质生产的定义的确并未局限在实物商品内部，他考察生产性劳动是从社会的生产关系出发的，而并不涉及生产部门的区分，因此任何被社会认可的劳动形式都具备成为生产性劳动的可能。

这个问题还涉及对"总体工人"范畴的理解。有些学者认为很多数字劳动并不会直接生产可以利用的产品，对数字劳动在价值创造中的作用并不认可。然而，马克思从来不局限于从个体去考察劳动问题，脑力工作者所付出的劳动虽不一定会立刻形成最终产品，但也会参与到社会再生产的过程之中。即使在大机器时代，体力劳动仍然是最主要的工作形式，但马克思从未否认过脑力劳动者在生产中的重要作用。因此，数字劳工在价值创造中的地位是应当得到肯定的。

从第二个方面看，在数字劳动是否会被纳入资本关系这个问题上，也应当给予肯定的回答。在网络平台支撑的数字资本主义时代，由于信息采集和加工等能力的高速发展，任何信息产品都有可能在网

1　马克思恩格斯全集（第 26 卷）[M]. 北京：人民出版社，1972 年，第 148 页。

络的触手下被纳入生产环节，进而进入交易和流通过程，成为被资本剥削的对象。马克思曾指出，随着技术进步和协作水平的提高，总体工人和生产劳动的范畴有不断扩大的趋势。在互联网技术所构建的信息采集网下，越来越多的跨行业劳工、无酬劳工等都会在无意识间被纳入资本增殖的体系之中，更加零散化的语言、文字、行为动作都会被作为劳动原料加入产品制作过程中，剥削关系在数字劳动时代体现得更加淋漓尽致。

除了以上论述外，马克思还在有关流通费用的研究中涉及了关于生产性劳动的讨论，这些论述也成为数字劳动和信息商品受到诘难的原因之一。马克思将流通费用分为生产性流通费用和纯粹流通费用两大类，并认为用于商品买卖上的流通费用是非生产性的，"用在买卖上的时间，是一种不会增加转化了的价值的流通费用"[1]。因此，有些学者认为应用在数字广告等信息产品上的数字劳动并不创造价值。在这里，并不能据此曲解马克思的本意，他所强调的是流通费用不能参与最终产品的价值创造，而非用于流通领域的劳动产品不创造价值。我们必须看到，在社会总生产中，无数个独立的生产过程是交叉或者融合的，在特定的物质产品的生产过程中，诸如广告类的信息产品所耗费的劳动的确不能令最终产品发生价值增殖，但其作为独立的信息产品进入交易过程，则完全具备商品属性，因而必然被资本主义的剥削体系所吸纳。

---

1 马克思恩格斯文集（第6卷）[M]. 北京：人民出版社，2009年，第150页。

事实上，马克思早已意识到了社会总生产的复杂性，并对生产性劳动作了严格的规定，"上面从物质生产性质本身中得出的关于生产劳动的最初定义，对于作为整体来看的总体工人始终是正确的。但是，对于总体工人的每一单个成员来说，就不再适用了。"[1] 因此，必须看到马克思在分析纯粹流通费用时所采取的抽象分析法，这个意义上的"非生产性劳动"并不足以成为否定信息商品和数字劳动的依据。除此之外，还有一个问题需要单独提及，即在数字经济时代还存在着大量工作在通信和传播领域的劳工，因此在信息商品的制造过程中，除了研发类的劳动外还存在着传播类的劳动，如收集、调查、记忆等，这种类型的劳动是否也属于生产性劳动呢？按照马克思关于交通运输劳动的理论而言，其实传播劳工的劳动性质类似于交通工人，都是使商品进行位置上的移动。传播类的劳动是生产过程在流通领域的继续，它虽然不改变产品的物质形态，但却使信息商品的使用价值发生了空间上的转移，因此也属于生产性劳动的范畴。

无论是在马克思对社会再生产、总体工人还是商品流通的论述中，我们都不能找到可以否认数字劳动生产性劳动性质的依据。数字劳动可以创造使用价值和价值，可以在网络工具的作用下进入资本的剥削体系，完全具备马克思对资本主义社会生产性劳动的本质描述。被数字劳动创造的产品可以不具备实体形态且反复使用，这意味着劳工所创造的价值可以延伸到生产、消费、流通等多个领域，令社会再

1　马克思恩格斯文集（第5卷）[M]. 北京：人民出版社，2009年，第582页。

生产的总过程日益复杂，因此也驱使着价值创造和剥削体系更加趋于隐蔽化。

三、数字资本家与数字劳工

　　谈到数字劳动就会涉及数字时代的劳资关系。数字劳动出现后，数字资本家与数字劳工的两极日渐形成。数字资本家凭借对数字信息平台或其他数字技术成果的所有权进行商业活动，雇佣劳动者并获取利润，他们可以不占有传统资本家所关注的自然资源和传统生产工具，不直接参与实物产品的生产行为。因此从表面看，拥有虚拟平台的数字资本家在商业活动中只会起到交易和传播中介的作用，对生产过程中的劳动关系影响有限，但事实上并非如此。

　　首先，数字资本为信息和知识产品营造了独立的资本积累链条，非实体形态的商品交易在网络时代几乎完全依赖于数字资本家，大量进行智力成果生产的数字劳工则成了平台榨取价值的工具。诸如网络写手、视频拍客等，其工作环境虽有别于传统生产方式，却依然要受到平台剥削。由于网络是文章、图片、视频最为主要的传播和消费途径，直接影响到数字劳工的收入水平，因此这些劳工必须完全依附于数字资本家进行劳动。同时，在知识产权难以被界定和保障的网络环境下，数字劳工智力成果被窃取的可能性非常高，因而往往面对着相对困难的生存与工作环境。

　　其次，数字资本家构建了更为成熟的商业营销经济体系，提升了商业活动在价值流动过程中的重要性。在大机器时代的经济模式中，传统生产资料的所有者往往在利润分配中占据优势地位。而随着互联网对资本流通模式带来的突破性发展，数字资本家可以凭借对覆盖面更广、流量更大的虚拟平台的占有掌握更多财富。尤其是在互联网整合产生的新业态中，不平等利润瓜分的现象屡见不鲜，平台甚至可以影响生产企业的发展决策，再加上高额的中介费和广告费，数字资本家往往会成为新经济模式中最大的受益者。因此我们可以看到，在福布斯近年来发布的全球富豪榜单中，入榜者中从事互联网、电信等行业的资本家数量持续上涨，微软创始人比尔·盖茨，亚马逊创始人杰夫·贝索斯，脸书创始人马克·扎克伯格等巨头资本家均是榜单常客。

再次，新型分工体系下的数字资本家对整条产业链的影响愈发重要。在以往的分工模式中，资本家为了规模生产，必须具备资源、机器设备等完整的生产资料。而随着外包模式的盛行，数字资本家只需掌控核心信息技术和高科技人才便可搭建生产体系。中心企业的管理者会将更多精力放到对知识的管理上，更强调劳动者的专业学习和创新能力。[1] 由于信息资源相较于实体资源具有更高的可控性，因而更容易形成知识垄断的局面，数字资本家便可以在节约了大量资源管理成本的同时，仅凭借对核心技术的掌控而肆意规定财富分配比例以攫取垄断利润。

最后，除了实体经济之外，数字资本家的力量还涉及金融领域。在上一章中我们谈及，随着以互联网为中间平台的互联网金融的出

---

1 谢富胜，周亚霆.知识经济与资本主义劳动过程 [J].教学与研究，2012 年第 3 期。

现，数字资本家开始与金融资本家和产业资本家共同向生产领域投入资本并瓜分利润，很多平台甚至绕过专业的金融机构建设独立的金融工具，使资本的力量进一步膨胀。

总而言之，数字信息技术的进步、全球互联网的快速普及、大众传媒触角的延伸、互联网金融的盛行等因素的存在，使得数字资本家虽然才出现了几十年，却成为无论是在实体还是虚拟经济领域，对经济活动最具控制力和影响力的资本家团体。

劳资关系的另一端便是数字劳工。与数字劳动相同，数字劳工的概念也有狭义和广义之分。狭义上的数字劳工，单指主要利用互联网计算机相关工具，对数字信息进行生产、加工、传输等劳动的工人，而广义上的数字劳工，涵盖了整条数字产业链上的所有工人。广义上的数字劳工包罗万象，工种众多，而狭义上的数字劳工可以根据雇佣模式的不同分为三种类型，即全日制雇佣工人、临时雇佣工人和非雇佣工人。

从全日制雇佣工人来说，其数量从 20 世纪后半期开始就呈现出持续上升的态势。以美国和数字信息行业中最为典型的 IT 行业为例，根据美国劳动统计局公布的数字，美国 IT 行业的从业人数在世纪之初只有 200 万人左右，近年来却上升至 350 万到 400 万人，且仍然有巨大的职位空缺。IT 等行业就业人数的扩大得益于数字技术发展带来的职业需求。在以往的大机器生产时代，生产自动化程度不高，创新能力和科技成果转化速度不强，规模经济和劳动力优势是企业降低成本、攫取利润和取得竞争优势的关键。因此，大批量的劳动力被聚集在一起，投入到机械生产和加工领域进入流水线作业。而由于教育水平的限制，科技创新和电子领域只属于少数精英科学家，被制造业淘汰的劳动力也多进入服务行业工作。

到了数字资本主义和数字帝国主义时代，一方面日益发展的计算机硬件和数据编程等需要更多的从业人员，另一方面由于精英阶层逐渐看到了数字信息行业在利润分配中的重要地位，通过追加投资以在财富分割方面获取优势，同时还将资本的力量渗进教育行业，有意培育了大批的数字劳工投入到数字信息领域劳动，从而促进了数字信息行业的加速发展和劳工数量的增长。除此之外，信息技术催生的其他文化产业的崛起也扩充了数字劳工的群体。在机器大工业时代，生产力虽迅速增长但与全体社会成员的物质要求仍相去甚远，因此第二产业便成了促进国民财富增长和资本家榨取剩余价值的重点领域，而发明、文娱、休闲同样是少数人的特权，"资本主义生产在这个领域中的所有这些表现，同整个生产比起来是微不足道的。"[1] 但随着技术进步对社会范围内物质需要满足度的增强以及信息革命对于生产力的跨越式提升，游戏产业、传媒产业、文化体育产业等迅速崛起。由于文化理念和文化产业的输出对国别之间的财富流向有着重大影响，各国也纷纷将科教创新和文娱产业当作朝阳行业进行扶持。因此，随着文艺创作、新闻传播、电视电影、娱乐文化等行业的发展，大批量从事文化创新、加工和传播的劳工开始出现。

1　马克思恩格斯文集（第8卷）[M].北京：人民出版社，2009年，第417页。

　　零工经济成为主流的经济形式之一，促进了临时雇佣劳工群体的扩大。在大机器生产时代，固定的工作地点和工时是劳工工作的基本特征之一。随着科技进步特别是生产自动化的发展，大量的低技能工作被机器替代，导致很多劳工被排挤出原有的生产部门。由于服务行业的低待遇、强竞争以及科教行业的高指标，很多劳工选择进入零工经济领域。在数字平台的技术支撑下，不只是智能出行、住宿短租等行业得到发展，网络直播、网络写手、视频制作等全新的零工模式也陆续出现，就业模式越发多元化。零工经济用人门槛较低，合同期一般较短，且在工作时间地点方面给予了劳工更大的选择权，很多人都可以进行居家或户外工作，有着更强的灵活性，因而吸引了大批的工人进入这一领域。当然，不只是被其他行业排挤的劳工，很多原本的雇佣职业者也会选择在休闲时间打零工，成为兼职职业者以赚取外快。

　　非雇佣工人的诞生是数字经济与传统经济形态相比一个非常明显的不同。不论是雇佣工人还是临时雇佣工人，都是传统资本主义形态中具备的，但大批量非雇佣工人的存在却是全新的现象。非雇佣工人规模的扩大是随同计算机设备的应用和计算机相关教育的推进而进行的，他们的出现依赖于数字信息技术强大的采集、记录能力以及互联网与互联网操作技术的普及。在用户进行网络浏览、邮件发送、数据制作等正常的上网行为时，很容易将个人信息或者私人智力成果上传至网络，出现个人脑力劳动被盘剥的情况。因而即便不存在雇佣关系，普通网民也可以成为数字资本的非雇佣工人。

　　非雇佣工人群体的具体数量是难以估算的，理论上而言全球几十亿网民都存在成为非雇佣工人的可能性。不过必须强调的是，非雇佣关系的出现并不意味着对政治经济学传统理论的颠覆，即便在马克思那里，对资本主义本质的讨论都是基于雇佣劳动制度。因为无论是数字帝国主义中的互联网产业还是传统产业，仍然是以雇佣劳动制度为基础、以雇佣工人的劳动为主要价值来源的。数字帝国主义时代最核心的信息技术、虚拟平台和物质资料等，均是在雇佣工人的脑体劳动下完成的。但不可否认的是，非雇佣工人的工作方式灵活，工作群体没有边界，意味着这一群体可以扩展至各个角落、无处不在，将家庭与社会均变作生产工厂，因此必须对非雇佣工人的价值创造能力给予高度重视。

★ 数字资源与数字商品

数字劳动是数字帝国主义时代重要的价值创造源泉，而数字资源则是数字劳动最为直接的外化体现。海量数字资源的商品化是数字帝国主义时代的一个突出特点，作为这一时代经济社会重要的组成细胞，探索数字商品的性质、形式、价值决定机制等，有着不可忽视的必要性。

一、数字资源与数字产品

什么是数字资源？数字资源是指一切具有有用性的、数字化的信息资源，如知识、数据、情报等。在数字技术出现以前，这些信息资源同样存在，但在当前几乎所有形态的信息资源都可以通过数字化的方式生产和承载，所以可以将数字时代的信息资源统称为数字资源。数字资源与水、石油、矿产等天然资源有所不同，因为任何数字资源都不是天然存在的，而是通过人的能动劳动所创造的，然后再被单独出售或加入其他产品的制作。

事实上，很多类型的数字资源都可以被政治经济学的范式所解释，譬如信息，信息具有社会属性，是人对自然或社会状态的能动总结，更是互联网空间的组成原子。信息有正确和错误、有用和无用之分，只有有用的信息才是数字资源。譬如知识，知识是在现有信息基础上进行的规律总结和创新，它并非对现实社会的简单描述，而是经过一定量的脑力劳动才形成的，是人的劳动的物化形态。譬如数据，数据也是信息的一种特殊形态，它是对碎片化的信息进行归纳、计算、加工后的结果，是数字化和逻辑化后的信息。在经济活动中，由于天然的传播属性，数据和一般信息都可以作为流通工具存在。[1] 区别在于一般信息反映的往往是个体的大致情况，在经济活动中的作用有限。而被整理和不断运算后的数据则可以得到更加科学准确的指标，或者通过对群体性特征的归纳得出更为全面和一般化的结论，为经济决策提供更加系统和精确的依据。

在数字时代意义重大的各种数字资源其实都是劳动的产物，属于

---

1 刘皓琰.信息产品与平台经济中的非雇佣剥削 [J].马克思主义研究，2019 年第 3 期。

数字产品的一部分。数字产品的概念相比数字资源要更宽泛，除了包含数字资源外，还包括程序、算法、影像、文件、数字工具等多种形态。在这里，我们重点考察一些非实体形态的数字产品。其中一个最为关键的问题是，这些数字产品的价值是如何决定的呢？在《资本论》中，马克思曾对传统物质生产过程作出了明确细致的分析，但由于身处大工业时代，他对信息资源没有也很难进行深入考察。虽然马克思看到"科学的一般水平和技术进步"以及"科学在生产上的应用"[1]在财富创造中的巨大作用，但并未形成针对信息产品的独立的研究体系。而信息产品的生产和加工模式相较于传统产品来说是有其特殊性的，因此，研究数字资源的价值决定机制，必须对这些特殊性加以概括。

相较于传统物质产品来说，数字产品的特殊性有以下三点。

第一，数字产品往往是由"思想＋载体"组成的，这决定了生产其时的"首稿成本"与再次生产的边际成本有很大差异。在考察数字产品时，要将其包含的思想和承载的载体分别来看。其承载的思想是脑力劳动的产物，是客观规律在人头脑中的反映、加工，有时会具备极大的价值。而其承载的载体可以有很多种形式，可以有实体，如书籍、光盘等，也可以无实体，譬如数据、影像、音乐，甚至简单的语言或肢体交流都可能承载思想。数字产品的思想和载体间包含的价值量有时差距巨大，这决定着一个在初次创制时包含了极大劳动量的数

---

1 马克思恩格斯文集（第 8 卷）[M]. 北京：人民出版社，2009 年，第 196 页。

字产品通过简单的"复制＋粘贴"便可以完成二次和批量生产，在这一点上与传统物质产品有着很大的差异。

第二，数字产品在保存和消费上具有永久性。数字产品中的思想属于意识流，因此不必像传统物质商品那样经历磨损、消解的过程，其拥有者只需付出微少的载体维护费用而不用考虑信息内容。即便载体老化，也很容易更换载体继续留存。被利用后的数字产品不会由于使用而被损耗折旧，因此不论是用作生产还是消费的信息商品，一般只需经过一次买卖便可重复使用。

第三，数字产品具有可共享性。传统物质产品在经过二次加工或商品化后，往往是买卖双方一方失去商品，一方失去货币。然而，由于思想的可共享特征，以及载体便利的可复制性，使得买卖双方在交易后还可以同时保留该产品。数字产品的拥有者通过简单的复制行为将商品备份下来，卖方在向买方出售数字产品的使用权时，其实是将数字产品所有权公共化的过程。数字产品在消费上的永久性和占有上的可共享性意味着它的价值量可以在不同的历史时期、不同的生产者手中多次转移到不同产品中去，因此数字产品在再次加入生产过程时往往会比同价值量的实体产品发挥更大的作用。

基于数字产品的这些特殊性，我们尝试对数字产品的价值决定机制作出说明。首先需要明确的是，价值量并非单纯的时间耗费，而是人类脑力和体力劳动的凝结，以劳动时间为价值尺度，更大程度上是为了计量社会平均化后的劳动消耗。因此，价值范畴归根结底是为了体现一定的社会关系而存在的，那种认为由于数字信息产品特殊的首创性而以"个人必要劳动时间"代表"社会必要劳动时间"的看法是很难成立的[1]。

还有学者认为，脑体劳动的衡量标准应当有所区别，脑力劳动的耗费不再取决于劳动时间，而主要取决于产品的能动性和创造性[2]。首先，绝对意义上的脑体劳动分离是不存在的，不同的衡量标准会给最终产品的价值定量带来极大的困难；其次，能动性和创造性这些标准带有明显的主观色彩，不仅仍未从根本上解决数字产品的价值决定问题，还容易陷入西方经济学效用价值论的泥潭。其实，从根本上讲，数字产品的价值仍然是由生产和再生产该产品的社会必要劳动时间决定的[3]。虽然数字产品的首次创制过程的确具有不可复制性，但从整个社会来看，始终存在具备相同使用价值的数字产品，而生产同类产品的部门仍然能在平均的生产条件，即由生产力发展阶段决定的社会平均生产水平和智力水平下形成一个平均的社会必要劳动时间，以此作为该产品的价值衡量标准。举个例子，一套具有相同使用价值的算法，往往在编程上各不相同，甚至都具备唯一性，但仍然可以通过社会不同部门生产相关算法的平均的社会必要劳动时间对其价值量作出判断。从发展的眼光来看，这些具有相同使用价值的数字产品，其再生产的社会必要劳动时间也会逐渐随着社会平均生产水平和劳动者智力水平的提高而下降。

可以看到，在考察数字产品这种与传统物质产品极为不同的劳

1　赵培兴. 创新劳动价值论——论超常价值 [M]. 北京：人民出版社，2010 年，第 94 页。

2　季正松. 从体力劳动价值论到脑力劳动价值论 [J]. 经济学家，2005 年第 2 期。

3　这里的"再生产"是指信息创制的脑力劳动过程，而非信息产品的复制过程。

动产品的价值决定机制时，必须牢牢把握"使用价值"这一概念的重要意义，马克思在对社会必要劳动时间作出规定时，也是以制造"某种使用价值"而非某种产品形态为基准的，这会帮助我们避免很多思维上的误区。举个例子，由不同劳动者创作的同类型的数字信息产品，往往会出现在容量大小上相差无几，但在价值量上却相去甚远的情况，很多时候小容量的数字信息产品的价值还会超过大容量的数字信息产品，这种情况如何解释呢？的确，对于同类型的传统物质产品来说，"量"大的产品包含的价值是要超过"量"小的产品包含的价值的。

对于数字产品而言，其价值决定的关键部分在于它包含的思想，而思想并不能简单地量化，因此不能再通过产品的"量"这一直观感受去判断产品的价值，而要以该数字产品的使用价值为标准。即便是同类产品，其使用价值构成各不相同，所承担的价值量也有所区别，很多时候小容量的数字信息产品的使用价值也的确会超过大容量的数字信息产品，譬如一个前沿科技领域的简单公式的使用价值会远远超过一篇冗杂无聊的文章，也因此会造成在价值量上相去甚远的情况。

二、数字商品

一旦数字产品进入买卖和交易过程，就会成为数字商品。数字商品是满足政治经济学中作为商品的具体条件的，它同样拥有使用价值与价值二重属性。从使用价值的角度来说，是否具有当时社会阶段认可的有用性是判断数字商品是否具有使用价值的唯一标准。因此，尽管数字空间中充斥着大量的数字产品，但如果不具有社会认可的有用性，便无法被称为数字商品，而在数字经济时代，各类数字产品在社会再生产中的重要作用已经充分被认可。

从价值的角度来说，各种具体形式的数字劳动同样是人类能动地改造客观世界的活动，是人脑体劳动力的耗费。随着数字劳工群体的扩大，一大批专门从事数字商品生产和加工的工人不断出现，他们在其中耗费的无差别的人类劳动即构成数字商品的价值。使用价值和价值两者处于同一数字商品中，互相依赖，不可分割。

数字商品的盛行是数字帝国主义时代的典型特征，主因在于以下三点。

第一，数字生产力的跃进。在大机器时代，实体商品的交易是主流，因而劳动对象主要有两类，一是未经加工过的自然资源，二是已经人类加工过的劳动实体产品。即便存在知识产品的交换，其规模也会受到当时信息生产和传输能力的限制。随着数字技术与数字工具的发展，人类对各类信息资源的可利用程度不断提升，数字信息行业具体劳动形式不断丰富，大量非雇佣工人的存在使劳动力具备了无限扩张的条件，批量生产能力显著增强，产品更新周期大幅缩短。因此信息生产的量增加了，计算机的数据生产能力远远超过人工水平；信息的记载得以保质，智能设备的记录和储存能力使信息可以有效保存，简单语言、声音甚至行为信息均能够被妥善记录与保管，随着计算机软硬件的进步，存储载体愈发便捷，存储成本甚至可以忽略不计；信息的传输和交易质量大大提高，通过社交网络等虚拟平台和电子商务即可连接供需双方，同时避免信息失真或遗漏，从多个角度大大提升了对数字商品的供给能力。

第二，数字交易市场的完善。在大机器时代，由于科技水平不足，意识流的信息进行让渡会受到成本和规模上的多重限制。因此即便有一些科研和艺术创造者进行了创造活动，其成果也难以进行大规模的商品交易。但数字信息技术赋予的低成本载体让一切变得简单，资本的投入使得数字化的商业模式变得盛行。在过去的半个多世纪中，生产信息和文化的传媒行业在生产中的地位不断提升，互联网企业的算力和算法更加先进，电子商务、搜索引擎、互联网金融、社交平台等虚拟平台的核心功能更加成熟，越来越多基于互联网的商业模式被开发出来，创作者和大众传媒能够直接以信息或自身为劳动对象生产出精神产品，并经网络途径交易直接提供给买方消费。随着互联网向多个产业的延伸，一个国际性、全天候的数字化交易市场逐渐落成，消费者可以完全依托虚拟平台，打破空间界限进行信息互动，从而进一步加快了数字产品商品化的进程。

第三，社会平均智力水平和人们精神文化需求的提升。人类精神境界的提升是一个历史的过程。在大机器时代，人们的平均智力水平会受到物质生产能力的限制，而在温饱问题都未解决的情况下，对信息商品的需求也会降低。伴随着生产力的发展，人类平均的智力水平和精神文化需求在不断攀升，越来越多的民众都会超越对物质产品的单纯需求，追求更多的受教育、发展、娱乐、休闲等多样化的机会。这些需求将推动经济社会对数字产品的开发，为逐利的资本指明方向，从而加速数字产品商品化的进程。

数字商品的具体种类有很多，数据、博文、影视、游戏、音乐等花样各异。数字商品可以被用来进行完整独立的资本运动，也可以与其他生产环节相联系共同构成社会总资本运动中的一个环节。根据在社会再生产中的不同作用，数字信息类的商品被分为两种形式，一种作为最终产品，另一种主要作为流通工具。

作为最终产品的数字商品被制作出来的首要目的是满足消费者的精神需求。其中有一部分可以被视为数字化的消费资料，主要用于休闲、享受等，另一部分可以被视为数字化的生产资料，主要用于学习和再生产等。按照政治经济学的原理来讲，前者主要涉及价值的实现，而后者主要涉及价值的生产和增殖。当然，很多时候数字商品的这两种功能是交叉在一起的，体现出一种"产消合一"性。因为人们在将已有数字生产资料的价值加入新产品制作过程中时，往往都要事先对其进行消费。

作为流通工具的数字商品主要被用来进行信息传播。这类数字商品在存在形式上往往具有依附性，也就是说，它作为独立的商品的价值和使用价值都十分有限，与它在商品流通中发挥的作用相比相去甚远，它的主要作用在于对其他商品展开信息上的介绍和说明，如某些广告、数字符号等。以广告为例，生产广告的商业资本是要从属于产业资本的，该行业的主要利润来源仍然是产业资本的转移，但广告的有效性也会影响资本循环的速度与广告商可以瓜分的利润大小。在数字经济时代，企业重视的除了产品质量和差异性方面的竞争外，能否在同一周期内找到稳定销售渠道、更多次地完成各资本形态的循环成了重中之重，拥有高质量生产链的厂家在缺乏客户的情况下只能在市场竞争中败下阵来。

可以看到，作为流通工具的数字商品的作用在今天愈发地被商家重视，企业在社交平台上的广告竞争也愈发激烈。再以数字符号为例，数字符号常见于亚马逊、淘宝等电商平台，作为实体产品的象征，人们对数字符号的购买只是作为实体产品交易的代表。它本身所具备的价值含量十分有限，但却可以缩短厂家与消费者之间的距离，提升交易活动的效率。因此，厂家会选择种种方式优化数字符号的品质，起到缩短流通周期、加快产业资本运动的目的。当然，不论是数字信息商品的最终产品形式还是流通工具形式，都是活劳动的物化形态，两者虽然特点不同、作用各异，但均在资本的力量下成了为资本增殖的需要服务的工具。

除了产品价值以外，还有很多因素会影响到数字商品的价格，比如生产环境、时效性、对商品生产和经营权的垄断等。[1] 但总体来看，这些因素大多都是通过供求关系来影响价格。有些因素主要会影响到数字商品的供给。譬如垄断，在数字帝国主义时代，信息的垄断是一个很常见的现象，一些产业大资本会凭借市场权力，滥用知识产权以垄断核心知识，控制商品供给从而对数字商品肆意标价。有些因素主要会影响到数字商品的需求。譬如信息的时效性。有些信息所包含的价值量虽然是有限的，但可以满足消费者的即时需求，让很多消费者愿意付出高昂价格购买。而商家也会利用这种信息的时效性进行商业

1　吴欢，卢黎歌. 数字劳动、数字商品价值及其价格形成机制——大数据条件下马克思劳动价值论的再解释 [J]. 东北大学学报（社会科学版），2018 年第 3 期。

宣传和炒作，令商品的价格与价值出现严重背离。

在数字经济时代，很多行业对信息的需求和消费量已经远远大于实物，能否及时获取有效信息已经成为社会经济活动中的决定因素，因此很多时候信息商品的价格波动会比实物商品更为剧烈。当然，这也让在价格表象下寻找价值决定因素更为困难。因此，只有回归到数字产品的生产过程和对商品二因素的分析，才能正确审视数字经济时代商品的价格本质与价值创造过程。

三、数字货币

在马克思那里，货币是一种特殊的商品，那数字货币的本质是什么呢？在认识数字货币前，应当先区分两个概念，即"货币数字化"与"数字货币"。

所谓"货币数字化"，也就是货币以数字的方式表现出来，并以电子化的方式记账、交易。随着电子商务和数字金融的发展，这种现象已经变得愈发日常，成为亚马逊、贝宝、支付宝、微信等平台上的常规交易方式。货币的数字化提升了交易的效率和规模，对数字经济的发展有着显著的推动作用。但货币的数字化并没有产生新型的货币形式，它只是将信息技术作为一种存储和支付平台，传统货币仍然执行计价单位、流通手段、支付手段和贮藏手段等职能。

另一种便是"数字货币"。数字货币虽然代表了一种货币数字化的过程，但却远远不止于此。数字货币是以一套信息化的编码代表货币的交易工具，它的出现对于货币体系来说是一次意义深远的变革，会对经济社会中的流通、消费和积累模式都产生重要的影响。但是在当前，打着数字货币旗号的事物众多，其背后的支撑技术也相对复杂，因此有必要对这种数字时代新型货币形式的本质、种类和发展意义作出辨析。

数字货币是如何演化而来的呢？自从货币诞生以来，随着生产力的发展和商品经济的演进，货币的形态大致经历了实物货币、金属货币、纸币、信用货币、电子货币五个阶段，现在向数字货币发展。在数字货币出现之前，信用货币在近百年时间内得到了广泛的普及。20世纪70年代后，"布雷顿森林体系"崩溃，各国在1976年"牙买加协定"的基础上建立了最新的全球信用体系。由于美元中心汇率被取消，各国开始就本国的实际情况进行信贷投放。而随着资本主义矛盾的激化，增发信用货币成为各国缓解财政困难和转移危机的重要手段，终于在2007年因信用的滥用引发了全球性的经济危机。现行的国际货币体系备受质疑，美元信用危机出现。恰在此时，网络上出现了一个叫中本聪的人，他在2008年的文章《比特币：一种点对点式的电子现金系统》中描述了一种去中心化的、不需要信用体系支持的货币形式，并依靠加密技术、多方认证写出了一套程序，这套程序的结果便是比特币。比特币对解决现实主权信用货币的缺陷具有很大的意义，因此利用互联网技术继续开发类似的超主权的货币体系的呼声渐高。由于比特币的出现和影响力，各国在解决货币和贸易问题上找到了新的思路，由此开启了各国研发数字货币的历程。

按照历史唯物主义的观点来看，数字货币的开发并非只是由于比特币的出现这个单一的历史事件，它的诞生原本就是历史发展的趋势。马克思曾指出："在货币不断转手的过程中，单有货币的象征存在就够了。货币的职能存在可以说吞掉了它的物质存在。货币作为商品价格的转瞬即逝的客观反映，只是当作自己的符号来执行职能，因此，也就能够由符号来代替。"[1] 也就是说，由于本身便是价值的符号代表，货币本就无须具有特定实体，其具体形态往往会根据各个时代不同的生产力和生产关系状况变化。在数字社会，电子信息技术的发展为人们对货币的便携化需求创造了条件，人们只需要持有智能电子设备就可以随时随地通过数字平台提供的中介服务进行点对点的交易，数字货币的流行因而成为大势所趋。当然，在资本关系下，资本家将会是数字货币使用后最大的受益者，不断加速的流通速度、更具安全性的交易环境均为更大程度和更快速度的价值剥削创造了更为有效的工具，因此可以说，资本的逐利需求也加速了数字货币出现的进程。

目前数字货币花样繁多，大致可以归纳为三种类型。

第一种数字货币作为纯粹虚拟商城的交易工具存在，多出现于网络游戏等具有娱乐性质的模拟现实程序中，由私人企业发行。该类型数字货币的应用多是为了满足人们休闲和娱乐的需要，人们可以通过日常活跃、平台奖励等方式积累这种货币并在该体系内进行产品买卖。在最初时，这种货币通常不与现实挂钩，其交易量的规模完全不影响现实中的财富关系，因此在经济学上的研究意义并不大，但可以

1　马克思恩格斯文集（第 5 卷）[M]. 北京：人民出版社，2009 年，第 152 页。

作为平台激励用户生成黏性和进行内容制作的手段。而近年来随着平台企业的成熟，企业为了盈利纷纷建立该类数字货币与现实的联系，纯粹虚拟的数字货币越来越少见，企业会规定这种数字货币与现实货币的兑换比例，消费者也可以通过充值获取这类数字货币。即便如此，该种货币的运行也仅限于企业自身的生态圈内，不具备在现实中的流通能力。

第二种则是去中心化的、基于数字加密技术同时与现实财富有互通能力的货币，典型的就是上文中提到的比特币。比特币的数额有限，总数只有 2100 万个，不具备中心化的发行主体，只能通过"挖矿"来获得。所谓"挖矿"，其实就是在公开的、互相验证的交易记账系统中争取到记账的权利并获取系统发放的手续费的过程。比特币的产生并不依赖于中央银行或私人企业，它使用遍布整个 P2P 网络节点的分布式数据库来记录货币的交易，并利用哈希函数、非对称加密技术等密码学的设计来保证比特币的安全流通。比特币等货币的出现是社会需求与技术供给共同作用的结果，其中最重要的推助力是金融科技的演进。

具体而言，它一方面缘于现行国际货币体系的弊端，去中心化和数额有限的设计可以有效地遏制通货膨胀，避免信用破坏造成的经济损失，为应对国际金融霸权提供了方案；另一方面则得益于区块链技术。在比特币的系统中，每一个区块都包含着上一个区块的信息，每生成一个区块都会被发送到应用比特币系统的每一个用户，每个区块之间环环相扣，最终形成了区块链的公共记账模式。区块链技术创造出了一种公共信用，并且这种信用还会随着历史数据的积累和记账人群的增多而不断加强。比特币产生之初的几年，接受比特币的网站逐年增多，涵盖了传媒、游戏、教育等多个行业，而戴尔、微软等大型实体计算机公司也开始开放比特币支付。比特币逐渐在世界范围内产生了社会认可，流通范围不仅仅局限在虚拟社区，渐渐与现实货币挂钩进行货币兑换或者用以购买实体商品和服务。但很快，比特币容易规避金融监管、涉及非法应用、挑战主权货币的问题日渐显露出来，被一些国家强烈抵制。

经济界对比特币的认识存在明显的两极分化趋势，有些人认为比特币是世纪之初最大的金融骗局，有些人则坚信比特币会成为未来世界的通用货币。在这一浪潮下，类似的基于去中心化的非信用货币相继出现，某些私营的数字公司试图对比特币的模式进行模拟和继续研发，其中影响最大的便是脸书公司在 2019 年试图推出的"天秤座（Libra）"项目。然而，脸书公司的宏大计划同样引发了监管机构的担忧，至今未能取得实质性的进展。

第三种数字货币是指由传统货币演变而来的，纯数字化、不需要物理载体的货币，它是基于国家信用且通常由一国央行直接发行的数字货币，以代表具体金额的加密数字串为表现形式。面对去中心化和私人数字货币所带来的影响与挑战，很多国家开始积极探索国家数字货币的可能性，推动中央银行吸取区块链等技术进行数字货币研发。在这一领域，中国可谓一马当先，2014 年提出研发，2017 年成立研究机构，2020 年世界上首张数字货币 DC/EP 落地试用。除了中国，瑞典、法国、加拿大、英国等国家的数字货币研发取得了实质性进展，美国、日本等国也提出了相关的研究计划。法定的数字货币是对流通中现金（M0）的部分替代，本质是实现纸钞数字化，它除了具备纸钞所具备的无限法偿性、无账户转移、不计付利息等特点外，还具备了制作成本低、难伪造、匿名可控、可追踪性等特点。同时，虽然法定数字货币在一定程度上借鉴了去中心化数字货币的相关技术，但仍然坚持了中心化的管理模式，保证了央行在投放过程中的中心地位和对货币进行调控的能力。

在区分了三种不同形式的数字货币后，还应当厘清一些基本的问题。譬如，不同种类货币的本质是什么？私人发行和去中心化的货币到底是不是货币？数字货币的未来如何？等等。数字货币的爆发的确给人们带来了很多困惑，但事实上，只要回到马克思那里，我们就可以看到清晰的答案。

首先看第一种数字货币。第一种数字货币的作用有限，充其量只是虚拟世界中的交易工具，流通范围受到企业业务范围的绝对限制，不存在对现实商品的购买力，完全不具备现实货币的属性，因而既不是货币，也不是价值符号，这种交易工具被称为货币只是因为它在虚拟世界中与货币的功能相近，所以成了人们约定俗成的说法。

再来看第二种数字货币。先说结论，去中心化的数字货币不是货币，也不是价值符号。为什么不是货币呢？在马克思那里，货币本身是一种特殊的商品，具备价值和使用价值，是使用价值和价值、私人劳动和社会劳动的外化。一些学者认为，比特币之类的去中心化货币也具有使用价值和价值，它的使用价值是作为交换媒介时体现的，而它的价值取决于挖矿时所耗费的社会必要劳动时间。然而，一种产品是否具有使用价值是需要社会认可的，在国家形式下，社会认可的最基本来源是国家的公信力和强制力，这是比特币类的数字货币所缺乏的。在世界上绝大多数国家，比特币类的数字货币都缺乏政府授权和法律保障。比特币类的数字货币所依赖的公共信用在一定程度上是与国家信用相矛盾的，随着市场上虚拟的数字货币种类越来越多，即便是公共信用也难以保证，因此从总体来看，比特币类的数字货币不能被称为货币。

为什么不是价值符号呢？"金银天然不是货币，但货币天然是金银。"[1] 当货币发展到辅币和纸币的阶段，就成了价值符号。那比特币类的数字货币为什么不能作为价值符号呢？除了社会公信力的原因外，比特币对于货币的代表方式与纸币和铸币等是不同的。一张纸币或一个铸币所代表的价值量会仅仅因为数字符号的不同而不同，但一单位比特币所代表的价值量是恒定的，无法发挥符号的作用，因此也不是价值符号。虽然比特币类的数字货币不是货币也不是价值符号，但由于其背后有部分公共信用作为支撑，因此有时候看似可以行使一些货币的基本职能。这分两种情况。一种是网络中比特币间的纯粹交易，这种情况与第一种数字货币相似，只在认可比特币的生态圈内交易，不与现实中的财富关系挂钩，因此并不能认为它行使了货币的职能。另一种是比特币与法定货币挂钩后的交易，在得到某些政府允准后使用比特币结算。在这种情况下，比特币间的交换还是依赖于法币的信用，实质上属于以法币为中介的以物易

1　马克思恩格斯文集（第5卷）[M].北京：人民出版社，2009年，第108页。

物的行为，比特币只是由于躲在法币身后，因而出现了替代法币行使货币职能的假象。

比特币不具有国家强制力的保障，故而其价格长期处于大幅波动状态。在 2009 年比特币刚刚出现时，1 美元可以兑换 1300 多枚比特币，其后的十余年间 1 枚比特币价格曾经突破 6 万美元，也曾下跌到几千美元。即便如此，在学界，依然有些学者对于去中心化的数字货币持续抱有乐观的期待，认为比特币的技术特点和依赖的公共信用具有未来性，是对抗当前货币金融体系不平等的有效选择，拥有良好的发展趋势。[1] 诚然，比特币类的数字货币的确为解决现行国家货币体系中诸多问题提供了思路，去中心化、流通全球化、数量恒定等都是比特币的优势所在，但一方面，比特币等数字货币本身存在弊端，譬如区块容量的限制使其难以适应大规模和快节奏的交易频率，交易平台脆弱、监管乏力等；另一方面，从代表国家信用向公共信用的货币体系转化缺乏现实路径，用户对于这类数字货币的信心更多地源自其背后代表的先进货币技术，但由于国家信用的权威性，只要这些数字货币尚未获取官方认可，其信用来源就会一直受限，倘若国家利用先进技术发行法定国家数字货币，比特币等所代表的货币体系将难以抗衡。因此，这类数字货币在未来的发展会非常受限，不仅如此，还容易出现畸形发展。

在资本市场上，比特币等往往被作为一种打着未来货币外衣的、

1　马艳，肖雨. 比特币的虚拟性分析 [J]. 海派经济学，2016 年第 1 期。

没有价值的虚拟商品进行交易。资本家并不在意这些数字货币是否真的具备货币职能，而是会利用其暴涨暴跌的价格走势进行投机，成为少数人积累财富的重要工具。投机者利用人们对比特币等的心理预期进行价格炒作，导致比特币一直以虚高的价格在市场上出现。此外，匿名使用的特点还使得这类数字货币容易加入不法交易，使其距合理货币体系的建立越来越远。

最后是第三种，法定的数字货币。法定的数字货币本质上也不是货币，但属于价值符号，它本身并没有价值，它的作用是在流通的过程中反射价值，在这一点上与同为价值符号的纸币和纸质信用无任何区别，只是虚拟化了，失去了实体形态。当然，法定数字货币的流通有社会的公信力和国家的强制力为支撑。马克思曾说："货币不是东西，而是一种社会关系。"[1] 因而法定的数字货币在本质上也是当前生产力发展阶段生产关系的外在表现，它反映的同样是商品市场上人们之间的交换关系和信用关系。

法定的数字货币具备哪些职能呢？马克思在《资本论》第一卷讨论货币与商品流通时，提出了货币的五种职能：价值尺度、流通手段、支付手段、贮藏手段和世界货币。当然，这里说的货币指的是以金为代表的商品货币，价值符号不一定同时具有五种货币职能。对于法定的数字货币来说，当前条件下的它无法具有贮藏手段和世界货币的职能，但拥有价值尺度、流通手段、支付手段的职能。由于有国家

1　马克思恩格斯全集（第4卷）[M]. 北京：人民出版社，1958 年，第 119 页。

信用作为支撑，且更加适应数字经济时代的发展要求，法定的数字货币相较于以往的金属货币、纸币等，其职能更加优化。以流通手段为例，数字货币流通的媒介是数字工具互联网，与传统流通模式相比，这一路径效率更快、交易费用更低，同时所作出的每一笔交易都会拥有痕迹管理，流通的安全性大大提升。

与去中心化的数字货币不同，从目前来看，法定的数字货币将成为大势所趋。这类数字货币的发展有三个明显的动力源。

第一是技术推动力。数字货币的根基在于网络技术的发展和数字平台的建立，而这一技术动因也将催促着数字货币加速普及。智能设备和应用的提升，电子商务、互联网金融等相关平台功能的完善为数字货币的流通提供了日臻成熟的大环境，新型交易方式的确立展现出相较传统交易方式明显的技术优势，为商品交换脱离实体货币提供了条件，因而数字货币的研发与应用进程会加速拓展。

第二是资本推动力。互联网交易市场的成熟为数字货币提供了广泛的应用空间，它在为买卖双方提供日常便利的同时，改变了资本积累的模式，提升了资本家的剥削能力。首先，由于平台与诸传统业态的融合，商品的买卖与支付已经更多地通过线上交易实现，传统物质商品的销售逐渐依赖于数字化货币与商品的交换。随着信息商品在虚拟市场上流通量的扩大，对数字货币的需求量也逐步增加。特别是依托网络媒介存在的数字信息商品，以纸币等实体货币交易将使买卖过程变得非常烦琐。因此，在数字帝国主义建立的新型的互联网虚拟市场中，数字货币将是资本家进行价值实现的重要工具。其次便是成本的节约，数字货币在节省交易费用和存储管理费用方面的天然优势是受资本家青睐的重要原因。数字货币的发展带来了资产数字化的可能性，资本家原有的实物资产、权益资产等均可以用数字货币表示，而人工智能技术的演进也推动了数字化资产的自动管理和安全维护。最后，数字货币所依赖的线上支付方式为商品和金融交易量的增加与交易面积的拓展提供了条件。由于数字货币的流通与周转无须考虑时空的界限，因而资本家可以依托平台将自身业务向全世界拓展，通过网络寻找客户源、提高交易频次以扩大价值积累量。总之，数字货币的应用非常符合资本逐利性的需要，资本家有充分的动力去进行追加投资与技术改进，并对政府部门进行游说，推动法定数字货币体系的不断改进与成熟。

第三是政府推助力。前文中业已提到，去中心化和某些私人发行的数字货币的盛行在一定程度上威胁到了国家货币体系，倒逼各中央银行发行数字货币，确立更加稳定和安全的交易体系。而在新冠肺炎疫情期间，病毒的蔓延引起了公众对病毒传播和面对面支付的担忧，进一步促进了各国央行对数字货币的研究进程。除了这些因素之外，数字货币的研发势必会影响到未来的国际金融格局。在过去的半个多世纪内，美元霸权的影响力在国际贸易体系中可谓无所不在，美元占据了国际债务和外汇交易额中的大部分，同时为全球上万家金融机构提供了国际支付系统 SWIFT。美元霸权的存在使得美国拥有着轻易向其他国家转嫁经济危机的能力与强大的金融制裁能力，譬如在2012 年就通过 SWIFT 切断了伊朗与世界金融网络的联系。而数字货币的存在为全球结算系统提供了除美元以外的替代方案，可以降低各国经济对美方的依赖，减轻经济制裁的负面影响。因此，为了延续自身的霸权地位，美国势必会继续在数字货币领域寻求新的领导方案，中国、欧盟各国、新兴国家等也势必会积极把握机遇，通过数字货币的发展建立新的技术标准，抓住可以重新制定国际金融体系规则的机会，这都将成为法定数字货币发展的强大推手。

第 三 章

变革：

数字帝国主义时代的

企业组织形态与

剩余价值剥削

技术进步对分工协作方式的影响是决定性的，它使得数字帝国主义时代的企业可以在运营一个看似松散的企业结构的同时，还能保持对劳动过程的绝对控制。数字资本家利用散点经济体不断延伸自己的触角，集中各个行业的资源和劳动力，极大地提升了企业的生产能力，也使得劳动者更加丧失了对自身劳动成果与劳动意志的掌控。更高的生产效率和更弱势的劳工地位并存的情况只能带来这样的结果，即财富向数字大企业集中的现象和多个领域高度的社会不平等问题的出现。

企业是资本主义生产关系的载体，是资本运动所依赖的最基本的经济组织。在考察了数字劳动与数字商品对于数字帝国主义的基础和关键性作用后，我们将深入数字帝国主义时代的企业，探析技术与制度、劳动与生产资料的结合方式，观察数字技术下劳动过程与雇佣关系的变化。我们将清晰地看到技术进步对于企业组织形态的塑造能力，同时也会深刻地体会到本应造福于人类的数字技术，是如何在资本关系下变为强化劳工剥削与异化的工具。

★ "中心—散点"结构

分工与协作方式是一个社会历史时期生产力发展水平的重要体现。马克思认为分工是"一切特殊的生产活动方式的总体"[1],而协作是"一切以提高社会劳动生产率为目的的社会组合的基础"[2]。与传统大机器时代相比,数字帝国主义下企业与社会的分工合作已经出现了质的飞跃,无论是企业的劳动组织形式还是社会总体的劳动生产过程,均在数字信息技术的作用下产生了显著的变革。

一、资本主义企业组织形态的演进

资本主义的企业组织方式和分工协作方式是伴随着社会生产力的变化而变化的。技术的进步带来了管理与控制模式的改进,推动着资本主义劳动过程不断追求更高的效率。从资本主义诞生以来,资本主义企业的生产与组织方式主要经历了以下几个时期。

一是工场手工业时期。手工工场存在于资本主义产生的早期,劳动形式主要采取手工形式。手工工场将生产资料集中到同一时间和空间范围内,把雇佣工人组织到一起,雇佣工人服从同一资本家的统一指挥,并通过协作的方式共同完成产品的制作。手工工场的出现推动

---

1 马克思恩格斯全集(第31卷)[M]. 北京:人民出版社,1998年,第445页。

2 马克思恩格斯全集(第32卷)[M]. 北京:人民出版社,1998年,第289页。

了生产组织内部分工的发展，每个工人固定地从事劳动生产的某一环节，只掌握一门技术、完成一种工序，这使得工人的技术熟练程度更高，专业化更强。在这种统一管理和相互联系的分工协作方式下，产品的数量、质量以及工人的劳动生产率都获得了提高。

二是机器大工业时期。手工工场内部专业化分工的发展促使劳动工具的制造更加专门化，愈发复杂的机械被制造出来，并迅速让资本家看到了其在生产中的优势。相较于人工，资本家的确更乐于使用机器，因为人力在劳动时间和效率上不可避免地拥有极限，且常常会由于高劳动时长和低工资引起反抗。因此在工业革命前后，资本主义进入了机器替代手工的时代。机器的出现使原有的专业化的手工劳动者成为隶属于机器特点的附属物，工人的技能进一步简单化，会服从于某一机器长期重复单调无聊的工作。而机器带来的生产扩大让资本家不可能再集中行使统一的指挥权力，开始将某些管理权委托给熟练工人。工人群体中因此出现了分化和等级控制，资本家下放了部分权力给工头，使得工头可以通过惩罚和解雇对工人群体进行内部管理。

三是福特主义生产时期。第二次世界大战后，福特制的组织形式逐步成为资本主义国家主流的企业组织形式。福特主义的出现有两个方面的主要原因：一个是在供给端，机械化、自动化程度的提高使得大规模、标准化的流水线作业成为可能。另一个是在需求端，凯恩斯主义的出现要求通过政府干预刺激有效需求，提升劳工福利，这使得居民的收入水平在一定程度上得到了保障。为了满足不断扩大的市场需求，流水线作业的模式变得愈发盛行。福特主义的生产模式再度简化了劳动过程，劳动者的培训时间和培训成本进一步降低。由于劳动大军变为更加同质的、无技能和半技能的机器操作工，管理者仅需要通过控制流水线的工作速度就可以决定工人的劳动强度，从而降低了监督费用。因此在流水线上，管理部门完全支配着实际的生产过程，这导致了企业中管理部门的迅速膨胀，出现了以办公室工作为基础的纵向科层分工体系，企业建立起了更加标准化的规则和程序来实现对员工的控制。

四是精益生产时期。20世纪70年代后，福特主义的弊端逐渐显现出来，譬如标准化生产引起的消费品市场饱和，以及重复性工作导致的员工激励问题等。于是，更加追求精益、柔性生产的精益生产模式登上历史舞台。精益生产模式的显著特点是低成本、小批量、多品种，追求产品的持续创新和大规模定制。与这种生产目标相适应，企业的管理层次和人数开始压缩，一线工人被组织成团队并获得了生产中独立决策的权力。在信息技术的推动下，这些企业形成了一种"核心—边缘"的组织结构。核心企业保留最为关键的操作技术，将辅助性技术和常规生产转移给边缘的小企业，中间的管理层级更加精简。边缘企业中的生产人员具有足够的自主控制权以便实现对生产过程的快速调整，但仍然保持着对核心企业的绝对从属。精益生产模式的出现为资本主义企业进一步节约了管理成本，形成了更加弹性化的生产与组织形式，帮助其更加适应市场需求的不断变化。

到了数字帝国主义时代，技术革命的爆发使得资本主义企业的组织方式又出现了明显的改变。随着数字通信技术在生产领域的广泛普及，一种最能代表数字帝国主义时代生产方式的企业组织形式——"中心—散点"结构开始出现。

二、"中心—散点"结构的两种形态

"中心—散点"结构并非指单纯的企业内部管理组织，而是一个由技术型核心企业与零散分布的边缘经济体共同组成的生产和管理网络。其中，核心企业掌控大量资本和最具竞争力的创新成果，以此进行生产和服务外包。边缘经济体则既可以是附属小企业，也可以是个体生产者，它们通常不存在硬性的集中化管理，如散点一般灵活地分布在城市和世界各地。"中心—散点"结构是伴随着数字技术的成熟演化而来的，数字技术一方面完成了对传统业态的革新和整合，另一方面在数字平台上构建了庞大的虚拟劳动力市场。随着产业模式和商业活动的发展，"中心—散点"结构产生了两种不同的形态。

第一种形态的"中心—散点"结构可以看作后福特主义时代"核心—边缘"结构的进一步进化与升级，是指由核心创新企业与大量边缘制造企业共同组成的生产组织，典型的形态如"苹果—富士康"模式、耐克"世界工厂"模式等。这样的组织思路延续了后福特主义时代企业追求个性化、定制化需求的满足以及提供同产品的高质量和多元化服务的核心目标，依然以科技与创新能力为核心竞争力，并试图在产品多样化的基础上最大限度地减少生产成本和缩短生产周期。

由于数字技术的成熟，核心企业和边缘企业之间的信息互通和合理管理有了稳定的条件，节约了大机器时代高昂的交通与沟通成本，改善了生产和销售环节诸多的信息不对称局面，保障了生产链条的完整性与核心企业对劳动过程的有效控制。因此一方面，核心企业可以继续精简，仅保留研发与管理部门。即使同是研发创新工作，也可以将不是很重要的边缘设计外包出去。另一方面，边缘企业的分布和生产活动非常灵活，完全为核心企业不同的供给需要服务。由于数字技术进一步推动了国际产业链的发展，因此核心企业能够更加自如地利用比较优势，在世界范围内寻找制作厂家。边缘企业可以存在于不同地区、不同国家，或拥有地缘优势，或拥有低廉的劳动力。因生产模块化趋势的强化，一个简单的产品可能会有来自世界各地、数量众多的厂商在为其提供模块化制造。

在这种形态的"中心—散点"结构中，核心企业的绝对领导地位和边缘企业的从属地位是非常明显的。核心企业负责企业的理念设计、创新研发以及总体管理，在知识产权的帮助下保持着技术优势与核心竞争力，也形成了技术成果的极强垄断性。在专利的支撑下，核心企业无须独立的生产体系就可以在生产网络中保持优势地位，为了节约成本，很多强大的科技公司已经不需要专属的制作工厂。

当然，这一趋势也带动了很多小微孵化企业的出现，在创业前期资金紧张的局面下，只专注于培养公司的核心竞争力，在其他业务领域则依赖于外包或者共享租赁。而对于散点分布的边缘企业来说，由于工种单一、替代程度高，为了适应人们多样化、高质量的产品需求，必须依附于核心企业存在。很多边缘企业仍然采取传统的流水线作业，利用低技能工人作为劳动力进行协作生产。因此虽然边缘企业会根据特定产品的不同生产需求看似无规律地分布在全球，但所有零散分布的边缘企业都要以核心企业为中心运转，体现出明显的依附特征。

另一种"中心—散点"结构存在于平台企业和个人或小微生产体

之间，典型的形态如 Uber、Airbnb 等平台企业的经营模式。在数字经济时代，互联网的渗透与整合能力促进了平台与产业的融合以及信息商品市场的成熟，以往"企业 + 雇员"的传统雇佣方式发生改变，更多零散化与更具灵活性的劳动力开始在平台的组织下进行劳作，直接从事生产经营活动。"平台—个人"模式下的数字劳工可以是平台的受雇劳工，也可以是零工或者非雇佣工人，其总体数量高度依赖于平台的用户流量。

与外包型的"中心—散点"组织结构不同，两种企业通常并非共同完成同一件产品。中心企业的工作在于完成平台的搭建与优化，做好供需对接、提供交易服务与完成产品营销等，而个人或者小微组织独立完成商品制作，同时接受平台管理并利用平台寻找客户。在这种模式下，由于劳工数量是不定的，因此平台会通过广告、就业初期优惠等方式吸引更多的劳工加入。个人或小微组织对平台具有更强的依赖性，因为他们尽管可以独立制作产品，却无法获取客源和销售网络，平台决定着"惊险的跳跃"。因此很多具有业务专业性的中心平台，可以不具备任何的实体生产资料，譬如 Uber 并不负责汽车制造，Airbnb 旗下也没有任何房产。

在"平台—个人"模式下，劳动力散点分布的趋势同样非常明显。这一方面得益于数字技术提供的信息交换与管理的便利，互联网所带来的就业模式革新使得劳动者无须经过传统的大工业流水线分工和企业组织管理，工作所需的技能、信息、时间等门槛极大地降低[1]，人人

---

1 谢富胜，吴越. 零工经济是一种劳资双赢的新型用工关系吗 [J]. 经济学家，2019 年第 6 期。

都有条件成为传统商品、信息和服务的独立生产者和传播者；另一方面是这类企业运作模式的需要，以 Uber 为例，受雇司机在世界更大范围的分布是其提供更大范围服务、掌握更多客源的重要条件。当然，更多临时雇佣工人与非雇佣工人的存在也使得这一分布态势更为显著，很多原本的自由职业者或者"斜杠青年"利用网络加入平台，成为网络写手、主播等进行艺术创作或影像制作等工作，而遍布在网络社会各处的非雇佣劳动者则在数字资本家编织的大网中不定时地付出产消劳动，作为看不见的劳工无偿为平台建设贡献智力成果。

三、"中心—散点"结构的特点

与传统的分工协作模式相比，"中心—散点"的劳动组织形式有几个非常明显的特点。

第一，平台成为新的生产组织中心。马克思曾指出，资本会持续地"变革劳动过程的技术条件和社会条件，从而变革生产方式本身"[1]。在数字帝国主义时代，劳动场所去边界化，以往的线下生产组织方式无法满足生产需要，因此无论是外包模式的企业还是"平台—个人"结构的企业，都高度依赖于平台进行资源调度和劳动分工。数字化平台可以承载巨额的供需信息并对生产资料进行更为合理的调配，它作为企业的后端，会通过高效的数据采集和传输系统、发达的算力以及

---

1 马克思恩格斯文集（第5卷）[M]. 北京：人民出版社，2009 年，第366页。

功能强大的数据处理算法作出生产决策[1]，再向前端的企业或个人发布指令。对于同行业的边缘企业来说，它减少了企业间的信息不对称局面，使得以往多个企业之间的竞争模式向整个产业间的共赢转变；对于不同行业的边缘企业来说，平台整合了资源，令原本不相干的企业在统一的生产计划下组成一个行业范围内的"生产共同体"，显著提升了生产的规模和效率。

第二，企业的管理结构加速向扁平化和网络化方向发展。过去几十年间，资本主义企业管理结构由科层制向扁平化发展的趋势不断增强。科层制与金字塔型的管理体制是传统资本家为了逐层压榨剩余价值而形成的，但科层制也在很大程度上抑制了企业的信息传递和发展效率。在数字时代，很多企业都形成了专门的高层管理人员与一线操作人员两极，中间的冗杂部门和中层管理者被大量削减。互联网通信技术可以完全替代以往自上而下的信息传播链条，还可以在更大程度上保留信息传递的完整性，改善了决策者与执行者之间的沟通障碍，自动化的信息处理系统也让企业在很大程度上摆脱了人工的依赖。而在分散化的生产模式中，很多生产经营信息其实是掌握在一线工人手中，更加扁平化的组织方式有利于及时应对市场反馈，同时提高决策的专业化程度。这可以帮助企业更好地以工作指标为中心而不是以行政管理为中心构建组织，极大地提高企业的运营效率。

1　谢富胜，吴越，王生升 . 平台经济全球化的政治经济学分析 [J]. 中国社会科学，2019 年第 12 期。

此外，在互联网带来的信息高速互通的经济形式下，企业常常利用数字技术构建起开放的外部网络，与供应商、经销商、消费者之间建立起密集的多边联系和交互式合作，以达到有效配置资源、即时反馈市场信号的作用。市场管理和决策不再单纯是独立的企业内部的事情，更完整的内外部信息互通是企业追求的目标，一种相对更为开放的、富有创新性的网络化企业组织逐渐形成。

第三，算法成为塑造生产方式的最重要工具。在"中心—散点"结构中，中心企业对整体生产的管理日益自动化，主要是通过算法来实现的。算法是通过计算机模拟或实现人功能的一种编程，是对人类能力的替代和延伸。在中心企业和边缘企业这样相对松散的结构中，正是通过算法管理保证了生产行为的统一。算法会借助大量的已有数据，对工人的劳动过程进行机器学习，然后模拟出一个机器所认为的科学的工作流程，其中包括完成工作的规范动作、正确流程及标准时间等，以此决定企业的生产方式。在"平台—个人"模式中，算法的力量尤为显著，几乎无处不在。首先，算法可以完成对劳动力的筛选，替代以往人力资源面试和审查的过程，考察劳动者的资质，避免那些无法为平台带来收益的人的流入。其次，算法可以自动匹配劳动交易，创造供需整合的空间，帮助劳工找到最有可能的潜在顾客。再次，算法可以充当虚拟监督者的角色，通过指标设置、痕迹追踪等密切监控工作者所执行的任务，并保持着对劳动过程的即时干预能力。最后，算法决定了劳动者的激励机制，除了平台自身制定绩效标准外，很多平台还会把质量控制权转移给消费者，通过算法系统的在线评价和声誉机制来就工作者的绩效采取奖励或惩罚，以影响劳动者的行为。因此可以说，算法已经成为数字帝国主义时代塑造生产关系的最重要工具之一。

第四，模块化生产。在数字帝国主义时代，数字技术为分工的进一步细化创造了条件，分工形态开始从产业间分工深入到产品内部分工[1]。中心企业不断"瘦身"，在新型分工体系中扮演专门的理念设计者、基础服务者或者资源调度者，边缘经济体也开始向模块化生产转型。产品被分解为模块，在世界的各个角落被独立设计、分散制造再进行集中装配。模块化制作缩短了生产周期，大大节约了产品制造时间，增强了制造企业的灵活性和应变能力；可以发挥各厂家优势提高产品质量，一个复杂的产品被解构为不同的模块，通过模块的集中研发和不同组合寻求创新[2]；适用于多品种、小批量的柔性生产，以满足顾客不同的个性化需求，即时地变更生产计划。此外，不只是传统制造行业，在虚拟平台上，信息商品的模块化趋势也非常明显。大量的数字劳工在互联网、云计算等功能的基础上，基于个人条件和优势向平台化的生产体系贡献数据和智力，从事完全线上的知识外包或技术外包工作，并由平台进行统一调度和最终的产品整合。

第五，完成了劳动过程对时间和空间的突破。在传统的劳动管理方式中，劳动者往往在固定时间被固定在具体的工作地点，以方便资本家的管理和剥削。而在"中心—散点"结构中，很多劳动者几乎没有也不需要固定的工作时空。首先，在数字设备与数字信息技术构筑

---

1 陈硕颖. 当代资本主义新型生产组织形式——模块化生产网络研究 [J]. 当代经济研究, 2011 年第 4 期。

2 刘凤义, 王媛媛. "苹果—富士康"模式中的劳资关系问题 [J]. 当代经济研究, 2015 年第 2 期。

的数据传输系统下，数字工人可以随时随地地接收生产和服务任务，进行智力创新和数据加工并向网络平台上载。其次，互联网还为很多灵活的雇佣模式提供了舞台，为大量个性化、多样化需求的满足提供了路径，很多零工工人可以根据自身条件选择工作的时间与服务的对象、地点。最后，企业内部、企业间的互通与合作，完全可以在数字技术的帮助下实现即时通信，这就大大扩展了企业分工协作与雇佣的空间，而交通、物流等行业的发展使得跨区域的供需对接更加便利，企业便无须过多考虑地理和工作时间带来的问题，反而可以进一步利用各边缘经济体的地缘优势。

第六，出现了更多产业边界融合的现象。网络信息技术的超强渗透力使其可以将原本看似无关的行业连接到一起，通过平台整合打通上下游，使得各行业拥有了高效便利的协作方式，一、二、三产业间的去边界化趋势更加明显，开始在新兴技术下交织发展。由于平台在组织和流通中展现出的难以替代的高效率，很多传统实体经济开始在统一规划下服务于同一家虚拟平台。在这一过程中，相关科技或商业模式在产业交叉中融合，很多新生或衍生品不断被开发出来，诞生了诸多新业态。在平台统一调配资金流、物流、信息流的助力下，一些原本失去了竞争优势的传统企业又焕发了生机，整个经济社会向着数字化的方向不断转型。

四、"中心—散点"结构与社会工厂

"中心—散点"结构的存在意味着一个"社会工厂"的出现。"社会工厂"由意大利左派学者马里奥·特隆蒂最早提出后[1]，成为自治主义的马克思主义者所倡导的概念，他们一直关注生产的社会化这一晚期资本主义劳动模式的典型特征，认为所有的社会生活开始演变为一个工厂的职能，强调要将研究的重点从工人阶级扩展到社会大众。

　　在数字帝国主义时代，这种趋势已然成为常态。中心企业不断地寻找散点式的边缘经济体，利用不同身份的劳动者在其中完成不同但相关的工序。劳动者不必被固定在传统的工厂中进行生产劳动，可以将整个社会作为对资源和产品进行加工和制作的场所。通过对数字技术和智能设备的运用，无数个生产过程又能够环环相扣，劳动过程的全面性和紧密性甚至大大加强，社会的分工更加细化和专业化，劳动者之间的协作水平也逐步提升。生产者之间的网状关系愈发明显，通过主动或无意的行为共同加入产品制作，整个社会真的成为一个整体性的大工厂。

　　社会工厂的出现对于政治经济学来说意味着什么呢？一方面，社会工厂代表了数字经济时代社会生产总过程日益扩大和复杂化的趋势。在考察大机器时代的资本积累过程时，马克思是这样描述社会生产的总过程的。他根据社会总产品的使用价值将其分为生产资料和消费资料，又将其价值划分为 C、V 和 m。社会再生产被分为生产、交换、分配、消费四个环节，而剩余价值的产生是在生产环节完成的。整个生产过程从劳动力与生产资料的相结合开始，后进入流通领域完

1　Werner Bonefeld，Richard GUnn，Kosmos Psychopedis. Open Marxism，Vlo.2[M].London：Pluto，1992：137.

成价值实现。[1]企业间有着明确的分工，对剩余价值流动的考察也相对明确。但在"中心—散点"结构中，社会分工与产业间的协作能力进一步提升，产品的价值来源更为复杂，不再单纯以企业为单位，生产与消费等环节之间的界限也更加模糊，这就需要我们对劳动过程和价值流动的考察更为细化。另一方面，考虑到时代因素，马克思将传统物质资料的价值补偿和实物替换作为考察生产过程中最为关键的问题，其构建的价值生产链条是从人对传统物质资料的实践和改变开始，于进入流通领域之前结束，而抽象掉了其他环节中的生产性行为。但是，在数字帝国主义时代，很多非传统实体商品已经在社会生产中居于重要地位，因此我们在对社会生产总过程进行研究时，所重点关注的研究对象也不能再停留在机器和传统的体力工人上了。

具体而言，在社会工厂中，需要更加重视以下几个研究视角。

首先，脑力工作者的劳动过程应当被独立出来研究。尽管绝对意义上的脑体劳动分离是不存在的，但在当前数字劳工工作的实际性质中可以看出，其付出的体力劳动与在头脑中进行的脑力劳动相比是相对较小的，这就与传统工人在大机器工厂内付出的以体力劳动为主的工作有着很大的差异。随着科学技术的发展，以科学创新劳动为主的脑力劳动将在价值形成过程中发挥越来越重要的作用[2]，因此必须以政治经济学的方法细化对社会工厂中脑力劳动的认识。传统工人的劳动

---

1 马克思恩格斯文集（第6卷）[M]. 北京：人民出版社，2009年，第75—100页。

2 陈美华，李建建. 重视脑力劳动在商品价值创造中的作用——陈征教授"现代科学劳动思想"评述[J]. 福建论坛（人文社会科学版），2013年第7期。

过程是从劳动力与机器结合时开始的，而对于脑力工作者而言，他们的生产资料是可以搜集到的历史信息，因此他们的劳动过程是从人脑与历史信息相结合时开始的。劳动者对于信息的加工可以分为两个过程，一个是信息认知，一个是信息创新。在认知过程中，人们或通过独立的阅读、感知、观摩等行为获取信息，或通过彼此的交流互通有无。当人们对已有知识进行了系统的记忆与理解，便开始进行创新过程。当然，这两个过程是可以快速连接在一起的，因而很多企业往往采取"头脑风暴"的集中讨论模式提高创新效率。当脑力劳动者通过创新在大脑中生产出新的智力成果后，即可与自然或者机器类的生产资料进行二次或多次结合，逐步进入传统劳作过程利用各种设备生产出实体商品。由于信息的可共享性，脑力工作者在劳动过程中事实上完成了双重价值塑造，除了生产出智力成果外，还在发展中完成了劳动力的价值增殖。

将脑力劳动者的劳动过程独立出来研究，既可以帮助我们理解脑力信息成果的价值决定机制，也可以帮助我们厘清社会工厂中价值创造的起点。在社会工厂中，资本剥削链条的很多价值并不是起始于传统的机器工厂内，而是起始于整个社会，起始于电脑等智能设备前。人们通过网上的新闻推送获取知识，通过社交网络进行信息交流，利用互联网工具进行设计和创新，而后才进入传统物质产品的制造领域。因此对科技工作者、信息工作者和网民等的劳动过程研究理应深化。

其次，服务工作者的劳动过程也应当被重视。在马克思所处的时代，第三产业并不发达，因此他并未对服务业的价值链作出系统分析，但在关于交通运输和总体工人的论述中还是涉及了相关理论，肯定了服务业在价值创造中的作用，因此，应当肯定劳动价值论对第三产业的适用性。[1] 在社会工厂中，数字技术的赋能进一步推动了服务业的快速发展，很多学者都试图以"情感劳动"为视角开展政治经济学的解读，服务可以具有商品的二重属性这一认识已经逐渐成为学界共识，但需要注意的是，并非所有的服务都可以成为商品，必须厘清不同服务类型在社会工厂价值链条中的不同作用。总体而言，服务可以分为三种形态：第一种是物质生产环节间的中间服务，它的价值最终会追加到商品中去；第二种是用于劳动力再生产的服务，这种服务由劳动力最终消费；第三种是用于纯粹流通的，不成为商品的服务。我们首先将三种服务独立开来看它们的劳动过程。

第一种服务多出现在劳动的协作过程之间，其中典型的是货运和通信服务以及管理服务。这一类服务在生产中起着统筹或者连接的作用，作为一道生产环节付出价值。在"中心—散点"的组织架构中，这类服务在生产中的作用愈发重要。从中心到散点之间的信息互通，模块化生产后所要进行的集成运输，以及计划、协调、组织各环节的资源管理和最终审核，均需要付出服务。这类劳动成为总体工人总劳动过程中的一部分，其制作的服务产品也依附于最终产品存在而没有单独买卖的经济意义。

第二种服务也可以细分为两类，一类服务于人的身体机理，主要包括健康与社会服务、客运服务、环境服务等，另一类服务于人的精

1　葛杨，陈锐. 第三产业价值创造的理论分析 [J]. 南京社会科学，2004 年第 5 期。

神需求，主要包括教育服务、文化与娱乐服务等。这种服务在现实生活中可以被当作独立的商品出售，但也有一些（多为环境服务）被加入相关产品价格进行买卖。其提供服务的方式可以是人与生产资料的结合，比如 Uber 旗下的客车司机在驾驶中完成劳动过程，医生在运用医疗器械看病时完成劳动过程等。也可以是由人力单独完成，比如按摩师、教师、行为艺术家、部分运动员等。这一劳动形式有着极强的特殊性，劳动力在进行劳动的过程中不需要与生产资料相结合，而是利用自己的身体生产服务。同时，这类劳动的特殊之处还在于，劳动力不需要生产出实体产品，其劳动过程本身就成为服务及信息商品或者中间产品。此外，同一种服务可以是面向个体也可以同时面向群体，因而有些服务者可以在同一劳动过程中获取多倍的价格支付。随着经济全球化的趋势加深，以及人们对身心发展需求的提高，从事该类服务生产的劳动者数量日渐增长。

第三类服务多见于商业营销领域。这一类服务主要发生在完整的生产过程完成之后，用于流通领域，譬如公关服务、营销服务等。这些服务者劳动的最终目的是在最快速度与最大范围内连接供需双方，增加产品销量，他们的劳动用于剩余价值的实现而与已经制成的商品价值量无关。在数字经济时代，大量专门负责商品营销等的公司开始出现，它们在目标公司的销售收入中收取服务费用盈利。但必须要注意的是，同一劳动过程对于某一种产品制作来说是流通过程，但在其中也可能夹杂着独立的商品生产过程，比如上一章中提到过的广告。

三种不同服务的劳动过程有着很强的复杂性，它们往往在实际生产中交织在一起。同一种信息产品可以被最终消费，也可以成为中间产品加入制作，还可以起到加速流通的作用，信息的不可消解和永久性让它同时发挥多种作用成为可能。

最后，消费和休闲活动中的生产过程也应当被着重考察，也就是说"产消合一"的现象。"产消合一"有两种含义：第一种是生产者成为自己产品的消费者，促使传统的商业模式发生改变；第二种是指代生产过程与消费过程相融合的现象，在"产消合一"的工作模式中，社会再生产的起始往往在于上一个循环的消费环节。当然，这一劳动过程的主体并非企业或者雇佣工人，而是广大的消费者，也就是被我们称作非雇佣工人的群体。消费者在利用智能设备进行正常的消费活动时，也会使得带有个人偏好、隐私、社会关系网的信息被记录，经过数据分析加入下一轮产品的生产过程；或者在消费时随即产生智力成果上传，帮助已有商品增添附加内容；或者通过玩劳动将娱乐行为本身当作生产过程等。这类人虽然在主观上可能是为了自我满足而不是为了销售和交换进行生产，但客观上却的确为企业创造了财富。[1] "产消合一" "劳逸结合"是社会工厂中的常见现象，这促使我们必须突破传统的工作场所和雇佣关系去认识劳动过程问题。

树立了社会工厂的视角去认识当前数字企业的生产组织方式，我们就可以看到数字帝国主义时代的劳动过程与以往的显著不同。资本家们所想发动的，不再仅仅是同一工厂中的同质工人，或者某一条产业链上的工人，他们是想在平台和算法的控制下，将多个产业、不同

---

1 ［美］阿尔文·托夫勒.产消合一革命［J］.商业·中国商业革命，2006 年第 12 期。

领域的劳工，平台用户甚至与平台毫无瓜葛的普通人都组织起来，共同为数字核心企业贡献价值。那么，这种社会工厂的存在，对生产力发展与劳动者的切身利益而言有哪些影响呢？

★ 企业劳动生产率的提升

在数字帝国主义时代，新技术的普及和新型企业组织方式的出现带来的最直接影响就是显著提高了企业的劳动生产率。马克思曾在《资本论》中说："劳动生产力是由多种情况决定的，其中包括：工人的平均熟练程度，科学的发展水平和它在工艺上的应用程度，生产过程的社会结合，生产资料的规模和效能，以及自然条件。"[1] 随着数字技术的大规模应用，这些因素得到了全方位的优化，成为促进企业生产能力和效率提升的重要推手。

一、劳动者素质和平均智力水平的提升

劳动者素质的提升是数字时代企业劳动生产率提高的一个重要原因。数字时代劳动者素质和平均智力水平的提升并不单单是历史演进

---

1 马克思恩格斯文集（第5卷）[M]. 北京：人民出版社，2009年，第53页。

的结果，"中心—散点"结构的出现对此也存在间接的影响，导致数字时代与其他历史时期相比高素质人才加速涌现。因为在"中心—散点"结构中，为了节省成本、追求更高利润，发达国家以往简单重复的低端技能行业逐渐向发展中国家转移，取而代之的是数额更多的知识型企业。

企业种类和技能需求的变化改变了对人才的需求，发达国家不再需要大量的简单劳动者，或是传统意义上的从事体力劳动或者操作机器的工人，而希望获取更多的掌握现代科学与技术的劳动群体[1]，特别是数字劳工和高科技人才。于是，各主要资本主义国家在第三次科技革命后高度重视人才培养，不断追加对高素质教育的资本投入，以适应经济发展的需要并维系其在国际经济体系中的霸权地位。

在这种大势下，教育行业不断被产业化，社会资金的注入增加了社会总体的办学规模，授课机构不断增多，更多的群体有了接受教育的机会。学校有条件革新教学设施，采取最先进的数字化、人性化设备，加快劳动力接受新知识的速度。各企业也愈发重视教育与产业之间的互动，开辟产学研一体化的互动链条，为学生就业提供相关职位，促使学校科技成果直接转化为生产力。当然，各发展中国家为了改善在国际分工中的不利局面，摆脱价值链的低端，在国际竞争中获取人才和技术的竞争力，也纷纷在财力范围内加大对科学和教育的投资力度，这在客观上加速了全球劳动者智力水平和素质的提升。

1　于金富. 知识经济条件下资本主义生产方式的新特点 [J]. 当代经济研究，2003 年第 5 期。

二、生产工具的持续进化

在数字帝国主义时代，作为生产资料的机器愈发向着多功能、高效率、自动化、智能化的方向发展，成为劳动生产率提高的内生动力。

首先，科技含量更高的机器设备的运用可以帮助人们在完成同一产品制作时付出更小的劳动量。与大机器时代的机器相比，智能化程度更高的机器同样也是人对生理极限的突破，是人能力的拓展。但与之不同的是，具备人工智能的设备不仅能像传统机械一样代替大量的体力劳动，还可以模拟人的思维、理论和创造力。因而，第二次工业革命所引发的由机器生产机器的模式开始演进到由智能生产机器和智能的模式，人们可以通过人工智能节省更多的传统劳动环节，有时仅仅通过简单指令就可以完成产品的制作过程。相同数量的人力使用可以在人工智能时代完成多倍的工作任务，单位时间内可以生产出的产品数量也不断增长。

其次，智能化机器可以代替人工完成一些复杂和枯燥的工作，保障工作的持续高效。在企业生产和管理的过程中，存在着大量简单和机械的重复劳动，这些劳动缺乏趣味性和挑战性，很容易因为持续的枯燥造成员工的排斥、低效和劳动力浪费。而在数字时代，无论是在生产、管理还是销售过程中，大量诸如此类的简单劳动开始逐渐被人工智能代替，原来的一些重复手工和简单业务转变为完全自动化的操作模式。以 GPS 定位系统和智能翻译为例，GPS 已经普遍运用于农业、物流行业、即时通信等领域之中，它可以大大提高资源开发、配置，以及供需对接的效率；智能翻译则在全球化的商业模式中屡见不鲜，解决了企业合作中地方方言和口音、同声传译等多个难题，加强了国际间的互动和合作。人工智能无须培训就可以用于基础性的生产和管理工作，员工可以从这些任务中解放出来，企业组织体系进一步简化，更多的人力资源便可以投入到企业最需要发展的领域中去。

最后，智能化机器可以帮助员工减免无效的工作时间。在实际生产的过程中，由于企业通常保管有大量的传统物质或者信息的生产资料，因此劳动力在进入生产过程之前往往需要进行大量的准备工作，搜集相关资料、制订工作方案等。此外，在生产流程之间交接时，也容易由于协作不当而出现劳动时间的浪费。而智能机器的出现则有效地规避了这一点，它可以快速、精确地代替人力完成大量烦琐的前期准备工作，帮助员工直接进入生产过程，形成高效的劳动力。同时，它还可以帮助员工编排好工作时间和工作流程，使员工可以进行有效协作，最大限度地减免工作间隙的时间浪费。此外，自动化的机械不知疲倦，不必像人工那样受到生理界限的限制，可以根据指令进行自动化的连续操作，从而有效地提高实际的工作时间。[1]

三、组织和管理能力的升级

"中心—散点"结构的运用是企业分工协作方式的一次重要的升

---

1 [日]渡边茂.现代经营管理和机器人[M].陈志强等译，北京：机械工业出版社，1985年，第42页。

级，它对于企业组织和管理能力的提升有着重要的影响。

第一，平台成为生产和组织核心，可以有效提升生产的科学性和有计划性。平台拥有传统企业不具备的优势，它可以通过大数据分析和内外信息互通制订发展规划，合理有效地配置资源。在进入生产过程之前，企业可以利用历史数据和散点经济体收集的市场数据对市场供需情况进行预测，根据对自身生产能力的计算分配生产资料和劳动力，对生产结构、生产周期等作出周密计划。同时，企业还可以通过相关数据进行模拟化的生产准备过程，利用云计算、数字孪生等技术模拟生产和交易过程，最大限度地规避生产风险。而在运营过程中，企业还可以利用智能工具捕捉即时的市场信号，根据市场变化即时调整生产计划，减少造成信息不对称的环节，尽可能地规避盲目追加投资的行为。

第二，灵活的雇佣关系和开放的"社会工厂"给予了企业更大规模的组织能力，可以发动更多领域和更大批量的员工为中心企业服务。

第三，智能化通信方式的运用，加强了企业内部与企业间的协作，提升了沟通的效率，强化了中心企业的领导能力，缩短了生产间隙。

第四，算法管理的运用可以实现全天候的准确监督，帮助管理人员有效地控制劳动过程，并利用自动化标准对员工实施激励。

第五，模块化生产的运用，提升了产品制作的专业化水平和质量，缩短了产品的生产周期，强化了企业应对市场变化的能力。

第六，核心企业不断向更专业化、微型化的方向发展，在避免了行政组织冗杂、官僚化等弊端的同时，也通过节省空间成本间接提高了对生产环节的投入。

第七，企业的功能发散所需要的空间拓展能力也得到了飞跃，可以根据自身需要更加充分地利用各地生产的地缘优势。

第八，平台功能的不断成熟有利于推动产业整合，化解过剩产能，协同利用跨领域优势。已不具备竞争优势的过剩产能可以通过互联网进行业态优化转型，通过企业的兼并重组提升产能的整体素质，培育新的发展优势。

四、资源利用能力的显著提升

首先，科技含量更高、更具全球性与智能化的机器设备的运用，提高了数字时代人们对自然资源的利用能力。

马克思曾指出，各种自然物质和自然力"它们发挥效能的程度，取决于不花费资本家分文的各种方法和科学进步"[1]。第一，对自然资源的开发和利用程度更加深化。随着微电子技术、量子信息技术、生物技术等的发展，更加自动化、智能化、精细化的机器设备被开发出来，它们可以在工作精细度、工作强度、工作量等方面实现对人类功能的延伸，克服更多科技障碍并帮助完成科技成果的转化。第二，对自然资源的开发范围不断扩展。"中心—散点"结构的存在保证了各

---

[1] 马克思恩格斯文集（第6卷）[M]. 北京：人民出版社，2009年，第394页。

国之间的即时连接，加强了世界范围内的科技合作。由一国无力开发的自然资源，可以通过多边开发共同完成，实现互利共赢。而空间技术、航天技术的发展，则是将人类对自然资源的开发拓展到更为广泛的太空领域。第三，更加追求资源的发展质量。对可再生资源的可持续利用一直是能源科技所追求的目标，全新的绿色工业革命也要求各国加快转变经济发展方式，采用能耗和污染率更低、循环经济的利用模式，并加强对非化石资源和绿色资源的利用能力。第四，对自然资源的开发不断向着新领域和跨领域融合方向进展，所可以利用的新材料的数量在逐渐增长。马克思曾指出，科技的进步和机器的优化还可以"使那些在原有形式上本来不能利用的物质，获得一种在新的生产中可以利用的形态"[1]。在智能设备的帮助下，人类对新材料、新元素的采集和分析能力不断提升，更多的人工合成材料也被制造出来并向着多功能、定向设计的方向发展。总之，随着智能机器的开发功能向着微观和宏观两个角度前进，人们在生活和生产中可以利用的自然资源日渐丰富起来。

其次，数字信息技术的发展使人们在采集和加工信息的能力上发生了质变，越来越多的信息作为社会资源被捕捉加入产品制作，整个社会俨然成了一座充满数字资源的"社会矿场"。人类对资源的利用并非单指自然资源，马克思在对社会再生产过程进行论述时，并没有将劳动对象限制于纯天然的自然物。虽然信息资源取自社会人，信息

1　马克思恩格斯文集（第7卷）[M].北京：人民出版社，2009年，第115页。

工作也以人作为主体，但这些活动都可以回溯到人的自然属性和改造自然的基础活动，因而信息工作与改造自然的劳动之间也有着同构关系，再生产过程中的资源利用也就同时包括信息这种社会资源。在大机器时代，传统物质资料生产较文化信息生产居于主要地位的原因固然有当时历史阶段人类发展需求的影响，但根本原因还是在于技术条件的限制。尽管信息自身具备可共享性，但落后的技术使得社会整体对智力成果的利用率大打折扣。而在数字时代，在信息资源和智力成果规模不断扩张的同时，技术的发展促使人们在采集和加工信息的能力上发生了质变。计算机所能提供的远超于人的信息处理能力可以帮助人类节约中间复杂和容易失真的计算过程，大幅降低了信息利用和存储工作的技能难度，并提高了可利用的信息容量上限。计算机、光纤、通信卫星等多种信息运载工具被开发出来，不论是更加零散化的，还是容量更为巨大的信息都可以被妥善保存并利用。人们只需轻触几下手机屏幕就可以在搜索引擎上获得想要的数据和信息，继而进行独立的生产和创新活动。

在这样的技术基础上，可以明显地看到，整个社会变为一个可以随处采集信息资源的社会信息矿场，海量的信息资源成为生产资料并加入劳动过程。而由于信息在复制、传播和保存上的便利，在获取知识产权和网络保障的前提下，信息资源将比自然资源更容易获得和传输。再加上信息产品本就拥有利用上的永久性，可以重复、多次地加入生产，这使得同等价值的信息产品会拥有比传统物质产品更高的资源利用率和更大的生产潜力，信息资源也因此成为数字时代企业进行财富积累的最重要源泉。

★ 剥削与异化

马克思在对资本主义生产方式作出评价时，看到了资本主义在发展生产力方面的成就，也深刻地剖析了资本所带来的压迫与剥削。这种情况在数字帝国主义时代依然没有改变。数字技术和"中心—散点"的发展的确显著提升了企业的生产能力和效率，但由于资本关系的存在，劳工所遭受的不平等待遇和艰难处境依然没有改变。

一、绝对剩余价值剥削与相对剩余价值剥削

在"中心—散点"结构中，剥削的范围、工具、方式等都发生了重要变化，数字资本家的价值榨取与财富积累并未随着新技术的推广而削减，反而全方位地加深了。我们依然延续马克思的分析方法，从绝对剩余价值剥削和相对剩余价值剥削两个角度来分析。

首先来看绝对剩余价值剥削。在"中心—散点"结构中，绝对剩余价值剥削程度的提高主要体现在三个方面，一是剥削广度的延展，二是劳动时间的延长，三是劳动强度的提升。

剥削广度的延展有两种表现。一种是从行业角度来说，由于数字技术提高了不同行业协同发展的容错率，越来越多的不同领域的经济体被纳入数字资本家的剥削体系。马克思曾指出："随着资本主义生产的发展，所有的服务都转化为雇佣劳动，所有服务的执行者都转

化为雇佣劳动者，从而都具有这种与生产工人相同的性质。"[1] 在大机器时代，由于技术和劳动力等方面的异质性，即使规模再大的企业也难以将触手横跨多个领域，但数字企业却不存在这种限制，数字平台可以凭借着强大的组织功能与中介功能渗透各行各业。随着电子商务、搜索引擎、互联网金融等业务对传统线下生产模式、交易模式的替代，企业的价值链与资本运作链逐渐无法脱离数字工具与各类数字平台的参与，数字资本家因此可以参与多个不同行业的利润分配。在这个过程中，数字资本家还不断地通过互联网平台将触手延伸至更多具有生产潜力的新领域，使一些原有的公共服务行业逐渐产业化，大量的非资本主义经济体被拉入资本剥削体系。另一种是从个人角度来说，在"社会工厂"中，由于广大零工工人与非雇佣工人的存在，剥削的面积在理论上可以无限延展。而在"流量为王"的时代，数字资本家会将获取更多的用户作为永恒的追求，不断延伸平台的涉及范围，通过网络打造的虚拟端口将更多的普通网民塑造成为平台进行生产服务的数字工人。

劳动时间的延长也有两种表现。第一，工人的"劳动"延伸到了"工作"之外。在社会工厂内，由于便携的智能设备开始成为普遍的劳动工具，诸多数字劳动者可以不必在固定场所进行工作，这在给劳动者带来极大灵活性的同时，也为资本家随时支配劳动者投入再生产过程提供了便利。资本家不必在下班时间将劳动者留在办公室，可以

1　马克思恩格斯全集（第38卷）[M]. 北京：人民出版社，2019年，第127页。

通过网络平台发布任务，指示劳动者灵活办公，而劳动者往往迫于竞争和失业的压力难以拒绝。在传统的加班方式中，劳动者在正常工作日外的劳动时间会受到制度保障，迫使资本家付出一定的加班费用。而通过智能设备看似灵活的加班方式由于界定上的模糊，难以帮助劳动者获得回报，剥削的时间"界限"消失了[1]，令多年工人运动所争取来的八小时工作制的作用大打折扣。第二，工人的"劳动"延伸到了"劳动"之外。在"社会工厂"中，实际意义上的劳动行为已经不仅仅存在于传统的劳动形式之中。在数字平台上，产消行为、休闲劳动化行为等出现，以往用户的消费或休闲时间开始具备了生产性劳动的性质。譬如网络游戏主播，他们在进行娱乐休闲游戏时，也作为"玩工"为平台增加内容，原本纯粹作为日常娱乐的活动被影音记录制成商品并广泛传播，以直接售卖或广告费的方式盈利。这一现象说明，在"社会工厂"中，实际意义上的劳动时间已经延展到几乎人一切的能动时间。

马克思指出："机器就其本身来说缩短劳动时间，而它的资本主义应用延长工作日；因为机器本身减轻劳动，而它的资本主义应用提高劳动强度。"[2]数字技术和数字工具亦是如此。一方面，数字技术的普及并没有降低工人的工作量和劳动复杂程度。因为尽管互联网和人工智能的运用可以在很大程度上代替劳动，降低同等任务下工

---

1 刘璐璐.数字经济时代的数字劳动与数据资本化——以马克思的资本逻辑为线索[J].东北大学学报（社会科学版），2019年第4期。

2 马克思恩格斯文集（第5卷）[M].北京：人民出版社，2009年，第508页。

人付出的劳动量，但资本家可以通过增加工人使用机器的数量，或者向工人提出更高的工作指标等方式实现对工人的最大利用。同时，虽然机器自动化水平的提高可以节省大量的体力劳动和计算工作，但数字劳工的很多创新性的脑力劳动依然难以替代，在科技竞争和创新要求更高的数字时代，脑力劳动者不得不时刻保持高度的工作专注度。另一方面，互联网所创造的信息监督和管理工具进一步加深了资本家对工人的控制强度。员工的工作状态、上下班时间、合作模式都会被管理者全方位、全天候地监控，其网络行为、出行信息等也可以通过痕迹管理追根溯源。员工的生存和竞争压力在管理者的时刻监视下不断增加，这"迫使工人在同样的时间内增加劳动消耗，提高劳动力的紧张程度，更紧密地填满劳动时间的空隙"[1]，同时在互相带动下形成了高强度的工作大环境。可以看到，原本被创造出来降低人们劳动压力的互联网工具，在资本家的利用下反而变为进一步压迫劳动力的手段。

数字技术是"中心—散点"结构得以存在发展的基础，但同时也成为资本家进一步获取相对剩余价值的工具。通常情况下，企业采取科技含量更高的机器可以达到两种收益：一种情况是，由于在同一劳动时间内工人所创造的价值总量是一定的，但使用价值量却是不同的，企业可以利用高新科技提高劳动生产率，在同一劳动时间内创造更多产品；一种则是降低单位商品的个别必要劳动时间并根据社会平

1　马克思恩格斯文集（第 5 卷）[M].北京：人民出版社，2009 年，第 472 页。

均的商品价格出售获取超额剩余价值。因此，为了获取产品数量和价格差价的优势，同时为了避免劳动力主观因素为企业生产增加的成本，企业将致力于不断提高生产智能化和自动化的程度，而数字技术的成熟正是为资本家实现这一目的提供了加速器。

　　不仅如此，由于互联网具备强大的跨行业整合和功能发散作用，在"中心—散点"结构的作用下，人工智能等工具开始迅速与社会生产的各个环节相结合，多个生产领域的价值创造过程受到普遍影响。从传统制造业来看，除了考虑机器制造能力普遍提高的因素外，管理智能化、信息传递加速等带来的分工和协作水平的提升使得生产间隙缩短，同时促进了生产相同使用价值产品的社会必要劳动时间降低，多个合作企业共同取得相对剩余价值。从服务业来看，随着服务设备不断改进、服务水平和管理人员素质的普遍提升，生产相同使用价值的服务所需的必要劳动时间同样在逐步降低。从信息商品领域来看，一方面教育智能化水平日渐提高，教学手段日益丰富，劳动力平均智力水平进一步攀升，生产相同使用价值信息商品所需要的必要劳动时间普遍减少，剥削率表现出与教育水平的正相关关系[1]；另一方面随着通信、传媒等领域的扩展，信息传播速度，即转移相同使用价值的速度也在持续加快。在这诸多的经济领域中，信息行业的数字劳工逐渐成为生产相对剩余价值的最重要群体。这是因为不论人工智能等科技具备多少仿生能力，价值的创造依然只

1　乔晓楠，王璟雯，王桐．教育会影响剥削率吗？——基于跨国面板数据的实证研究 [J]．政治经济学评论，2018 年第 4 期。

来源于活劳动。随着制造业自动化程度的提高，一线流水线上的价值增殖现象将会逐渐减少，低端的边缘经济体将越来越难以为核心企业作出足够的财富贡献。

在"中心—散点"结构中，居于核心地位的数字资本家将更加重视数据信息以及固定资本智能化间的竞争，而这一切都依赖于数字劳工的智力成果和信息加工。因此，为了缩短具有相同使用价值的信息商品的必要劳动时间，获取超额剩余价值，资本家会越发倾向于雇佣研发能力和互联网技术能力更强的劳动者，并继续通过教育产业化等手段创造符合数字资本增殖需要的数字劳工，这也会成为数字帝国主义时代的长期趋势。

二、非雇佣剥削

我们多次提到"非雇佣剥削"概念，这是数字技术与资本结合后产生的具有典型时代特征的现象。非雇佣工人是"中心—散点"结构中的重要组成部分，他们的存在令剩余劳动时间的创造者真正从雇佣工人扩展到非雇佣劳动者，也意味着一种不受硬性制度约束但实际上具备雇佣特点的隐性雇佣关系开始出现。

数字时代的非雇佣工人主要有两种。一种是基于网络平台工作的自由职业者。自由职业者存在于资本主义发展的各个历史阶段，他们不隶属于任何企业，崇尚充满灵活性的劳动方式，服务对象常常不固定。由于制造业竞争对生产规模的要求，自由职业者多是脑力劳动者或者服务提供者，进行信息或服务商品生产。进入数字经济时代后，平台在商品流通中获得了不可替代的地位，网络也开始成为用户获取信息的最重要途径，因此数量更多的自由职业者开始出现并依附于网络工作。其中有部分自由职业者与平台签约并接受平台管理，成为职业工人，但大部分人却成了没有制度约束和保障的非雇佣工人。数字信息时代网络为更多从事自由创作的脑力劳动者提供了容量更大的平台和更便捷的流通方式，改善了纸质投稿带来的弊端，因而有大量的个体研发者以网络投稿作为生活方式，这让平台无须对这些智力成果的创作者进行管理和培训就可以获取相关产品。但网络的开放在带来流通便利和市场扩大的同时，也为这些个体研发者带来了更大的竞争压力。资本家便可以利用在劳资关系中的优势地位与这些无酬劳工签订不合理或者强制性的版权转让合同，后利用信息商品复制上的便利进行多次使用，获取更多剩余价值。除了这些内容制作者外，还有一些自由职业者会选择成为无偿信息流通者。无偿信息流通者多为各大网络平台的博主，他们借助平台进行营销活动，但常常与平台之间并没有硬性的合同约束。他们依靠流量所带来的广告费盈利，却无形间为平台增加了内容。平台利用算法开辟虚拟的网络空间，为博主们提供展示作品的场所，而博主为了吸引消费者眼球，就必须不断生产高质量和更多量的信息商品，由此付出高强度的脑力劳动。此外，无偿信息流通者中还包括大量的"公民记者"，有些平台会利用少量的报酬吸引用户捕捉突发事件，加工和上传文化产品。早在21世纪初，美国的一些微利图库和加拿大的一些新闻网站就开始通过对"分享"理念的宣扬和少量的财富回报将网民的智慧转化为盈利的资本。[1] 而这一样来，不仅是这些网站用户，很多现实中的劳动者在被进行信息记录和转载的过程中也被纳入免费劳动的范畴。

另一种便是广大的普通用户，与前一种劳工不同，这些普通用户往往并没有为平台工作的主动意识，他们通常都是在无意间为平台贡献价值。用户在网络上正常的交流、评论、分享等行为都会成为增加网站附加值的方式。平台会向用户开放大量的网络空间和便利的自定义网站加工能力，用户通过评论区、弹幕和话题论坛进行思维碰撞，这实际上可以看作一种协同创新的劳动过程。此外，用户通过个人网页的创建经营私人空间或公共营销号，但这种看似私人的构建却也是在替平台拓宽网络空间和增加浏览性。平台还会通过心理认同或简单的物质奖励激励用户发挥创造力。以点赞机制为例，平台利用用户的心理满足感等主观因素设置规则，以信息互动中"赞"的数量为评价标准，信息消费者之间的赞赏和认可只是使用户收获了虚拟的认同感，平台在不用付出劳动力补偿的前提下有效构建了激励机制，促使用户无偿地贡献更多脑力劳动。而在网络知识产权保护困难重重的局面下，劳动者很难获取有效方式进行反抗。总的来说，平台运营商只需要关心网站的技术支撑、整体架构以及激励机制，而最核心的内容生产已经在实质上属于网站的浏览用户，用户作为网站的共同开发者在这种非雇佣的外包模式下俨然成了平台建设的免费劳工。当然，除

---

1 吴鼎铭."公民记者"的传播政治经济学反思——以"数字劳工"理论为研究视角 [J]. 新闻界，2015年第 23 期。

了内容制作外，这类非雇佣工人也会为平台中的信息流通作出贡献。由于社交网络的存在，用户在消费某些产品时往往会以多种方式被社交网络推送，变为免费的广告工人。此外，用户在注册网站、建设个人网页、观赏文化产品时都会产生大量的数据，这些数据被平台无偿拿走进行分析，平台会将由此获得的用户偏好、浏览记录以及地理位置等隐私出售给广告商，使其可以通过分众式的推广保证广告的精准投放，有针对性地刺激用户的购物欲望。在此，用户起到了流通工人进行剩余价值实现的作用。而最终，用户在信息创造和传播过程中生产的所有价值都会被平台、广告商和产业资本共同瓜分。

非雇佣工人的出现对资本主义下生产关系的影响是巨大的。消费、娱乐、社交等与生产的界限被打破，意味着潜在生产者可以无处不在，产消者看似自由，实质上却全天候地被控制在生产岗位上，产业后备军的范围无限扩大至全体大众。劳动力的范围不再被局限于雇佣劳动制度内部，资本对于价值榨取的潜力被完全释放出来，剥削大众化的局面逐渐形成。而由于非雇佣工人往往是随机的、不稳定的和异质的，因此很难寻求到有效的制度和法律保护，也难以形成统一的劳工意识和坚强的反抗组织。总而言之，这种隐性雇佣关系的出现是资本主义剥削关系在数字帝国主义时代进一步发展的产物，它不仅没有打破资本主义雇佣关系的实质，还使得工人在付出剩余价值的同时失去了传统的制度保障和反抗力量。

三、数字异化

除了剥削的深化外，异化现象也随着数字技术和"中心—散点"结构的发展而扩张。马克思认为，异化是人的物质生产与精神生产及其产品变成异己力量，反过来统治人的一种社会现象，它代表着一种不平等的社会关系，在这种社会关系中，异化者无法控制自身的劳动和生活条件，表现出自我的丧失。他在《1844 年经济学哲学手稿》中将私有制条件下的异化现象分为四类：一是劳动者同他的劳动产品相异化，二是劳动者同他的劳动活动相异化，三是人同他的类本质相异化，四是人同人相异化。随着数字技术的出现，劳动形式与资本积累模式都随之发生变化，数字资本开始支配生产关系，一种基于数字化和算法控制的新型异化形式——数字异化逐渐形成。

数字异化与传统异化实质相同，但在表现形式与程度上有所差异，我们在此逐条分析。

第一，劳动者同他的劳动产品相异化。"劳动所生产的对象，即劳动的产品，作为一种异己的存在物，作为不依赖于生产者的力量，同劳动相对立。"[1] 也就是说，劳动者不但无法获得自己的劳动产品，反而会被自己的劳动产品所支配。在数字时代，这种情况依然存在，其中典型的劳动产品就是数据。基于数字技术，有大量的用户数据被有意或无意地制造出来，它们理应被劳动者个人支配，却往往被平台

1　马克思恩格斯文集（第1卷）[M]. 北京：人民出版社，2009 年，第 156 页。

无偿占有。通过深入的数据挖掘，数字企业可以不断进行智能学习，设计出更容易控制劳动者生产和消费行为的算法，禁锢劳动者的意识。除了数据之外，数字劳工所制造的机器、软件等，由于进一步提高了管理的自动化和智能化水平，因此也非常容易在资本的支配下成为奴役劳动者的工具。

第二，劳动者同他的劳动活动相异化。"异化不仅表现在结果上，而且表现在生产行为中，表现在生产活动本身中。"[1] 易言之，劳动不再是自由的、创造性的，而是剥削的、强制的、异己的。在数字时代，灵活雇佣关系的扩大给了劳动者可以自由安排工作的假象，但就业门槛的降低也意味着劳动力竞争的强化，劳动者不得不去主动承担高额的工作量。平台也会通过算法设置，想尽办法提升劳动者的劳动强度。不仅如此，在"中心—散点"结构中，很多员工还承受着层级剥削，其创造的利润要经过中心和边缘企业的层层盘剥。劳动者在数字企业的支配下重复着机械和烦琐的工作，不能自由地发挥体力和智力，只能遵从资本的意志，劳动被不断商品化并隶属于数字资本家。

第三，人同他的类本质相异化。"异化劳动使人自己的身体同人相异化，同样也使在人之外的自然界同人相异化，使他的精神本质、他的人的本质同人相异化。"[2] 人的自由自觉的活动是人类最为宝贵的区别于动物的本质，但却在资本关系下将自己的本质变成仅仅维持自身生存的手段。在数字时代，这种类本质的异化不仅体现在劳动和工

1　马克思恩格斯文集（第 1 卷）[M]. 北京：人民出版社，2009 年，第 159 页。

2　马克思恩格斯文集（第 1 卷）[M]. 北京：人民出版社，2009 年，第 163 页。

作时间，还已经入侵至休闲和娱乐时间。生产和消费、休闲之间的界限更加模糊，玩劳动也被纳入资本积累体系，这意味着资本的入侵使得劳动者不再拥有纯粹意义上的自由时间，原本用于学习培训、休闲娱乐等的个人可支配活动均被异化为资本积累的方式和手段，人进一步同自己的类本质相脱离、对立。

第四，人同人相异化。"人同自己的劳动产品、自己的生命活动、自己的类本质相异化的直接结果就是人同人相异化。"[1]在资本关系下，只有人自身才能成为统治人的异己力量。这种人与人相异化正是描述的私有制条件下社会中的阶级分化状态，即资本家和劳动者之间的不平等和敌对关系。在数字时代，这种社会中的等级分化趋势更为明显。对数字资源的掌控程度可以决定在经济社会中的权力等级，因此可以横跨多个产业，掌握多个领域知识和流通权力的数字企业便可以占据剥削金字塔的顶端，影响其他产业的发展，并掌控一线的普通劳动工人。而在数字技术和算法的帮助下，资本平台还可以以低成本甚至免费获取用户的劳动成果，劳动者随时处在技术权力带来的压迫之下，大量的价值向数字企业汇聚，这让人与人之间的社会关系愈发不对等。

可以看到，随着数字资本在世界范围内的扩张，异化现象也更加明显且越发具备普遍性，开始从产业工人向社会全领域拓展，从雇佣工人向普通大众拓展，从劳动时间向全生命周期拓展。数字技术催生

1　马克思恩格斯文集（第 1 卷）[M].北京：人民出版社，2009 年，第 163 页。

的"中心—散点"结构，实际上就是一个"没有集中化的集中"和"没有硬控制的控制"的过程，它构造的连接就像一张硕大的蛛网，看似无规律、如离散点一般分布的边缘经济体，却无一可以逃出数字中心企业的支配体系。数字技术和资本利用散点们无孔不入，其对劳动者的控制与压迫也真正变得无所不在。

第 四 章

资本的扩张：

数字帝国主义时代的

竞争与垄断

技术的进步使得企业积累剩余价值的手段日益丰富，逐利竞争的手段也更加多元，但生产集中和垄断的趋势并未改变，反而因多重竞争结构的出现而进一步深化了。站在多重竞争结构顶端的数字寡头们把控着核心技术与知识产权，从水平与垂直两个方向上不断扩张着资本的力量，对经济社会体现出了空前的影响力与控制力。它们与资产阶级政府组成了利益共同体，促使资源与社会财富不断由社会各个阶层向少数资本家手中集中，甚至将反垄断都变成了维系资产阶级长远利益和整体利益、调和经济社会矛盾的戏码。

马克思认为，竞争是商品经济发展过程中的必然产物，是"资本的内在本性"[1]。在逐利性的驱使下，为了获取更多的市场资源，企业与企业、资本与资本之间的竞争关系成为资本主义生产关系中最重要

1　马克思恩格斯文集（第 8 卷）[M]. 北京：人民出版社，2009 年，第 95 页。

的维度之一。而技术是影响竞争的关键之钥，技术的进步往往会带来竞争模式的改变。

本章我们将深入数字帝国主义时代的市场，考察数字企业的核心竞争领域、主要竞争策略与独特的竞争结构。我们可以清晰地看到，数字技术为资本主义市场竞争机制带来的变化，与此同时，生产不断走向集中和资本不断趋于垄断的态势却依然没有改变，反而在数字帝国主义时代更加显著。

★ 产品创新与注意力时间

在《资本论》中，马克思重点描述了企业的两种竞争策略，一种是同部门之间的生产方式竞争，另一种是不同部门间的投资竞争。两种策略中，一种侧重于剩余价值的生产，另一种侧重于剩余价值的分配。在数字经济时代，数字企业涉及的业务范围种类复杂，涵盖设计、研发、制造、媒体、电商、软件、数据等多个领域，因此数字企业往往会采取不同的手段去压制对手，赢得消费者和市场，譬如商品竞争、服务竞争、信誉竞争、价格竞争等。其中，有两点最为关键，会作为核心要素影响到数字帝国主义时代企业竞争的成败，一是产品创新能力，二是受众的注意力时间。围绕这两个要素，产品创新竞争和注意力时间竞争便成为当前资本主义市场上各类数字企业影响剩余价值生产和分配最为重视的两种竞争方式。

一、产品创新竞争

马克思曾指出，竞争是一种外在的强制规律，它迫使资本主义企业不断地进行技术革新，以提高劳动生产率。"自由竞争使资本主义生产的内在规律作为外在的强制规律对每个资本家起作用。"[1] "竞争的强制规律，迫使他的竞争者也采用新的生产方式。"[2] 通过科技创新能力的提升，企业的商品的个别价值会低于社会价值，企业由此会获得超额剩余价值，在产品竞争中取得优势。

在数字经济时代，马克思所揭示的这一现象依然存在。我们在上一章论述"中心—散点"结构时谈到过很多相关内容，数字企业会通过革新分工协作方式、雇佣高素质人才、提升机器自动化和智能化程度等手段，不断强化生产线上的制作和工艺水平，以优化产品生产的规模和速度等。当然，除了产量外，越来越多企业将质量视为自身的核心竞争力，这意味着谁能在产品核心技术上获得优势，谁就可以赢得市场。于是，很多数字科技公司都会加大研发投入，要求传感器、芯片、控制器等核心元器件的自主可控，不断设计、优化开发工具、仿真测试工具、制造执行系统等工业软件，实现以质取胜。在这一过程中，企业愈发注重保护知识产权，运用专利对产品技术进行保护，防止竞争对手通过模仿、复制、反向工程等手段，在低成本的条件下

1　马克思恩格斯文集（第 5 卷）[M]. 北京：人民出版社，2009 年，第 312 页。

2　马克思恩格斯文集（第 5 卷）[M]. 北京：人民出版社，2009 年，第 370—371 页。

实现开发甚至赶超。[1] 世界知识产权组织曾作出统计，利用专利信息将节约 40% 的研发经费和 60% 的研发时间，一块电子芯片的研发可能需要花费上亿美金，但利用已有成果可能只需花费几十万美金就能进行仿造。当然，也有些企业会选择采取提升产品附加值的办法，利用劳动、再加工和营销等手段，为产品附加功能、优化细节、美化设计、增添文化底蕴、提供高质量服务等，更加全面地满足消费者的需求，以此在竞争中获得优势。

同时也要看到，在数字经济时代，"产品创新竞争"这一概念的内涵相较于大机器时代有所延伸。在马克思那里，科技创新能力的提升和生产方式的革新所带来的经济收益最主要还是指企业生产能力的强化，是单位时间内企业产出的增加。而在当前，企业对于创新能力的追求更加完整、丰富，也因此会采取更加多样化的竞争策略。

一方面，企业会更加追求差异性和多样化的产品创新能力。从20 世纪后半期开始，大规模定制化、个性化的市场需求涌现，而进入互联网时代后，受到各种网络文化思潮的影响，这种趋势愈发显著，网民的自我意识非常鲜明，拒绝标签化，不再满足于模仿和复制[2]。单一、雷同的款式已经无法适应消费者对于产品的需求，为此企业会着力塑造品牌特点，保持区别于其他企业的差异化优势，同时提升产品的多样化、系列化和新颖化水平，生产不同性能的产品和同

1 肖艺能 . 互联网时代的社会化知识生产与知识产权制度——一个马克思主义经济学观点 [J]. 东南学术，2020 年第 4 期。

2 朱相望，王亨. "互联网 +"背景下零售业转型与颠覆 [M]. 北京: 企业管理出版社，2016 年，第 54 页。

类产品的不同型号、规格、系列、款式。除了通过智能化设备的运用、生产模块化等措施降低生产差异化成本、提升生产线的灵活程度外，很多企业还通过平台向客户开放了自定义机制，利用这些非雇佣劳工的设计劳动提升企业个性化量产的能力。其中典型的例子是耐克公司。在通过互联网展示和销售衣服、鞋子等产品时，耐克公司会在官方网站上利用计算机模拟制造机器的运作过程，给予自定义者直观的感受，鼓励其根据个人需要筛选材料和颜色，并设计个性化的外观符号。耐克是实行自定义机制的先驱公司之一，这一策略帮助它在很长一段时间内持续成为全美最具价值的体育品牌。当然，不只是实体产品，服务业的自定义机制也开始流行。由于服务业提供的是无形商品，因此在进行定制化时拥有天然的便利。服务企业满足定制化需求的最重要手段就是对工人展开全面培训，提升员工的综合素质，开放消费者自由选择的空间，以满足顾客的多样需求。越是服务技能完善的员工便越有可能帮助顾客根据个人情况和喜好进行服务定制，从而在市场竞争中获得青睐。

另一方面，企业会更加追求短周期和持续性的产品创新能力。在互联网企业进入市场时，先动优势是重要的，优先进入市场的企业可以最先获取客户，生成用户黏性，用户在进行产品替换时会顾及转移成本，因此产生锁定效应。但比先动优势更重要的，还是企业产品创新速度和持续性的产品创新能力。早在 20 世纪 60 年代，英特尔创始人之一的戈登·摩尔就提出了一个著名的定律，即摩尔定律。其核心内容为：集成电路上可以容纳的晶体管数目在大约每经过 18 个月便会增加一倍，性能也将翻一倍。这意味着在数字经济时代，产品创新的速度将不断加快，周期会较大机器时代大幅缩短。优先进入市场的公司虽然一时占据大量的市场份额，但如果停滞不前，将迅速被淘汰。

以通信技术为例，从第二代通信技术到第五代通信技术，每一次技术更新只历经了十几年甚至短短数年的时间，而移动手机领域的领先公司也经过了摩托罗拉、诺基亚到苹果和华为的不断替换。于是我们看到，有越来越多的数字科技公司开始重视大数据的力量。因为来自四面八方的大数据能够帮助企业获得经济社会各个领域的前沿知识，给予企业向多个领域渗透并进行技术创新的能力，大数据也会帮助企业优先获取市场动态，找到创新的思路和方向，开辟新兴市场。通过对技术数据与消费者数据的大规模分析，企业可以找到产品的薄弱点和消费者的潜在需求，对未来技术发展趋势和市场动态作出相关的预测和评估，制订更加合理的创新发展规划。

与此同时，很多企业还构建了更加强力和稳健的创新体系来保障自身的持续创新能力。有些企业构建了研发同盟，譬如谷歌、苹果、亚马逊就在2019年末宣布就智能家居领域的研发与制造达成长期的合作关系。这种研发同盟帮助企业汇集优势的资源与人才，实现技术互补，运用创新共同体的模式集中攻关，大大提升了研发的速度。有些企业则兴建了产学研一体化的创新链条。企业会建立起与学校和科研机构合作的长效机制，有些规模较大的企业还会自己创办学校。这种产学研的合作具有研究、开发、生产一体化特点，是把科技创新活动所需要的人才、知识与生产工具等进行更加有效的组合，减少无效的中间环节和时间成本，整合资源协同发展，它保障企业更加及时、适宜和稳定的人才补给，给予企业更加稳健的持续性创新能力。

二、注意力时间竞争

在数字经济时代，运用投资手段争夺有利的剩余价值分配依然是经常被使用的策略，但数字平台的出现却影响到了这一策略的有效性。因为数字平台渗入了流通领域的各个环节，把控了商品交易场所，这意味着数字平台拥有了决定剩余价值能否实现的能力。即便企业将资本投入高利润行业，也需要在数字平台上找到足够的消费群体，才能真正获得剩余价值。而在数字平台上，企业能否找到客户、达成交易，最重要的因素在于能否获得大众的注意力时间。

注意力时间这一概念并非传统政治经济学的研究对象，20 世纪30 年代之前，注意力时间只是心理学和管理学中使用的核心概念，后来被一些社会学家如彼蒂里姆·索罗金、刘易斯·科塞等用于时间社会学的研究，从组织、环境等角度探讨社会结构与注意力分配之间的关系[1]。20 世纪 90 年代后，又有一批经济学家如米切尔·高德哈伯、理查德·莱汉姆将注意力运用于营销、消费等问题的分析，使"注意力经济"成为行为经济学、组织经济学中重要的组成部分，注意力时间也逐渐成为一个跨学科的理论名词。

尽管我们不可能在经典作家那里看到有关注意力时间的系统论

---

[1] 练宏.注意力分配——基于跨学科视角的理论述评 [J]. 社会学研究，2015 年第 4 期。

述，但可以看到的是，在《资本论》中，马克思通篇都保持了对"时间"概念的高度敏感和重视，因此在劳动者全生命周期都可以被资本掌控的平台经济时代，注意力时间这个概念应当被引入政治经济学的分析。

为什么在平台经济时代，注意力时间对于企业来说如此重要呢？因为随着数字生产力的发展，企业的供给能力不断强化，平台企业众多，且伴随着信息大爆炸，人人都可以进行精神生产活动，因此信息产品的产出量是过剩的，只有获得了用户注意力时间的企业才有条件拥有用户和客源。[1] 但网民的注意力时间却是相对稀缺的，它不仅受到自然和日常生理时间的限制，并且受到精力和能力的限制，即在一定的注意力时间段内，人体可以接受和处理的信息总量都有它的限度，因此人们总会自动忽略、屏蔽掉对自己无用、不关心或不喜欢的信息。除此之外，长期将注意力停留在重复或雷同的信息上还容易让用户产生疲惫和厌倦感，一旦原来所关注的产品不再符合自己的需求，或是无法再引起兴趣时，就会发生转移现象。

用户的注意力时间是如何转换成经济价值的呢？第一，获得用户注意力时间的企业可以同时获得更多的数据。随着平台功能的不断完善，很多社交活动、娱乐活动、工作等都依托平台来进行，因此用户会产生越来越多的个人数据。加入这一平台的网民越多、用户停留的关注时间越长，平台企业可以收集、利用的数字资源也就越丰富。第

---

[1] 李志昌 . 信息资源和注意力资源的关系——信息社会中的一个重要问题 [J]. 中国社会科学，1998 年第 2 期。

二，赢得注意力时间意味着赢得了更多的非雇佣工人。一旦用户对平台内容产生兴趣，就很有可能自发地进行评论、加工、上传等活动，为平台增加内容。一旦用户出现规模化的聚集，还有可能为平台创造出特色文化，强化平台价值。第三，汇聚了更多注意力时间的平台将获得更多的广告费。广告商往往会选择最能引起受众关注的地方投放广告，高流量的平台受到青睐理固当然。第四，获得用户注意力时间的企业更容易诱发用户的消费欲望。平台的高流量意味着掌握了大量的潜在消费群体。在获得了用户的注意力时间后，企业便有条件通过各种信息、文化、广告进行内容输出，激发用户的求知欲，赢得用户的信任，进而刺激其产生更多的消费欲望，数字企业由此获得更多的产品利润或交易中介费。

另一个必须说明的问题是，注意力时间不应当被看作一个完全由个人决定的主观概念，而是同时依赖于生理、心理等内部因素与客体、制度、环境等外部因素，这导致注意力时间是可以被影响甚至被操纵的。在信息资源的生产和传播能力与注意力时间的供需情况高度不匹配的数字时代，唯有持续赢得用户注意力的企业才能获得更大的发展规模与更快的资本周转速度。正因如此，在数字帝国主义时代，企业才会将注意力时间摆在极为重要的地位，彼此间展开激烈的注意力时间竞争，常见的竞争策略有以下六种。

第一，功能竞争。功能竞争是数字科技企业获取用户注意力的基础，即便是已经很成功的大型公司，也需要不断地推陈出新来持续地获得用户的注意力。譬如脸书公司就曾通过推出搜索引擎功能实现对谷歌用户的分流，让用户将更多的时间停留在脸书的页面。苹果公司每年都会发布自己的新产品，实现对原有硬件和软件的升级。产品功能的增多可以为数字企业增添更多的异质用户，功能的定期升级也可以让用户对产品保持一个长期的期待，从而有效地缓解用户注意力转移的问题，而一旦出现突破性的创新，提供了与现有产品差异很大的产品和服务，就足以帮助企业迅速地获取海量用户。

第二，算法推荐。算法推荐的主要方式是运用算法对用户进行痕迹管理，分析和判断用户的习惯、喜好和即时需求，进行信息和产品的定向推荐，从而获得用户的注意力。与传统的广告和推销等方式相比，这种充分运用了人工智能的算法推荐模式显然是一次重大的进步。传统方法更多的是利用产品、环境等外部客观因素来诱导受众的注意力，而人工智能技术却能够大规模、自动化地改变受众的主观意识。一方面，这种获取用户注意力的方式更具隐蔽性，完全自动化的和带有自定义色彩的推荐让很多用户单纯地认为这是算法带来的便利和自身的主动选择，而忽视平台企业的人为因素；另一方面，这一机制提升了注意力竞争的成功率和效果。人工智能推荐机制基于用户个性化的兴趣和需求，会根据不同用户筛选出更具针对性的推荐内容，所传递的文化和观念也因人而异。因此，算法所推荐的信息和产品中蕴含的价值和理念往往更容易得到认同，用户会认为找到了"组织""知音"，从而更加自觉和主动地为平台付出注意力。

第三，新用户福利。当用户刚刚入驻平台或使用新产品时，往往会对平台和产品缺乏认知和信任，从而难以长期驻留。此时如果平台向用户频繁收费，即便产品具有良好的功能，用户也往往由于天然的警戒心态而拒绝访问。因此，平台通常会向新用户开放大量的低价或免费产品并给予相关的补贴和福利，保持平台对用户的吸引力，当用户生成黏性后再逐步向其收取费用。对于一些新建的网站而言，这一手段更加常用，平台在初期会将产品按照接近成本甚至低于成本的价格出售，从而达到快速积累流量的目的。

第四，信息煽动。信息煽动这一方式所利用的是信息的时效性。由于富有时效性的新闻、报告、艺术成果等很容易获得网民的关注，因此大多数平台都运用了热搜机制等方法，持续地制造热点、噱头，并默许甚至鼓励旗下的自媒体进行各类"博眼球"的注意力竞争。在这些热点中，有些是毫无营养或是与网民的生活毫不相关的，但为了强化网民的参与感和共鸣，平台或自媒体常常采取雇佣公关公司或"水军"的方式，利用社交媒体频繁地对公众进行舆论煽动，或是"带节奏"、制造恐慌和焦虑，或是作态"科普"、说教。而每个网民都存在着不可避免的知识缺陷，对信息的真伪和科学性无法时刻保持敏锐的分辨能力，因此常常在"水军"的煽动下受到情绪干扰，出现注意力被影响或掌控的情况。

第五，花样营销。企业会采取更加多样化的营销手段去获得用户的注意力。譬如搜索引擎营销。由于互联网的普及，当用户急需某一产品但对该领域并不熟悉时，通常会使用搜索引擎或平台的搜索功能查找产品，而此时被搜索引擎推送和较前推送的公司的广告就会更加有效。因此，很多企业会支付大量成本给搜索引擎，以改善自身在搜索引擎上的排名，从而增加曝光度和点击率，实现广告的有效传播。再如饥饿营销。饥饿营销就是采取某些限时或者限量的方式，通过调控供求关系来促进营销。限时或者限量的方式很容易为消费者营造一个供不应求的假象，刺激消费者购物欲望高涨。同时，饥饿营销还是企业维持产品形象并抬高商品售价的一种方式。很多公司对于自己旗下的高端产品，会采取限量生产和出售的方式刺激消费，抢购者将其当作收藏品和艺术品一样抬高物价，以高出实际价值几十倍的价格购买，而单个产品所带来的利润完全可以抵消产品产量的限制。另一方面，该公司的品牌形象也在饥饿营销中得到保值，品牌的崇拜者不断抬高品牌地位，影响社会舆论，使企业在与其他品牌的营销竞争中获取优势。

第六，打造消费领袖。最常见的方式即聘请品牌代言人。这些代言人通常都是曝光率较高的名人明星，受到公众高度关注。于是，平台积极聘请公众人物入驻，广告商则将其打造成消费领袖，由于他们自带娱乐性和文化感召力，其产品选择会影响到大量网民的消费选择，因此很容易获得网民的注意力时间并影响产品销售市场。当然，消费领袖也有可能是富有社会影响力的单位或组织。譬如在 2016 年之前，黑莓手机一直在美国市场中占据不小的市场份额，尽管它在影响力上远不如苹果和三星等更大型的智能手机公司，但是美国政府的信赖却使黑莓手机始终保持着良好的品质形象，其优秀的保密机制等功能促使美国政府一直将其作为官方使用手机。而 2016 年之后，美国政府宣布不再为雇员配备黑莓手机，迅速影响到了该品牌的销量。

★ 多重竞争结构

数字技术在经济社会各领域的应用对竞争到底起到了促进还是抑制作用，又是否更加容易滋生垄断呢？在互联网经济初现规模的 21 世纪之初，无数人对数字技术对于就业创业的刺激能力怀有乐观和期待，但随着 2020 年年末国内外接连掀起的互联网反垄断热潮，社会风向迅速扭转。事实上，数字技术的大规模应用和相关企业组织的出现在经济社会上造就了一个"多重竞争结构"，这将成为我们认识数字帝国主义时代竞争与垄断问题的起点。

一、互联网产业的分层

在产业经济学中，市场结构被划分为完全竞争市场、垄断竞争市场、寡头垄断市场、完全垄断市场四种类型，很多学者都曾按照这一框架去分析互联网经济下的市场结构。在进入对多重竞争结构的考察之前，我们依次来看一下这些现有的观点。

先来看完全竞争市场和完全垄断市场。

完全竞争市场中存在着大量的厂家，由于买卖双方均对价格无影响力，生产者可以用最低的生产成本生产，产品也可以以最接近生产成本的价格出卖，因而生产者的效率和消费者的需求满足都可以实现最大化。然而，完全竞争市场的存在条件是非常苛刻的，它要求无差别、标准化的产品，同时需要自由流动的市场信息以克服信息不对称的问题，因而多出现于少数农产品市场中。互联网工具刚刚流行时，完全竞争市场出现的呼声一度甚嚣尘上。其中最具代表性的便是曾任微软公司总裁的比尔·盖茨在世纪之交提出的"无摩擦资本主义"，意即通过互联网的普遍应用，每个市场主体都可以平等和完全地获取市场信息，构建全新的电子商业时代，以实现全球规模的完全竞争市场。当时的一些政客如纽特·金里奇也提出过类似的想法，要求网民普遍接入网络空间以刺激市场竞争。诚然，互联网工具的运用确实能为市场主体获取更充分的信息资源和市场信号创造条件，但由于生产资料的私有化和资本主义的逐利性，企业对前沿知识和有用信息的保护程度只能是越来越强，边缘企业和网民仅能获取价值量较低、经济意义较小的信息，而尖端科技和特色设计往往被作为企业的核心价值着力保护，因而完全公共化的信息流动是难以实现的。

完全垄断市场则要求市场上只有一个厂商，产品没有任何接近的替代品，它与完全竞争市场一样，出现条件十分苛刻，因为即便数字寡头规模再大，在其之外也可以具备一些以特色经营和衍生服务为主的中小企业。现实中最接近完全垄断市场的状态大多存在于政府特许经营的领域，这些产品多关乎国家安全和国计民生，由政府设置法律建立进入壁垒，形成一种排他性的合法垄断。在以私有制为主的数字帝国主义国家，数字企业的这种完全垄断市场很难形成，而且互联网行业还有绝大的技术发掘空间，也需要竞争来推动行业创新能力的跃进。

再来看垄断竞争市场和寡头垄断市场。

垄断竞争市场主要存在于生产集中未发展到一定程度的市场之

中，各市场主体所占据的市场份额都不大，彼此间存在着激烈的竞争，即使出现了一些生产集团，也无法对整个市场的资源流向和价格决定产生较大的影响力，厂商的进入和退出都较为灵活。随着数字平台的扩展，很多传统行业和新兴行业都出现了垄断竞争市场的特点。这一方面是由于网络平台的接入可以很大程度上突破时空限制，将更多的企业拉入到一个相对平等的大市场中。譬如电商的出现就使得消费者可以进行便利的跨区域采购，减少企业因为地缘优势获得区域垄断地位的情况。另一方面是由于虽然在互联网时代出现了更多的异质商品，使得每个厂商都对自己的商品拥有一定的垄断力量，但在技术水平差距不大的传统行业和新兴行业中，还存在着很多功能非常接近的可替代品，使每一种产品都会遇到其他大量的相似产品的竞争。

至于寡头垄断市场，当市场逐渐成熟，生产集中发展到一定程度时，拥有资源和技术优势的核心企业通常都会出现追求垄断的行为。在数字经济时代，这种情况也非常常见，尤其是在数字经济最为核心的功能领域，很多互联网公司都占据着某一市场较高的份额。寡头出现的原因有多种，可能是由于先动优势、技术优势、规模优势、用户锁定效应等，成就了可以影响行业的大企业。而小企业由于在规模、资金、信誉、专利等方面有着显著的差距，进入市场困难，因此难以提供具有替代性的产品，对寡头垄断市场形成冲击。

垄断竞争市场和寡头垄断市场虽然都是数字经济时代的常见现象，但有各自的适用范围。在同一时间维度上，可能出现经济社会中既存在垄断竞争市场又存在寡头垄断市场的现象。大型数字公司占据了大量的用户资源，它们的成功会吸引很多中小企业进入或传统行业线上转型，但企业进入又无法冲击市场高度集中的状态。对于同一企业而言，也可能出现先存在于垄断竞争市场中，在同行业没有重大创新产品的情况下又进入寡头垄断市场中的现象，这些都是传统理论所难以解释的。

可以清晰地看到，这些已有的分析框架对于看待互联网经济的垄断与竞争现象并不十分契合，一些观点即便有所依据，也只能保持有限的解释力，无法容纳包罗万象的互联网业态。而究其根本，则是因为在数字经济时代，出现了一个与传统市场结构不同的多重竞争结构。多重竞争结构的不同层级中有着不同的市场主体和竞争对手，但却互为存在条件也互相影响，共同构成一个相互关联的整体市场，这使得我们不能再仅仅从同类型的直接竞争关系中分析市场问题。而这一市场结构出现的根本原因，是由于互联网产业的分层式特点。互联网产业中企业的业务范围并非雷同，整个行业是由承担不同功能的具体层级形成的一个联合体。企业大致上可以被划分为四个层级，即内容层、平台层、系统层和物理层。

内容层，即生产互联网内容和应用，或依赖互联网提供现实产品和服务的层级。[1] 处于内容层的企业有两种类型，一种是提供线上应用的企业。这些企业生产的内容五花八门，可以是文字、图片、视频、游戏、软件等多种形式。它们有些直接附着于平台之上，成为平台的直观内容；有些成为平台上的一个版块或一个小程序，由平台提

1　杨坚琪 . 互联网分层的不正当竞争 [J]. 法律和社会科学，2016 年第 1 辑。

供接入端口；有些则成为独立的应用，依赖于系统运行。另一种是提供线下应用的企业。这些企业从事的通常都是传统行业，譬如零售、服务、票务等，在经过数字化改造后依附于平台经营。处于内容层的企业通常是消费者直接接触的对象，由于它们的业务对技能和规模要求不高，因此准入门槛较低，会有企业不断地进入或退出，处于这一层级的企业数量也是几个层级中最多的。

平台层，即为互联网中的内容提供平台式的服务支持，发挥门户或桥梁作用的层级。平台层的企业主要有几种类型：一是搜索类平台，典型的如谷歌等，它们采用特征提取和文本智能化等策略，主要是为互联网中的其他信息和网站提供链接；二是门户类平台，典型的如雅虎、维基百科、优兔、奈飞、声田等，主要提供综合性的网络信息内容，内容形式可以是文字、视频、图片等，内容范围会涉及新闻、体育、娱乐等不同的领域[1]；三是社交类平台，典型的如Meta（原名Facebook，脸书）等，主要是为用户提供社交服务，在用户与用户之间建立连接；四是商业类平台，典型的如亚马逊、优步等，主要是基于电子商务功能，汇集商业资源，为商家或自雇者提供连接。处于平台层的企业不会过多地生产具体的产品，但他们会通过不断优化平台功能完善交易场所，促成双方或多方供求之间的消费或交易。

系统层，即设计操作系统，为管理硬件与软件资源提供计算机程序的层级。在计算机中，操作系统是其最基本也是最为重要的基础性

1　[加]尼克·斯尔尼塞克.平台资本主义[M].程水英译，广州：广东人民出版社，2018年，第45页。

系统软件。因为它是配置在计算机硬件上的第一层软件，是对硬件系统的首次扩充，决定着对硬件的利用率和系统的吞吐量，也会为其他软件和应用的运行提供最基本的端口。操作系统的存在极大地便利了程序员的编程，使其可以采用编译命令和代码，不需要再使用机器语言书写程序，也极大地便利了用户，使其仅仅依靠简单指令就可以操控计算机。操作系统产业技术难度较高，因此处于这一层级的公司较少，在计算机发展的半个多世纪间只有极为有限的一些产品在市场上流通。

物理层，即构建互联网真实载体，提供计算机和互联网基础设施与基础服务的层级。处于这一层级的企业，涵盖了计算机和互联网领域硬件制造、协议设计以及相关服务的一切方面。业务内容既有芯片、内存、主板、电源、显卡等物理零件，又有服务器、路由器、交换机、集线器等网络连接设备，还包括光缆、微波、卫星、基站等信息基础设施。有物理层企业的存在，才有了大量的互联网接入设备，才使得网络覆盖和信息通信成为可能，打通了现实与虚拟世界之间的路径。计算机硬件的水平决定着整个机器的计算效率、存储量、续航等核心性能，决定着运行于其上的软件的可被开发上限与实际操作效果，因此处在这一层的企业有着很高的技术门槛。

二、多重竞争结构中的垄断与竞争

产业上的技术分层给了多重竞争结构区别于传统市场的竞争特点。每一层级的企业一方面要面对行业内部的差异化竞争，另一方面由于技术牵绊，也要与其他层级的企业构成利益共同体。为了探究多重竞争结构中的竞争与垄断问题，首先，我们抽象掉各层级间的联系，具体考察不同层级中企业间的竞争关系。

先说内容层。内容层是互联网产业经济价值的最直观体现，有着形态各异的多样化企业。企业间以产品创新和争夺注意力为主要手段进行产品竞争，虽然有时也会出现某个市场被少量企业瓜分的情况，但常常被快速替代。总体而言，数字技术的应用还是促进了内容层企业间的竞争趋势。

其中的主要影响因素在上文中都有所涉及，这里再详细论述一下。第一，数字技术帮助很多企业抵消掉一些不利的竞争因素，将大量的企业拉入到一个相对平等的统一大市场。不利的竞争因素譬如地理位置、生产能力、品牌效应等，很多企业受制于这些天然的短板而难以成长。譬如在没有网络物流的传统市场中，郊区与城市、内陆与沿海的企业的经营状况往往就存在着显著的差距。但在互联网平台打造的交易场所中，不同类型的企业遵循着统一的市场规则，相对平等地获取客源，因而也会催生更具活力的竞争环境。第二，需求的多样性导致产品的差异化，同时推动了新兴市场的开辟。随着数字技术和网络文化的发展，人们的需求更加个性化且不断变换，需求的多样化必然导致企业产品或服务的生产差异化，以满足不同消费者的偏好。从互联网平台市场整体来看，这种长尾效应是十分明显的。这激励着企业不断开辟新兴市场，扩展市场容量，同时降低了产品同质化的风险。第三，互联网对创业创新具有显著的推动作用，会不断促进企业进入和技术替代。互联网本身就存在着促进创新创业的因素，互联网金融、网上营销等的开放打通了资金流和信息流，使得初创的中小企业获得更多的资金支持和信息渠道，降低了创新创业的难度，促进更多企业持续地参与到市场竞争中去。[1] 同时，由于处在内容层的企业技术门槛通常不高，各产品间往往不会有难以逾越的质量差异，因此即便是一些先动企业占据了市场，次动者也可以直接在这些成熟或主流的技术上进行再创新。次动者无须像先动企业那样在开辟市场和人才培养等方面付出成本，因而降低了投资风险，缩短了研发周期，会不断地对先动企业形成有力的竞争。

再看平台层。平台层是垄断的高发地，很容易形成由几个寡头瓜分大部分市场份额的局面。这主要有几个方面的原因。第一，平台经济具有天然的高度垄断性。数字平台本身就是一种具有自然垄断倾向的企业组织模式，互联网经济中的梅特卡夫定律——一个网络的用户数目越多，那么整个网络和该网络内的每台计算机的价值也就越大——说的就是这个道理。由于平台提供得更多的是市场，是公共服务，而非产品，因此接入的用户越多，其边际成本就越低，规模报酬就会不断递增。而平台的规模越大，对用户的吸引力也就越强，因为大平台掌握着更多的数据，可以帮助用户匹配到更多的信息、供给方和消费者，因此用户也会倾向于向大平台聚集。这导致了平台间的"马太效应""赢者通吃"，平台中的经营者和消费者越多，其规模就扩张得越快，最终导致大量的市场份额集中在几个寡头手中。第二，

1　李俊,张思扬,冒佩华."互联网+"推动传统产业发展的政治经济学分析[J].教学与研究,2016年第7期。

互联网平台在进行扩张时受到的限制相较于传统企业要小很多。传统企业在扩张时，往往要考虑地域、物流、规模等因素带来的成本问题，还要考虑语言、文化、行业差异等方面带来的限制。而互联网企业的扩张通常只需要进行算力和程序上的革新，无须过多考虑地理空间问题，文化等方面的障碍也可以通过编程有效解决，这就极大地便利了互联网平台向各个地区和各个范围的延伸。第三，初创的中小平台很难逃离被大型平台嵌套的命运。开拓新领域的小平台，在创立初期通常缺乏扩张所必要的资金，去完成程序的优化、人力的补充和吸引注意力所需的广告费。这就导致了大型平台公司可以持续保持对小企业的强大竞争压力，并对一些优质的小平台进行投资和收购，将其纳入自身的业务版块。但尽管集中和垄断是主流的趋势，中小企业带来的竞争与创新活力依然是不可缺乏的部分。大平台的业务重心往往在于维系其在主流平台功能上的统治地位，因此通常难以迅速开发和适应新的社会需要，并及时进行平台功能和组织结构的革新。于是，为了应对市场的不确定性和潜在的竞争压力，大型平台会给予各具特色的中小企业必要的成长空间，寻求以并购的方式来实现自身功能的完善。这给予了小平台突破封锁的可能性，如果研发、融资等企业战略执行得当，中小企业依然可以在平台寡头的夹缝中不断强化自身的竞争能力。

然后是系统层。操作系统是整个应用和软件体系的基础，如果将各类软件比作高楼，那么操作系统就是支撑高楼的地基。在系统层，寡头垄断的局面几十年来从未改变，即便曾不断地遇到中小企业的冲击，微软、苹果、谷歌等公司也是长期把握着 PC 端和移动端操作系

统的市场。这主要受到以下几个因素的影响。第一，操作系统在功能
上有趋向垄断的因素。不同的操作系统特点各异，其上的很多基础软
件在不同操作系统间难以实现互通，如果市场上存在着多元化的操作
系统，用户在进行信息交流和协作办公时就会出现极大的不便，因此
消费者往往都会偏好于成熟度较高的大型公司开发的系统。此外，不
同操作系统间的转换成本较高，用户多年来积累的文件可能难以迁
徙，且改变操作系统需要较长的时间适应操作习惯，因此用户在操作
系统上也会有较高的黏性。第二，操作系统行业有着较高的技术门
槛，需要较长的研发周期。编写一个操作系统的技术难度并不高，但
是做出一个功能先进、技术稳定、可以获得市场认可的操作系统却并
不容易。一个较为成熟的操作系统往往需要千万行以上的代码，需要
复杂的内核，要注重代码控制、项目管理、算法效率、软件架构等
多个方面，意味着通常要经过深厚的技术积累甚至迭代演进。安卓、
iOS 等我们耳熟能详的操作系统，都是站在前人几十年积累基础上的
产物。因此，很少有中小企业具有这样的研发实力，而一些大企业面
对技术周期长、收益回报慢、风险高的项目，往往也非常谨慎。第
三，设计操作系统相当于构建一个软件生态圈，对于初创企业来说有
着较高的难度。一个操作系统实现商业化，除了需要自身的技术外，
还需要其他软件的开发者基于操作系统开发应用，形成良好的应用生
态。而软件开发者的精力和财力都是有限的，为了更快地实现应用的
商业价值，往往只会选择技术最为适配、编程最为成熟、用户最多的
操作系统进行开发。因此，大量的软件厂商都会向那些早已占据市场
的大型公司倾斜。而对于初创的小企业来说，很容易陷入软件匮乏，

从而没有用户，继而又无法吸引企业进行软件适配的恶性循环。

最后是物理层。处于物理层的企业为互联网经济提供基本的硬件设备，可以归类到传统物质生产领域，因而主要遵循常规的竞争规律。在市场竞争中，少数技术水平较高、管理方式较先进、资金和劳动力优势明显的大企业会不断吞并小企业，按照资本主义制度下企业发展的一般趋势，由生产集中产生垄断。当然，与很多传统物质生产领域相比，互联网物理层的垄断趋势要更加显著，这也是受到技术与知识产权等原因形成的市场准入障碍的影响。尽管由于生产模块化的存在，一些简单的电子元器件制作工艺市场可以存在着多家中小企业，但芯片、显卡、存储器等核心硬件的制作往往还是被少数大企业垄断。以芯片为例，芯片的架构、核心频率、核心数量、主频、缓存与工艺等都会影响到其整体的性能，它的研发投入可能高达几十亿美元，且从搭建完生产线到顺利生产的周期相当长，会面对还未产出就被淘汰的风险，因此不会有过多的企业有能力进入这一市场。此外，物理层的不同企业所制造的同类产品基本用途相近，很难由于产品质量之外的差异性而产生竞争优势，这在一定程度上推动了市场的集中度，促使少数具有技术优势和足够营销资金、实力差不多的大企业瓜分高低端市场，在彼此都未出现跨越式技术发展的前提下形成相对稳定的寡头垄断局面。

然而，在市场实际的动态运行中，不同层级企业间的竞争经常要受到其他层级的影响，有时这种影响甚至是决定性的。举个简单的例子，内容层的企业在进行竞争时，不仅要重视同行间的质量与差异化竞争，其所依附的平台层的企业的流量也是影响竞争成败的一个关键因素。[1] 这是因为整个互联网行业不同层级的企业构成的是一个完整的商业生态，离开哪一个层级都无法形成完整的经济活动。而处于更高维度层级的企业对于低维度层级企业的影响是更加显著的，它们提供的是互联网经济中的基础产品，把握着消费者迈入数字世界的大门，且技术难度较高、不易替代，因此低维度层级的企业会对其形成一种依附关系。当高维度层级的企业占据了大量的市场份额时，会为依附于其上的低维度层级的企业带来一种垂直方向的利好，反之亦然。[2] 低维度层级的企业对高维度层级的企业竞争也有影响，譬如一个优秀的内容制作者会给平台带来更高的流量，但由于低维度层级的企业所制作的产品技术含量通常不高，可替代性较强，即使平台的竞争对手出现了优秀的应用，也比较容易在短时间内实现赶超，因此这种影响往往是有限的。由此不难理解，为何有实力的大型互联网公司，要纷纷进驻系统层或物理层。譬如谷歌、亚马逊就在近年来强势介入硬件市场，谷歌积极自研芯片，陆续推出了手机、音响、耳机等，并将智能手表、智能眼镜、智能汽车等作为重点的攻坚领域。大型互联网公司围绕着硬件领域进行入口大战，是因为内容层可以被浏览器切断，平台层可以被系统屏蔽，但控制着人机接口也就意味着控制着其他多个层级。这种层级间的动态联系是多重竞争结构区别于传

1　李勇坚，夏杰长. 数字经济背景下超级平台双轮垄断的潜在风险与防范策略 [J]. 改革，2020 年第 8 期。

2　Gene Kimmelman. Syncing antitrust and regulatory policies to boost competition in the digital market[EB/OL].https：//www.cigionline.org/articles/syncing-antitrust-and-regulatory-policies-boostcompetition-digital-market.

统市场结构的一个重要特点，我们无法再仅仅从同行业内部去探究企业间的竞争与垄断，而必须将其所处的经济生态圈视为一个竞争共同体，综合同行竞争、上下游产业竞争、跨界竞争等多个视角，从水平竞争与垂直竞争两个维度去考察企业间的竞争关系。

三、多重竞争结构下的市场趋势

在数字经济时代，互联网行业的竞争动态复杂，很多企业也会利用多重竞争结构中不同层级间的相互联系去强化企业的竞争力。那么，多重竞争结构的存在最终会给互联网行业的整体市场带来怎样的影响？主要有以下几个方面。

第一，会进一步推动寡头规模的扩张。不同层级间的动态联系使得越来越多的数字公司意识到垂直整合的必要性。垂直整合一方面可以帮助企业减少对其他层级的依赖，另一方面可以构建壁垒，限制中小企业进入市场。于是，很多数字公司开始进行跨层扩张。在互联网经济发展之初，这种跨层扩张一般是以企业间生产联盟的形式出现，典型的案例是 20 世纪 80 年代起微软和英特尔两大巨头公司组建的 Wintel 联盟。当时两大公司在美国软硬件领域都具有极大的影响力，但也有着强劲的竞争对手。于是，两者共同组建了研发联盟，以英特尔公司生产的 CPU 搭载微软公司的 Windows 操作系统，便在长时间内形成了 PC 行业双寡头垄断的局面。Windows 操作系统的每一次更新，几乎都伴随着英特尔硬件设备的升级，通过全方位的设备优化带给消费者全新的性能体验，刺激了基础设备的转换消费。

随着数字企业规模和实力的强化，跨层扩张的方式逐渐升级为寡头的业务拓展与企业兼并。譬如谷歌公司，最初只是一家专注搜索引擎的公司，但壮大后便收购了 Nest Labs、YouTube、BufferBox 等多家富有创新理念的其他领域的企业，业务范围也拓展到操作系统、城市大脑、自动驾驶、谷歌学术、谷歌翻译、谷歌钱包、谷歌地图等大部分的数字前沿技术领域。而由于不同层级之间不平等的依赖关系，一旦寡头们在维度较高的层级形成了独立和完整的业务闭环，就很容易向维度较低的层级延伸。这一方面的典型代表是苹果公司。苹果公司在当前如此成功的原因之一便是成功打造了一个闭环的生态圈，也就是提供了一个由电子产品和它所搭载的软件系统相结合所产生的闭环的动态使用模式。苹果所有物理层的产品如 iPhone、iPad、Mac、Apple Watch、AirPods 等，都拥有与之匹配的系统层的产品如 iOS、iPadOS、macOS、watchOS 等。在几乎所有核心的研发环节上，苹果都把握着知识产权，实现了物理层和系统层生产制造的一体化。在两者集成的基础上，苹果公司便很容易向低维度的层级延伸，开发更多的市场应用。在这种封闭式的系统中，苹果不同层级的产品表现出了优异的协同作用，产品之间实现了无缝结合与完美匹配，创造出良好的用户体验，同时也提升了转移成本[1]，用户一旦走入这个"围城"就很难走出，企业也可以利用这一系统继续繁衍出多类产品。总而言之，提供着互联网基础产品的寡头公司在多重竞争结构中拥有巨大的

---

1 谢富胜，吴越，王生升 . 平台经济全球化的政治经济学分析 [J]. 中国社会科学，2019 年第 12 期。

优势，它们不仅在水平竞争中受着生产集中趋势的影响，还有着坚实的根基延伸势力，可以在纵向维度上不断扩张自身的业务范围。

第二，会破坏行业正常的竞争规则。垂直整合并不仅仅是大企业扩张规模的行为，更是一种"降维打击"，它非常容易诱发市场中的不正当竞争现象。举个例子，当电商开始流行时，所有实体企业都感受到了巨大的冲击，于是我们可以看到现在几乎所有行业的企业都纷纷投入到数字化转型的行列，以求消除缺乏互联网平台导致的竞争劣势。但当处在高维度层级的企业着手开发应用层的产品的时候，一切又不一样了。寡头们无疑会扶持自己开发的应用，即便所有低维度层级的企业都接入了系统或平台，也无法获得公平的竞争地位。惯用的做法如强制经营者或者消费者"二选一"，或者直接屏蔽掉竞争对手。当然，这种手段容易招致监管部门的审查，寡头们会采取一些相对隐蔽的方式。譬如用大量的补贴支持自家应用进行不公平的价格竞争，为自家应用提供更加优质的配套服务，进行大规模的广告宣传，对竞争对手实行限流等。普通的中小企业由于资金、人力等有限，很难在这种环境中获得竞争优势。再如微软公司，既开发了 Windows 操作系统，又开发了 Office 办公软件，捆绑式的竞争模式使得 Office 对其他同类软件长期保持着巨大的竞争压力。由于互联网有着强大的整合能力，可以无缝接入其他多个领域，因此这种不正当的竞争现象会逐渐向社会各个领域扩展。寡头们利用自身在硬件、系统或平台等方面的优势，将越来越多的传统行业变为维度最低的应用层企业，培育自己的应用，并利用种种不正当的竞争行为击败其他企业，最终建立自己的帝国。

　　除了降维打击，竞争规则的破坏还体现在对知识产权的滥用上。数字寡头们都清楚，企业的核心技术，特别是高维度层级产品的核心技术，是形成垄断地位的基石。因此寡头们会采取种种手段，干扰和限制其他企业的创新，阻止其他企业形成赶超式发展，而知识产权正是一个经常被使用的工具。当然，很多被申请的专利明显是对知识产权的滥用。最著名的就是亚马逊公司在1999年获得的"一键下单"专利，被业内人士称为"流氓专利"的典型代表。还有一些高维度企业利用垄断地位强制占有低维度层级企业的知识产权。创作者基于系统或平台进行应用开发，产权和专利本应属于创作者，但寡头企业却利用垄断地位，以微薄的代价向创作者索取产权，从而避免市场上其他类似产品或二次加工品的出现。创作者由于处于寡头垄断市场中，没有其他平台可以选择，通常只能同意产权交付。知识产权形成的这种无形壁垒，大大限制了中小企业的创新竞争力，使得寡头们可以长期保持垄断地位。

　　第三，会促进数字寡头对财富流向的进一步控制。一旦数字寡头确立了垄断地位，随之而来的便是垄断价格与多个行业财富的集中。寡头们通过协议或者默契形成垄断价格，以获得远超于平均利润之上的垄断利润。以苹果公司为例，2019年推出的iPhone11 Pro Max系列最高售价为1449美元，而其元器件成本只有售价的1/3[1]，即使加上营销和售后的各种成本，其定价也远远高出了常规售价。消费者由于并

1　新浪 VR. iPhone 11 Pro Max 512G 成本曝光 仅为售价的 1/3[EB/OL].http://vr.sina.com.cn/news/hot/2019-09-30/doc-iicezzrq9345744.shtml.

没有其他的选择，只能接受不合理的定价。

　　谁还会记得我们当初选择电商和团购软件的初衷是因为便宜呢？一旦形成了受众规模和用户黏性，寡头们就会收起低价营销策略操纵价格，其中典型的例子是"大数据杀熟"。平台企业在利用大数据技术对用户的购物行为、使用设备、消费能力等进行分析后，会采取差别定价机制。大数据杀熟举证较为困难，消费者又在垄断的局面下逃无可逃，因此可以采取的反抗手段并不多。在支付更高昂价格的同时，消费者福利却没有提升，缺乏竞争的压力会使得产品质量和用户体验优化缓慢。当然不仅是对消费者如此，对于内容提供商而言也是如此，正如前文所言，他们没有其他的高维度层级企业可以选择，只能以微薄的价格去交换自己的产品。这意味着数字寡头们不仅盘剥了消费者的剩余，还可以进一步压低劳动者的利润分配。而在垂直整合和业务扩张的过程中，这种财富的集中又扩展到社会多个领域，阻止其他产业平均利润率的形成。对竞争规则的破坏扼杀了中小企业的创新能力，甚至可以通过制定排他性的准入标准抑制新竞争者的进入。

　　数字寡头们通过一个个的子公司搜刮着社会各领域的财富，同时也积累着方方面面的数据资源，从而进一步强化自身在市场中的支配地位。一旦数字寡头与金融寡头大规模联合，这种财富攫取的态势将更加疯狂，不仅会加速数字寡头的兼并浪潮，劳动者的收入在算法的助力下也更容易在金融市场中被收割。可以看到，凭借着垄断地位和互联网无与伦比的整合能力，数字寡头将站在这个时代财富吸食链的最顶端，利用多重竞争结构，在不断扩张中获得对整个国民经济的巨大影响力。

四、"数字—金融"复合体

在数字寡头通过多重竞争结构扩大垄断规模的过程中，"数字—金融"复合体同样发挥了关键的作用。什么是"数字—金融"复合体？"数字—金融"复合体是指这样一类巨头公司，它们凭借新技术提供数字产品和数字服务，并在此基础上开展大规模的金融业务。很多数字公司在诞生之初便与金融资本密不可分。作为高新技术代表的数字创新公司往往容易获得较高的估值，金融资本家基于获得高额利润的可能性，通过投资给予了创新企业高度支持。[1] 自20世纪70年代以来，很多当时的初创数字公司通过风险投资等获得了便利的融资渠道，迅速成为科技巨擘。在商业版图的扩张过程中，数字公司延伸到了多个行业领域并获得了海量用户，由此发现了潜在的金融市场需求，很快催动了金融科技的兴起。数字公司借助数字技术与平台开发了诸多金融衍生品，培育了大量的互联网金融用户。在此期间，加密货币与区块链技术的发展也提供了重要的助力。于是近年来，在传统的风险投资和天使投资之外，平台众筹和 ICO（首次代币发行）等融资模式开辟了新的融资渠道，数字支付与电子钱包在全球消费者支出中所占比重越来越大，区块链技术被应用于国际贸易清算，数字公司利用用户数据与大数据处理技术革新金融服务，人工智能与算法学习也开始接入金融交易过程。

1　Matthieu Montalban， Vincent Frigant， Bernard Jullien. Platform economy as a new form of capitalism：a regulationist research programme[J].Cambridge journal of economics，2019，43（4）.

　　金融生态在新技术的推动下被全方位重塑，这令我们不能再单纯以"互联网公司"的视角去认识数字资本。拿美国五大数字巨头公司——苹果、微软、谷歌、亚马逊、Meta（原名 Facebook，脸书）来说，五家公司均已全面涉及金融科技领域。这些公司对金融业的参与很多都是始于移动支付（因为移动支付是一切数字金融活动的基础），如苹果公司的 Apple Pay、微软公司的 Microsoft Pay 等，随后很快扩展到了其他领域，开始抢夺金融行业云服务市场，参与提供信贷、银行、众筹、资产管理和保险等业务。拿亚马逊来说，亚马逊已经成功复制了银行的三大核心功能：汇兑、贷款和存款，当然最初的动力是为了增加零售与电商的销售额。亚马逊运用"一键结算"系统极大地提高了支付的便利性与用户体验，面向商家推出"亚马逊贷款"等业务，基于他们的销售额、客户评价等来进行信誉评估，通过"亚马逊礼品卡"和"亚马逊现金"等提供实质性存款服务。[1] 金融业务的开辟在帮助这些数字巨头公司实现资本集中的同时促进了其利润来源的多样化，减少了核心业务的竞争压力，获得了新的数据源，使其生态系统更加稳固和富有吸引力。

　　马克思曾指出："只有作为资本的人格化，资本家才受到尊敬。作为资本的人格化，他同货币贮藏者一样，具有绝对的致富欲。"[2] 即便到了数字经济时代，资本家推助"数字—金融"复合体出现的动力根源依然是对剩余价值的渴求。数字生产力的跃进催生了种类繁多的

1　田中道昭 . 新金融帝国 [M]. 杨晨译，杭州：浙江人民出版社，2020 年，第 74—84 页。

2　马克思恩格斯文集（第 5 卷）[M]. 北京：人民出版社，2009 年，第 683 页。

先进技术工具，这些先进技术的资本主义应用也为资本家提供了更具效率的资本积累模式。那么，"数字—金融"复合体是如何运转与积累的呢？

首先，数字金融产品与数字金融服务是"数字—金融"复合体推动资本集中与资本循环的重要工具。与传统的金融机构相比，"数字—金融"复合体所开展的金融业务具有流程少、费用低、回应快、获批准率高等显著优势。通过提供数字金融产品与数字金融服务，企业的工作效率和客户的管理效率大大提高，复杂耗时的预审批流程得到完善，中期管理和后期监督实现了改进，用户的体验也随之提升，可以通过简易的软件和应用享受金融服务。这让"数字—金融"复合体可以在短时间内获得大量的用户，再加上原本数字企业坐拥的庞大用户数和流量，企业便拥有了丰富的资金来源，能够通过平台众筹、存款业务等迅速将分散的社会资本纳入自身的金融体系。

"数字—金融"复合体会将集中起来的资本进行各种形式的运作和经营以获利，并通过佣金、存贷利差等赚取收益。此外，贷款业务的环节进一步简化，"数字—金融"复合体向依附于其上的个人用户和商家提供贷款，不仅可以赚取利息，还能帮助其扩张规模经济。以亚马逊为例，平台向商家提供借贷资本，帮助商家实现业务增长，提升平台销售额，亚马逊因此获得大量的支付中介费用与利润分成。在金融科技的助力下，流通环节得到优化，资本循环以一种更具效率的方式运动，"数字—金融"复合体因此可以获得更多的经营利润。

其次，大数据及相关技术是"数字—金融"复合体构建信用体系的基础。信用制度是推动资本积累的强大因素，而金融科技的一大优势便在于可以实现更为广泛的信用评估。能够对海量数据进行收集、记录和分析是数字经济时代的基本特点之一，苹果、Meta（原名 Facebook，脸书）、亚马逊、高盛、富国、汇丰等公司每天都获取着繁多的客户数据，在"数字—金融"复合体的模式下，这一特点被进一步开发利用。几种常见的数据如：第三方支付数据，可用以透视用户的支付方式、支付额度、消费品牌；电商数据，可基于商家销售额的变动、顾客的评价等进行评估分级；生活服务类数据，如水电煤气、租赁打车等，可反映用户习惯与私人基本信息；历史信贷数据，可以检查借贷人违约、透支、申请破产等的历史记录。这些数据分析结果能够在很多方面发挥重要用途；譬如客户画像，可以迅速归纳客户的消费能力、兴趣偏好；譬如精准营销，根据客户的画像开展有针对性、个性化的推荐和客户生命周期管理；譬如风险管控，可以根据大数据量化信用额度，有效识别欺诈交易手段。

正是由于大数据及其相关技术的发展，"数字—金融"复合体才有可能开发各式金融衍生产品，因为数据会识别优质服务对象并提示高风险投资活动。这样，大量没有被传统信贷体系覆盖的人群便被纳入金融体系，譬如银行也难以评估的长尾客户，"数字—金融"复合体的商业版图随之可以在经济社会中广泛铺开。

最后，人工智能是"数字—金融"复合体进行经营和管理活动的关键载体。相较于传统的金融资本，"数字—金融"复合体中无论是用户数量、数据规模还是交易流水都出现了显著的增长，人工服务、管理和审核显现出局限性，基于先进算力和算法的人工智能被广泛应用。最初智能工具还只是在智能支付、语音识别和精准营销等领域发挥作用，随着应用场景的开发，智能工具逐渐全面接入"数字—金融"复合体的业务运作过程。以保险业务为例，人工智能改进了产品体验，在线实现产品创新和个性化定制，通过算法生成分析模型，基于客户保障需求为其提供决策参考，同时运用内外部数据、生物特征分析进行风险识别，强化防骗保和反欺诈能力，还可以借助自动化工具进行核保和理赔，快速查勘、核损、定损。智能设计、智能营销、智能投顾、智能核保、智能客服、智能理赔等在业务流程中贯穿始终。人工智能免去了大量烦琐的手续流程，提高了客户需求的响应程度，强化了资本运营的效率，使大规模和高频率的数据运算与交易活动成为可能。同时，人工智能还实现了对资源和人工成本的节约，减少了人工审批容易出现的疏漏，建立了更加严密的风险控制体系，提高了交易的准确率和安全性，为"数字—金融"复合体的运作提供了重要的支撑。

可以看到，由于金融科技的加持，"数字—金融"复合体显著提升了资本积累的规模和速度，而其在金融领域获得的这些巨额货币资本将被资本家进一步运用。一方面，这些货币资本会为"数字—金融"复合体的主营业务或其他业务提供财力支持，帮助企业强化核心竞争力。苹果、谷歌、亚马逊等公司每年都将营收中的很大一部分投入到基础科技攻关、生态优化和广告等领域。这些投入帮助企业保持持续的创新能力与市场份额，抢夺消费者的注意力，在智能设备、操作系统、数据库、应用开发等非金融领域扩大盈利，获得用户黏性与流量。此外，充沛的资金流还使其在面对竞争对手时拥有了更多的操作空间。譬如，针对一些富有竞争力的初创小公司，"数字—金融"复合体选择运用价格战的方式抢占市场，通过短期内的"烧钱"行为为用户提供大量补贴。而这些小公司不具备金融业务带来的货币支持，在无法获得稳定融资的局面下往往会迅速败下阵来。另一方面，这些货币资本被"数字—金融"复合体用于向其他领域投资。"数字—金融"复合体将大量的货币资本投入到社会生产的各个领域，争夺有利的投资场所，通过股息或分红等获取利润分割。资本投入也常常伴随着技术合作，"数字—金融"复合体借助自身开放性的技术特点，将旗下的数字工具、平台、应用等渗透至不同行业。随着资金和技术投入的持续加大，这些子公司对"数字—金融"复合体的依赖逐渐增加，"数字—金融"复合体便在利润分配以及企业生产经营策略方面拥有更强的影响力与话语权。此外，各行各业的社会企业还能帮助"数字—金融"复合体获得更为广泛的数据，为金融服务与其他业务的开展进一步提供有力的支持。

因此，在多重竞争结构中，"数字—金融"复合体的存在更加容易破坏市场中正常的竞争机制，进一步加剧垄断出现的可能性。由于"数字—金融"复合体的形成，初创的数字公司和金融公司更加难以与大企业进行竞争。"数字—金融"复合体依赖庞大的资金支持不断扩张以获得规模效益，初创企业的生存空间便更为狭窄。当"数字—金融"复合体以投资或合作等方式进驻到零售、家居、交通、工业等行业时，这些处于"多重竞争结构"低维度的传统企业在竞争伊始就陷入了不对等的局面，它们不具备"数字—金融"复合体所给予的数字服务与金融服务，无法提供与之相当的运营效率、广告宣传与用户体验，也无法基于巨额补贴产生价格优势，很难应对子公司或合作公司带来的冲击。总之，凭借先进技术的加持、数字资产的集中与资本对政治的捆绑，"数字—金融"复合体在资本主义经济发展与经济事务决策的过程中享有更为强大的经济权力和政治权力，使得数字寡头真正向着"巨无霸"的方向迈进。

★ 寡头背后的资产阶级政府

在各类市场主体中，除了企业和消费者外，还有一个不可忽视的组成部分，即政府。政府为市场运行提供基本的法律规则、奖惩机制并实施监督和调控，也是市场上最大的产品购买者。政府的管控力度以及监督方式等决定着市场秩序混乱与否，同时影响着市场的垄断程度。那么，在数字帝国主义国家滋生垄断的过程中，资产阶级政府扮演着什么样的角色呢？

美国这样的数字帝国主义国家，曾历经多次声势浩大的反垄断活动，因此在很多人的观念中，垄断是市场经济发展过程中的必然现象，不应将其与政府行为联系起来，甚至应当向美国政府学习先进的反垄断经验。然而，通过梳理美国的反垄断历史就可以发现，数字帝国主义国家的反垄断行动都有着鲜明的阶级目的，无法对垄断现象发挥根本性的效果。更有甚者，连资产阶级政府本身，都是数字寡头们快速扩张的重要推手。

一、美国科技巨头的反垄断历史

资本主义于 19 世纪末进入垄断资本主义时期，各国都逐渐感受到了垄断带来的对经济社会的不利影响，于是通过反垄断立法来进行规制。1890 年美国颁布的《谢尔曼法》，是历史上最早的反垄断法。在之后的 100 多年中，很多大型企业都经受过严格的反垄断调查，譬如摩根财团、标准石油，等等。而针对科技企业的反垄断，比较大型的有四次。

第一次是针对美国电话电报公司 AT&T。AT&T 成立于 1877 年，创始人是电话之父亚历山大·贝尔。贝尔在发明电话后申请了专利，由于在产业里拥有绝对的技术垄断，因此公司发展顺风顺水、不断壮大。AT&T 迅速建立了庞大的全国长途电话网络，子公司数量也是越来越多。从 1913 年到 1974 年，美国司法部共发起 3 次针对 AT&T 的反垄断诉讼，但前两次并未动摇其垄断的根基。于是，在第三次反垄断过程中，美国司法部作出了将 AT&T 拆分的决定。1984 年，这个庞然大物被 1 分为 8，除了 AT&T 继续做长途电话和通信设备的业务，其余子公司根据地区被拆分为 7 家小公司。AT&T 被拆分后，行业内的竞争激烈程度立刻得到了提升，其市场占有率也迅速下降，包括 MCI 和 Sprint 在内的其他电信企业开始成长起来。

第二次是针对计算机硬件的龙头公司 IBM。IBM 成立于 1911 年，在发展过程中凭借其出众的技术能力成为当时全球最大的电脑硬件公司。到了 60 年代，IBM 推出了大型计算机 System/360，引领了大型机时代，主导了通用计算机的行业规则，并迅速占据了大量的市场份额。1969 年，美国司法部对 IBM 提起诉讼，认为 IBM 在 1967 年已经操纵了计算机市场 76% 的份额，并且对竞争对手采取了一系列不正当的竞争行为，包括价格限制、技术排斥、捆绑销售等。这场马拉松式的诉讼持续了 13 年，以司法部的撤诉和双方的和解告终，但代价是 IBM 的业务拆分和开放标准。在这十几年中，IBM 把向用户捆绑式销售软件和服务的模式改为分别计价销售，又改变过去软硬件生态闭环的做法，CPU 采购自英特尔，操作系统由微软编写，同时开放软硬件技术标准，允许中小企业制造 IBM/PC 兼容机。此外，IBM 还同意了接受政府监督，当公司在开发竞争性新产品的时候，会将计划书等交予司法部进行审批。这些举措对于同行业企业无疑是个巨大的利好，硅谷中迅速成长起来一大批中小公司，其中英特尔、微软等也因此受益并成长为业内龙头。

第三次是针对微软公司。微软公司成立于 1975 年，由于 IBM 公司反垄断诉讼给予的良机与旗下操作系统的成功，在 20 世纪 90 年代于市场中形成了绝对统治地位。90 年代初是互联网初兴的黄金时期，微软迅速完成了业务拓展，凭借 Windows 系统和 Office 软件等获得了极高的市场占有率。但在当时，还是有企业可以形成对微软的冲击，譬如网景公司。网景公司于 1994 年发布了浏览器 Netscape Navigator，让微软惊出一身冷汗，因为 Windows 95 没有配备内置的上网方式。但微软很快有了应对，它从一家小公司那里购买了授权，推出了 IE 浏览器，通过提供免费下载、操作系统捆绑 IE 浏览器的服务，削弱网景公司的竞争力，同时在 Windows 系统中极度不推荐将网景浏览器设置为默认浏览器。在微软的市场占有率面前，网景公司不堪一击。

随后，微软又利用排挤、山寨等方式打压了另一个可能威胁其垄断地位的公司 Sun。这些行为引起了多方敏感，1997 年，美国司法部提起诉讼，指控微软利用垄断地位不正当推广产品，1998 年司法部与 19 个州又共同提起诉讼。在这场"世纪末的审判"中，微软以改变捆绑软件销售模式、提供五年内源代码、向第三方公司开放 API 接口等为代价避免了被拆分的噩运，与司法部达成和解。在此期间，欧盟也针对微软提起诉讼，对微软处以多次罚款，总额超过 10 亿美元。自此之后，微软不但被削弱了技术上的垄断地位，口碑也受到了冲击，人才吸引力下降，谷歌、亚马逊等公司在此期间迅速成长。

第四次则是针对谷歌、亚马逊、脸书、苹果这四家巨头公司。2019 年 6 月，美国国会众议院司法委员会下设的反垄断小组对谷歌、苹果、脸书、亚马逊四大寡头开启反垄断调查，并于同年 10 月发布了一份长达 450 页的调查报告，认为四家公司利用自身优势地位抑制竞争、扼杀创新，经过半年审议，这份报告于次年被正式批准。同样在 10 月，美国司法部、联邦贸易委员会分别针对谷歌、脸书发起了反垄断起诉。四家公司涉及的领域有所区别，譬如谷歌被指控对搜索引擎和搜索广告拥有垄断权，苹果则被指控通过苹果商店垄断了 iOS 系统的软件分发。按照历史经验，这场反垄断运动很有可能旷日持久，从目前来看，至少在短期内很难有实质性的进展。一方面，对于是否修改反垄断法，两党之间意见不一，实际进程困难重重；另一方面，拜登政府上台后，面对着新冠肺炎疫情治理和复杂的国际局势，国内的反垄断并不是优先目标，拜登政府更倾向于与科技公司合作，以实现推动国内基础设施与经济建设、赢得国际科技博弈的目的。相较于在同一时期对巨头们开展严格审查与高额罚款的欧洲，美国的态度十分鲜明。

回顾美国对科技公司的几次反垄断事件可以看到，资产阶级政府的反垄断措施的确在短时间内起到推动市场竞争、激励中小企业创新的作用。但是一些现象也值得我们思索。譬如，资产阶级政府反垄断的动因是什么，为什么有些公司已经长期形成了明显的垄断局面，却要一拖很久才进行法律规制？为什么一些本应严厉处罚的企业却"雷声大雨点小"？为什么一些声势浩大的反垄断尽管短期成效显著，但在短短数十年后又总会滋生新的垄断？为此，我们必须拨开数字帝国主义国家反垄断的迷雾，去透视这些垄断寡头成长背后的另一只黑手。

二、数字帝国主义国家反垄断的实质

数字帝国主义国家的反垄断政策无非是资产阶级为了长远利益而对生产关系作出的内部调和，这是我们理解资产阶级政府行为的一个基本的逻辑出发点。在 2020 年，中国政府也开展了大规模的反垄断，当我们进行比较时，可以看到鲜明的阶级立场差别。防止社会收入分配进一步失衡、实现发展成果人民共享、推动人民共同富裕等是社会主义中国反垄断的初衷，因此修改反垄断法、矫正行业规则、高额罚款、优化监管机制等种种严厉和彻底的举措相继实施。但在数字帝国主义国家，符合大资产阶级利益才是进行反垄断、采取怎样的反垄断措施等一切问题的最高标准。

只有垄断寡头们对市场和社会造成严重的负面效应时，才会受到资产阶级政府的宏观管控。严重的经济社会问题，比如大型科技公司的垄断对竞争规则的破坏已经严重影响到了产业的创新能力，再比如垄断已经诱发了严重的社会问题和阶级矛盾。IBM 前董事长路易斯·郭士纳（Louis V. Gerstner）讲过一个著名的故事，他在 20 世纪 90 年代进入 IBM 时，发现很多先进的技术，譬如关系数据库、网络硬件、网络软件、UNIX 处理器等，它们早已经被 IBM 实验室研发出来，却很奇怪地一直没进入市场。原来，一旦新技术商业化，意味着 IBM 原本占有市场的大型主机就要被替代。为了继续获得垄断利润，IBM 宁肯将它们雪藏也不愿意向市场推广。事实上，一旦市场上的寡头长期保持着缺乏竞争的状态，不但中小企业难以进驻，大企业也会失去活力，进而导致技术停滞。如果这给资产阶级追求相对剩余价值和进行国际竞争造成严重的负面影响，就会迅速引发反垄断组织的敏感。此外，企业规模和财富的集中不可避免地带来两极分化与失业问题，从而引发社会问题、舆论危机甚至民众反抗。如果出现了难以调和的阶级冲突与公众压力，资产阶级政府将对垄断组织进行一定程度的规制。

为什么在数字帝国主义国家，资产阶级政府对数字寡头的存在拥有如此之高的容忍度呢？这是因为资产阶级政府对于这些寡头是存在依赖性的，而且垄断的存在是符合资产阶级的整体利益和长远利益的。数字帝国主义政府永远都是资本的政治工具，而垄断利润一直是资产阶级榨取民众财富最重要方式之一，数字寡头集中了各个行业的资源与价值，加速了财富向少数人手中的集中。随着世界经济一体化进程的发展，寡头们又成了数字帝国主义国家掠夺世界的重要途径。美国这样的国家可能会考虑对国内的垄断组织进行打压，但却不在意甚至乐于看到本国企业在世界范围内形成垄断。于是我们可以很清楚地看到，从 20 世纪末开始，美国的很多反垄断措施都不痛不痒，多是以企业自我改正和双方和解终结案件，再也难以见到拆分企业这样的严厉判罚。美国政府希望帮助本国企业保持技术优势，因此即便当前市场上已经长期形成了脸书、谷歌、苹果等几大寡头林立的局面，但只要寡头之间的业务交叉可以推动各个企业形成持续性的创新动力，政府便通常不会对市场格局进行大规模的介入与调整。

随着数字社会的形成，寡头垄断对于稳定资产阶级政府的政治统治也有所助益。这是因为社会上的大量注意力都在向平台寡头汇集，便利了资产阶级意识形态的传播。从奥巴马开始，互联网就成了资产阶级政府惯用的政治工具。奥巴马被称为美国历史上第一个互联网总统，他利用互联网积累资金、发动"草根"，树立了自己清新、年轻、平易近人、锐意进取的候选人形象，最终获得了选民的忠诚度和信任度。其后的特朗普，对互联网的运用有过之而无不及。由于总统的政治权威性与影响力，公众的注意力被进一步集中，情绪、观念、舆论等都被频繁调动和影响，受到大资产阶级的摆布。特别是在美国近年来经济增长缓慢、社会矛盾频发的背景下，互联网平台更是成为政府粉饰太平、诱导民众的最佳途径。培养意见领袖、打造水军、控制热度、捏造虚假新闻等，是资产阶级政府与数字资本家勾结后的惯用手段。

资产阶级政府在更多的时间中不但不会打压垄断组织，还会为数字寡头的成长提供推手。美国政府利用国防部高级研究计划局等一系列政府部门，保证了对科技创新产业的强大干预能力。在科技企业成长之初，美国就会为小企业提供资金，支持小企业与大学或政府实验室研究人员之间的合作，同时组织技术专家去攻克技术创新中的某些关键性障碍。为了加速新技术的商业化，美国政府还会积极为新产品创造市场，采取大规模的政府采购政策。20 世纪 90 年代，美国的公立学校就是苹果产品的忠实客户，1994 年苹果的产品占据了美国小学和高中教育电脑支出的 58%。[1] 而当寡头们初现规模后，为了应对国际竞争与挑战，美国政府有时还会默许甚至支持本国的大型企业通过购买、兼并的方式进一步壮大实力。谷歌、脸书等公司在成立以来收购了上百家公司，其中很多都是实际或潜在的竞争对手，但却很少遭到联邦政府的质疑和审查。在国际市场上，美国政府经常利用政治强权打压他国企业，帮助寡头们争夺标准与知识产权。在这种频繁的互动中，美国政府和这些数字寡头间产生了愈发密切的联系，还滋生了一种潜规则性质的"旋转门"机制，即个人在公共部门和私人部门之间双向转换角色、交叉任职，很多数字寡头都雇用了大量的前政府官员，也会向联邦政府输送政客，这样的人事流动将两个本该对立的部门利益更加牢固地捆绑在一起。在这种情况下，我们不难理解资产阶级政府对于反垄断问题的复杂态度，也不难理解很多本应严肃处理的反垄断事件为何总是简单了事。数字寡头即便有时受到暂时性的打压，也会逐渐复苏或被新的寡头替代，而不会改变数字帝国主义国家中数字寡头长期固存的趋势。

---

1 贾根良.国内大循环: 经济发展新战略与政策选择[M].北京: 中国人民大学出版社,2020 年,第215页。

第 五 章

空间转向时间：

数字帝国主义时代的

数字殖民

数字殖民业已成为数字帝国主义对外扩张和掠夺的最核心战略。数字殖民并非一种"空间策略"，而是一种"时间策略"。数字帝国主义通过各大数字跨国公司对海外国家实现技术入侵，借助数字工具吸取全世界人民的劳动时间并汇集他们的注意力时间，将用户的日常生活变得资本化。这种没有殖民地的殖民政策令很多国家即便拥有独立主权却依然无法保证公民和国家的安全。它们的广大网民在为美国的数字平台工作，它们的海量数据在流向美国的数字终端，它们的市场正在通过美国的平台接受大量的商品和资本输出，它们的金融体系正在遭受着金融科技带来的风险，它们的网络族群无时无刻不面对着美国的价值观。数字帝国主义通过数字殖民政策在全球织起了一张无形的大网，将技术上的不平等转化为世界范围内各个领域的不平等，虽然鲜见100多年前的船坚炮利与强制奴役，但数字科技所到之处，也必将是殖民掠夺所达之地。

帝国主义自诞生以来，从未停止过利用国家力量的不平等进行对外扩张和掠夺的行径。军队、强权政治、不平等贸易、文化输出等都在这一过程中成为帝国主义惯用的手段，因此在历史的长河中，我们可以看到大量殖民地和依附国的出现。在数字帝国主义时代，海外诸国依然没有逃脱被压迫和被掠夺的命运。数字技术催生了更加隐蔽也更具效率的掠夺方式，使其可以通过对虚拟世界的掌控影响现实世界。因而在数字帝国主义的对外战略中，"时间"控制逐渐成为比"空间"扩张更为重要的范畴。

★ 数字殖民理论

殖民地的出现曾经是帝国主义对外扩张过程中的一大突出特点。20 世纪 90 年代后，"殖民"这类字眼似乎很少再出现在公众视野中，以至于很多人都未曾意识到我们正在经历一种潜移默化又无处不在的软殖民方式。在互联网国际化的短短几十年时间内，数字帝国主义利用数字公司和国际政治经济博弈将技术和网络的力量拓展到世界上绝大多数国家中，通过操纵数字世界使这些国家重新具备了以往殖民地的性质。

一、马克思后殖民理论的阶段性发展

近代资本主义的殖民主义始于 15 世纪末，殖民政策虽然在客观上消灭了落后地区闭关自守的状态，加速了全球文明的进程，但也用一种野蛮的方式将殖民地人民强行纳入资本主导的世界体系之中。马克思在《资本论》中对近代殖民主义作出了经典剖析，他将其与资本原始积累理论相联系，指出资本主义生产方式不断扩张和掠夺的需要是近代殖民主义产生的社会根源。资本主义"不断扩大产品销路的需要，驱使资产阶级奔走于全球各地。它必须到处落户，到处开发，到处建立联系"[1]，"美洲金银产地的发现，土著居民的被剿灭、被奴役和被埋葬于矿井，对东印度的征服和掠夺，非洲变成商业性地猎获黑人的场所——这一切标志着资本主义生产时代的曙光"[2]。从 15 世纪末到19 世纪中后期，西班牙、英国、法国等资本主义国家先后兴起，迫使一系列落后国家不同程度地丧失独立地位，成为依附国。

19 世纪末 20 世纪初，主要资本主义国家发展到帝国主义阶段，掀起了瓜分世界的热潮，世界殖民体系随之发展到顶峰。列宁、卢森堡、布哈林等在马克思的基础上对殖民理论进行了进一步的扩展，他们认为随着垄断资本的出现，殖民地对于帝国主义国家而言有了更加重要的意义。列宁从多个角度论述了殖民地的作用，作为原料产地，"竞争和追逐全世界原料产地的斗争愈尖锐，抢占殖民地的斗争也就

1　马克思恩格斯文集（第 2 卷）[M].北京：人民出版社，2009 年，第 35 页。

2　马克思恩格斯文集（第 5 卷）[M].北京：人民出版社，2009 年，第 860—861 页。

越激烈"[1]；作为资本输出场所，"资本输出的利益也同样地在推动人们去夺取殖民地"[2]；作为商品市场，"它们可以向那里销售工业品，谋取重利"[3]。此外，一些上层建筑因素，如"金融资本的政策和意识形态"[4]，也是掠夺殖民地的重要因素。

二战后，世界殖民体系逐步走向瓦解，发达资本主义国家与第三世界国家间的关系迈向了新的阶段，殖民理论的发展随之陷入了短暂的低潮。但仍然有学者坚持认为，对殖民政策的理解不应当局限于武力征服，而要着眼于发达资本主义国家的政治经济控制和国际间的依附关系。于是，20世纪60年代后，有两种殖民思想在左翼学界重新兴起。一种是"新殖民主义"，代表人物如萨米尔·阿明、杰克·沃迪斯、威廉·波默罗伊等，新殖民主义虽然淡化了军国色彩，并承认殖民地国家的政治独立，但仍然会从政治、经济和军事等方面对弱国实行控制和渗透，为发达国家争夺世界霸权服务。另一种是"后殖民主义"，代表人物如爱德华·萨义德、斯皮瓦克、霍米·芭芭等，后殖民主义发展了意大利马克思主义学者葛兰西的文化霸权主义理论，认为发达资本主义国家正在通过文化输出、价值塑造、媒介控制等方

1　列宁.帝国主义是资本主义的最高阶段[M].中共中央马克思恩格斯列宁斯大林著作编译局编译,北京人民出版社，2014年，第80页。

2　列宁.帝国主义是资本主义的最高阶段[M].中共中央马克思恩格斯列宁斯大林著作编译局编译,北京人民出版社，2014年，第82页。

3　列宁全集（第4卷）[M].北京：人民出版社，2013年，第320页。

4　列宁.帝国主义是资本主义的最高阶段[M].中共中央马克思恩格斯列宁斯大林著作编译局编译,北京人民出版社，2014年，第82页。

式对落后国家进行意识形态统治。两种殖民思想中的很多观点影响至今。

90年代后，世界殖民体系最终崩溃，受到国际政治因素和国际舆论的影响，"殖民"成为无论是发达国家还是第三世界国家都不愿公开使用的字眼，殖民理论的发展也再次滞缓。直到近年来，数字技术的发展对国际格局的影响促使一些左翼学者呼唤学界重新理解"殖民"概念。他们认为无论是"新殖民主义"还是"后殖民主义"，均难以解释数字时代的新型殖民现象，"数字殖民理论"由此诞生，很多学者都在论述中大量运用并试图创新马克思主义的观点，使得这一理论在左翼学界颇具反响。

二、学界关于数字殖民的探讨

尊崇数字殖民主义理论的学者主要采取了两种不同的研究视角，因此产生了两种各具侧重的学术倾向。一种侧重于微观视角，注重考察数字垄断公司如何剥削和支配人们的工作和生活；另一种则立足于宏观的国际关系，更加关注技术入侵对落后国家带来的掠夺和控制。

拥有第一种学术倾向的代表学者如英国著名社会学家和媒介研究学者尼克·库尔德里、美国纽约州立大学奥斯威戈分校学者尤利西斯·A.梅西亚斯、美国华盛顿大学学者吉姆·撒切尔等。在这些学者的分析框架中，"数据"无一例外成为最核心的概念。数据是数字时代最重要的资源之一，无数的企业家喜欢将数据比作新时代的石油。但是库尔德里等人却不同意这种类比，他们高度强调人类对于数据的自主性，反对将数据视为石油那样可以被随意开采的天然原料。而在现实中，这种针对数据的肆意开采行为已经日益常态化。库尔德里和梅西亚斯在 2019 年的合著《连接的代价：数据如何殖民人类生活并促使其为资本主义所占有》中指出，在过去半个多世纪中逐步繁荣的各类硬件厂商（如苹果、微软、IBM）、平台企业（如脸书、亚马逊、优步）和数据公司（如甲骨文、艾克西姆）等正在共同构成一个庞大的"社会量化部门"。它们通过全天候的网络连接、频繁的线上社交活动和物联网等构筑了覆盖全球的大规模监控体系，在用户不经意间收集海量的信息并将其量化为可以被利用的数据。[1]撒切尔则将这种数据窃取行为与马克思的资本原始积累理论相类比，认为各大数字公司正在利用一种新的欺诈和软暴力的行径向用户攫取数据资源，迫使用户丧失独自占有数据的权利，并将这些数据转化为可以为数字公司获取剩余价值的私有资产。[2]

在不断的数据窃取中，人类的日常生活开始变得商品化、资本化。大量的数据都来自用户的基本信息、日常行为和社交记录等，它们被用来"喂养"数字公司，最终还要以各种途径卖回给用户。这种资本运营模式使得大型的数据垄断公司成为新的"帝国"，它们不断扩张监控体系，构建起了一种新的社会秩序，通过无限地提取社会资

1　Nick Couldry, Ulises A.Mejias. The Costs of Connection: How Data Is Colonizing Human Life and Appropriating it for Capitalism[M].California: Stanford University Press, 2019: 13.

2　Jim Thatcher, David O'Sullivan, Dillion Mahmoudi. Data colonialism through accumulation by dispossession: New metaphors for daily data[J].Environment and Planning D: Society and Space, 2016, 34(6).

源获得利润。这种行径与历史上的殖民主义有着极强的相似性，数据
资源的集中带来了财富的极大不平等，数字寡头可以凭借数据在生
产、流通、消费的各个领域和涉及的各个行业获取优势分配地位，整
个数字空间都具备了以往殖民地的经济功能。此外，用户的意识形态
也在无形间发生转变，就像传统的殖民主义以"文明"为旗号一样，
数字殖民主义宣扬的是"连接""个性化"等口号。数字寡头通过数
据分析有针对性地对用户进行宣传和营销，潜移默化地改变用户的文
化理念、消费观念甚至政治倾向，使越来越多的用户成为可以被"帝
国"和资本所殖民操纵的"牵线木偶"。

　　拥有第二种学术倾向的代表学者如耶鲁大学客座研究员、罗德斯
大学学者迈克尔·奎特，澳大利亚昆士兰科技大学学者莫妮克曼等。
在这些学者的视野中，数据和监视同样是数字殖民过程中重要的环
节，譬如迈克尔·奎特在 2019 年的论文中便系统地论述了脸书、谷
歌等数字寡头如何借助平台入侵和垄断获取南方国家公民的海量信
息。[1] 但学者们的分析并没有停留于企业层面，而是将发达资本主义
国家的政府信息监视也作为了重要的研究部分。莫妮克曼以澳大利
亚为例，指出澳大利亚政府通过与美国、英国等共同组建的情报机
构——五眼联盟构建起了覆盖大洋洲的监视体系。澳大利亚设置了大
量的卫星基站，并开展了广泛的间谍活动，频繁地收集周边邻国的情
报。譬如在与东帝汶进行海上边界划分时，澳大利亚就曾利用监听信

1　Michael Kwet. Digital colonialism：US empire and the new imperialism in the Global South[J]. Race&Class，2019，60（3）.

息在谈判中获利。这种数据监视帮助发达资本主义国家在进行国际博弈时获得政治和经济上的优势，以牺牲小国和落后国家的利益为代价获得资源和国家利益。[1]

当然，与第一类学者不同的是，"数据"只是这些学者观测国家间关系的一个层面，迈克尔·奎特等人还从其他多个角度考察了大国的数字技术和资本输出带来的国际问题：一是知识产权，数字寡头向各个领域的延伸使其可以轻易获得几乎各个领域的尖端知识和市场动态，获得研发产品的先动优势，而落后国家的智力成果却难以规避泄露的风险，导致落后国家不得不向发达国家采购知识产权；二是国际产业链，数字技术拥有强大的整合能力，随着发达国家的 ICT 产业进驻南方国家，南方国家本土企业的产业升级将受到压制，只能在国际产业链中居于从属地位；三是政治权力，由于发达国家掌握着信息发布媒介，可以有选择地过滤信息、操纵舆论，从而影响他国政治决策；四是意识形态，数字技术造就了一种新的技术崇拜，在平台和媒体的造势中，普通用户很少反思技术是否使其成了牺牲品，落后国家的文化观念也开始向发达国家靠拢，认为要像西方人那样行事和生活。这种意识形态的演变在新冠肺炎疫情期间格外突出，疫情促使更多的人依赖线上方式进行工作和生活，这极大地便利了数字资本收集个人信息，也使得用户更容易在潜移默化中接受资本主义平台制定的

1　Monique Mann，Angela Daly.（Big）Data and the North-in-South：Australia's Informational Imperialism and Digital Colonialism[J].Television & New Media，2019，20（4）.

规则和塑造的价值观。[1]总而言之，数字技术的垄断权被发达资本主义国家用以在世界范围内掠夺数据、知识、情报等信息资源，从而集中了直接控制政治、经济和文化生活领域的权力，落后国家的产业发展动能和文化自信力逐渐消解，沦为西方大国在利润攫取和政治决策上的附属国，发达资本主义国家的数字殖民体系就此落成。

三、应当被看到的数字殖民

由于尚是新生理论且学界观点各异，数字殖民理论曾受到争议。是否应当以"殖民"来形容数字时代的权力集中和经济社会控制现象是引发争论的出发点。库尔德里在接受采访时表示，使用"殖民"这样的概念并非哗众取宠，而是意在突出强调数字技术所带来的资源掠夺问题和权力结构变迁。[2]他同时指出，传统的殖民方式有四个关键性的特点：对资源的占有、确保资源占有的高度不平等的社会经济关系、资源分配收益在全球范围内分配不均、符合资本掠夺需要的意识形态。这些特征在新技术霸权的今天同样存在，如果说历史上的殖民主义吞并了领土、资源和在其上工作的机构，那么数字殖民主义则是

1　Olga Vladimirovna Garrilenko，Anna Valer'yevna Markeeva. Digital Colonization：Development of Digital Platforms in the Context of a Pandemic[J].Postmodern Opening，2020，11（1）.

2　常江，田浩.尼克·库尔德利.数据殖民主义是殖民主义的最新阶段——马克思主义与数字文化批判[J].新闻界，2020 年第 2 期。

通过占有可以从中提取的数据来获取和控制人类生活本身。[1] 左翼学者们延续了"新殖民主义"与"后殖民主义"思路，即殖民并不一定意味着主权的丧失和领土的侵占，其形式亦可以是软暴力和政治经济依附。左翼学者们的思路是值得肯定的，因为在当前的全球化趋势和国际格局下，以领土直接占有为特征的殖民政策很可能在较长时期内不再出现，但并不能因此忽视发达资本主义国家进行资源掠夺、经济控制和推行霸权的企图和行径。在数字时代理解殖民问题，应当具备历史唯物主义的视野，在生产力的发展变化中透视生产关系，不拘泥于传统殖民政策的形式和路径，而着眼于霸权政策的目的、实质和后果。按照列宁的思路，殖民地是帝国主义国家掠夺资源、劳动力，倾销商品和传播意识形态的重要场所，而依托数字技术的入侵，发达国家节省了以往武力征服时所需要的大量军费和管理成本，同时凭借隐蔽的掠夺手段避免了舆论和国际政治问题，且巧妙地干预了用户的思想和生产生活，将广大网民变成了免费的劳动力和掠夺数据的客体，实现了其攫取利益和控制落后国家的根本目的。在各国高度重视网络主权问题的今天，数字殖民主义作为一种全新的殖民方式，其理论和现实价值应当得到肯定和关注。

必须承认的是，作为新兴理论，数字殖民主义在很多问题上远未达成共识。两种数字殖民主义理论虽然都关注掠夺与控制，在很多内容上存在着互通点，但仅仅是"微观视角"和"宏观视角"上的差异

1　Nick Couldry，Ulises A. Mejias. The Costs of Connection：How Data Is Colonizing Human Life and Appropriating it for Capitalism[M].California：Stanford University Press，2019：4.

也有可能推演出完全不同的结论，其中最为关键的部分即对数字殖民主体的看法。持有第一种理论倾向的库尔德里等学者显然是受到了迈克尔·哈特和安东里奥·奈格里等人"帝国"理论的影响，他们将数字寡头构成的"帝国"视为数字殖民的主体，认为帝国是无疆界的，甚至可以超越国家主权的权力形态。帝国通过不断地网络连接进行跨国界的扩张，通过数据掠夺进行资本积累，实现了对全球用户的生命控制。

事实上，"帝国"理论在某些方面是与马克思和列宁的观点完全相悖的，理解帝国主义、资本输出、殖民政策等概念不能只限于企业行为，而忽视了资本背后的国家制度和阶级形态。数字技术的确为经济社会带来了颠覆性的影响，大型数字公司也可以凭借数据垄断直接干预经济生活，拥有比以往更加广阔的权力。但这并不能说明民族国家主权的式微，而是发达资本主义国家基于大资本利益对部分权力进行的让渡。然而，库尔德里等学者却未曾深入到所谓"帝国"背后的国家意志，这使得这些学者的思想不仅带有"技术决定论"的色彩，还容易衍生出一些错误的结论。譬如库尔德里就曾抛开社会基本制度，将所有的大型数字公司，包括中国的数字企业也划入"帝国"的范畴[1]，等于是将"殖民"这样的字眼与遵循马克思主义道路的社会主义中国挂钩，无疑是一种荒诞且危险的思想。与之相比，拥有第二种倾向的学者则更接近于列宁的观点和方法。很多学者都将数字殖民理

1　Nick Couldry，Ulises A. Mejias. The Costs of Connection：How Data Is Colonizing Human Life and Appropriating it for Capitalism[M]. California：Stanford University Press，2019：17.

论与新帝国主义理论联系起来，将帝国主义视为数字殖民的主体。事实的确如此，正是数字帝国主义国家多年来运用国家力量进行大规模监视和数字资本输出，代表数字大资本家的利益掠夺全世界的数字劳工，为数字殖民政策的推行创造了基础。数字殖民与以往以暴力抢夺、军事占领为特征的传统殖民方式一样，都是帝国主义为了瓜分世界财富、抢夺国际权力所运用的野蛮手段。

当然，从现有成果来看，关于数字殖民的研究还需进一步拓展。针对数字殖民主义的方式和路径，两种理论倾向的学者均作出了自身的努力，但左翼学者们对数字殖民的理解尚不丰满。这一问题主要体现在两个方面：一是体系不完整，二是视角有缺失。

从第一个方面来说，很多左翼学者虽然试图回到马克思的研究范式，但并未像马克思那样形成完整的脉络体系。马克思在分析殖民问题时，是以劳动价值论和剩余价值理论为基础，以资本原始积累为出发点，以剩余价值的生产和国际流动为主线，将资本主义生产方式及其决定的国际社会关系作为主要批判对象，最终落脚于殖民地人民的解放运动，充分体现了逻辑与历史相统一的辩证方法。而左翼学者虽然将数据的窃取与积累纳入资本积累理论的范畴，但对知识、情报等其他数字资源的重视程度不足，没有运用劳动价值论解释数字资源的价值创造和再生产过程，对数字资源和技术占有不平等下国际产业链发展变化的分析也不够深入。特别是持第一种倾向的学者，仅以"日常生活资本化"为切入点概括数字资源积累的作用，无疑难以从根本上解释数字帝国主义运用数字技术对全世界人民进行的财富掠夺，更无法对数字殖民的路径形成完整的透视。

　　从第二个方面来说，尽管近年来针对数字殖民的具体方式，左翼学者们的研究视角在不断扩展，但总体而言，这些视角在当前仍然过多地停留在经济、隐私和意识形态领域，对于国家网络安全和主权、社交媒体上的舆情控制、军事领域的精准打击等问题均缺乏关注。事实上，与蒸汽时代、电气时代和信息革命初期的革命性技术不同，数字技术的特性决定了其可以无缝接入多个行业领域，因此数字帝国主义国家的殖民活动尽管殊途同归，但必然有着多元化的趋势。在数字化、智能化、虚拟化不断强化的经济社会中，掌控了数字资源优势的发达资本主义国家可以将政治、经济、文化、传播、军事等均作为实行数字殖民的战略领域，人工智能、互联网平台、大数据等新技术和产品也均可以成为被利用的殖民工具，这就需要形成更加丰满的理论体系与研究框架。

★ 双重时间掠夺

　　数字帝国主义是如何利用数字殖民政策掠夺他国财富的呢？如我们前文所说，掠夺的重心并不再是空间、领土、资源，而是依赖于对"时间"的控制。其中有主观原因也有客观原因，一方面数字技术为资本掠夺提供了更加高效和安全的方式，另一方面国际格局的演变、大国实力的趋近等因素使美国一些传统的掠夺方式不再如以往一般富有成效，必须通过数字技术另辟蹊径。这种被控制的时间主要有两种，一种是劳动时间，另一种是注意力时间。

一、劳动时间掠夺

劳动时间是马克思分析资本主义经济运行方式的一个核心范畴，资本家对工人劳动时间的侵占存在于资本主义的每个角落和每个历史时期。各个阶段的资本主义国家，都曾将劳动时间作为重要的掠夺对象，有所不同的只是掠夺的方式、造成掠夺关系的原因、掠夺的规模，等等。在当前的数字帝国主义时代，知识占有的不平等是数字帝国主义国家能够在世界范围内猎取劳动时间的逻辑核心。

数字帝国主义利用知识进行时间掠夺，是通过主导国际分工体系实现的。在世界市场中，随着国际分工协作模式的发展，多种类型的劳动，如工业劳动、农业劳动、服务劳动、研发劳动等逐步在国际范围内相结合，形成彼此相关的产业链。第三次科技革命后，由于通信和交通技术的发展、生产"模块化"等原因，国际分工体系的核心由资源密集型企业向知识密集型企业转移，中间产品和服务的生产也分散在世界各地[1]。为了争夺产业链的控制权，发达资本主义国家竞相培育人才和科技优势，以掌控产品与核心技术的生产。美国是率先进行经济结构调整的国家之一，在 20 世纪后半期就兴建了大量的知识和技术密集型企业。知识和技术劳动的专用性强，在生产体系中的可替

1　程恩富，鲁保林，俞使超 . 论新帝国主义的五大特征和特性——以列宁的帝国主义理论为基础 [J]. 马克思主义研究，2019 年第 5 期。

代性较弱[1]，因此美方企业凭借知识和专业人才领域的优势，逐渐占据了价值链的顶端。

在这样的国际分工体系中，知识产权成为最有力的武器。知识产权一直是掌控知识的最有效工具。美国不仅是创新大国，而且是最早对知识产权进行立法的国家之一，建国时在宪法中就规定了有关知识产权的内容。20 世纪 80 年代后，美国又实行了知识产权战略，推动了一系列法律和国际协议的出台，这使得美国多年来一直处于世界知识产权领域的领先地位。在世界知识产权组织近年来发布的《世界知识产权指标》中，美国在专利申请量、商标申请量、外观设计申请量等方面长期居于世界前列，一些指标如"有效专利数量"则是常年保持首位。

美国在知识产权方面的成功并不仅仅源自其创新能力和经济发展水平。事实上，为了维持自身在知识产权方面的领先地位、打压他国，美国几十年来持续采取了一系列不公正的政治和商业手段，一些典型的做法有下列数种。

第一，控制技术标准。技术标准决定着行业规则，与知识产权的确立息息相关，只有获得技术标准化的企业才可以影响行业内知识产权的许可。长期以来，美国致力于动用国家力量影响国际组织，阻挠他国特别是发展中国家参与标准制定。譬如 2005 年，中美开展了数年之久的无线局域网标准之争，但由于英特尔、博通、思科等美方

---

1 刘凤义，王媛媛．"苹果—富士康"模式中的劳资关系问题 [J]．当代经济研究，2015 年第 2 期。

公司组成的利益集团对国际标准化组织（ISO）等国际组织的影响以及美国的贸易施压[1]，无线局域网最终采取了美方的无限保真（Wi-Fi）标准。2019 年，有关 5G 的技术标准又被掀起，美国政府再次借国家安全之名干预竞争，全面围堵华为公司，意图延续技术统治、操纵知识产权。

第二，利用或滥用专利权，限制他国创新。美国拥有在知识产权方面的先动优势，并且利用这一优势持续地干扰他国后续创新，形成知识产权壁垒，譬如著名的"301 调查""337 调查"。美国企业利用知识产权的漏洞将公共资源据为己有，挤压创新空间，完全违背了知识产权制度设立的初衷。

第三，利用跨国公司技术优势获取他国知识产权。通过跨国公司进行国际合作开发一直被认为是发展中国家获得先进技术的重要渠道，但这一想法在实际操作中困难重重。美国等发达国家的跨国公司虽然贡献了一定的技术，但最核心的部分往往以黑匣子件的方式保护起来。此外，跨国公司还通过"专利反授权"掌控他国的核心技术。譬如高通公司，由于统治了芯片市场，就可以与他国手机制造商达成"反授权协议"，继而免费获得专利许可，维系其在该领域的持续垄断地位。

第四，影响国际人才合理流动。人才是知识创造的本源。但是多年来，美国一直披着知识产权的合法外衣，以保护商业秘密和国家安

1　李国武.政府干预、利益联盟与技术标准竞争：以无线局域网为例[J].社会科学研究，2014 年第 5 期。

全为由限制人才外流。在美国的《经济间谍法》中，对商业秘密的认定标准极宽，这就给予了美方充分的解释空间，可以根据自身需要扩大保护范围。[1]2018 年，针对中国引进海外人才的"千人计划"，美国《科学》杂志、《华尔街日报》等屡屡发声反对，时任总统特朗普甚至声称"几乎每个从中国到美国来的学生都是间谍"，这是明显的"双标"行径，也暴露出美国在人才流动方面的高度敏感。

第五，拉拢同盟国组建技术联盟。为了防止其他国家实现技术超越，美国常常会拉拢同盟国组建排他性的技术联盟，以实现遏制其他国家发明创造能力的目的。譬如拜登政府上任初期，美国就陆续提出了西方发达国家间的"跨大西洋智能联盟""半导体联盟""量子技术联盟"等一系列计划，对其他国家进行围堵。这种技术联盟通常以所谓的"安全"为切入点构建同盟国之间的技术信任标准，将他国的科技产品供应商打上不同的政治标签并施加制裁，意图以联盟为界构建创新壁垒，控制关键性资源，形成影响他国创新能力的垄断权力。

通过这些手段，美国得以堂而皇之地把控知识产权，左右国际规则，在世界范围内进行知识掠夺，妄图将美国变为世界唯一的知识中心。而由于"数字鸿沟"的存在，各发展中国家往往会遵从所谓的"比较优势"理论，接受资源或者劳动密集型的分工，从事和主要发展劳动复杂程度和科技含量较低的工作。美国政府和跨国公司也因此可以借助常年的知识掠夺和知识产权垄断支配全球生产网络，将"中心——

1　杨云霞 . 资本主义知识产权垄断的新表现及其实质 [J]. 马克思主义研究，2019 年第 3 期。

散点"结构扩张到全世界，通过外包模式和互联网在世界范围内掠夺劳工的劳动时间。克里斯蒂安·福克斯为此调查过很多典型的案例，非洲的矿工、富士康内的工人、印度的软件工程师、拆卸垃圾的电子零件工人等，都被迫在低工资水平下为知识密集型企业付出了大量的劳动时间。[1] 以苹果供应链为例，苹果曾经在 2017 年发表过一份声明，自得地宣称有 98% 的供应商遵守了每周工作时间不超过 60 个小时的规定。而事实上，国际劳工组织建议的标准是每周 48 小时，足见资本家的虚伪做派与对工时制度的玩弄。罗莎·卢森堡指出，为了积累的需要，资本会无限制地动员世界范围内的劳动力[2]，而这种动员在数字时代知识产权编织的大网下变得愈发简易和高效。

与此同时，近年来数字帝国主义国家的劳动时间掠夺还表现出新的特点，即越来越多的掠夺行径出现在纯粹的虚拟数字空间之中。这是因为随着线上业态的成熟和消费市场整体精神需求的提升，文化产业兴起，逐渐形成了独立的信息商品市场和数字分工体系，出现了很多专门从事知识外包、纯粹线上作业的数字劳工。他们的工作方式看似灵活，很多还是临时工作者或是自由职业者，但工作密度却完全被核心公司所驱使，不少工人实际的工作时长已经远远超过一些传统线下劳工。在虚拟数字空间中，国家间的界限并不显著，但这不能带来生产权力的去中心化和劳动的自由流动。平台背后隐含着资本意志和

1　Christian Fuch. Digital Labor and Karl Marx[M].New York：Routledge，2014：153–280.

2　[德] 罗莎·卢森堡．资本积累论 [M]．彭尘顺，吴纪先译，北京：生活·读书·新知三联书店，1959 年，第 286 页。

国家意志，凭借对互联网和知识产权的把控，全球价值流动的起点和终点都未改变，数字帝国主义仍然是吸食全球劳工劳动时间的终极力量。

在国际产业链中，以知识垄断企业为主导形成了层级化的分工体系，付出了大量工时的劳工并没有得到合理的利润分配，反而被层级剥削。世界知识产权组织曾在 2017 年发布了一份详尽的报告，探讨知识资产在全球价值链中的关键作用。以苹果公司为例，在苹果手机销售的总价值中，苹果公司获得 42%，其他负责材料和分销的公司分别获得 22% 和 15%，而负责制造的中国一线劳动力仅能获得 1%。[1] 从薪资水平来看也很直观，2018 年，亚马逊在中国的富士康工人被曝出月加班 80 小时，时薪仅有 14.5 元人民币，而当年美国计算机开发行业的平均时薪已达到 44 美元，企业高管的平均时薪更是达到 58.44 美元 [2]，相当于富士康工人的近 30 倍。可见，随着国际产业链中的劳动力市场被不断层级分割，只有处在金字塔顶端的知识垄断者才能掌握利润分配的话语权。而身在底层的一线劳工，由于技能的专业性弱、可替代性强，营业和就业环境不稳定，不得不加快赶工速度、压低劳动力价格，以试图赢得稳定订单。这些劳工遭受着核心知识企业和各国代工厂的多重剥削，付出了大量的劳动时间却只能接受微薄的利润分配，国际产业链所创造的大量财富也随之不断流入顶端

1　WIPO.2017 年世界知识产权报告 [EB/OL].http：//www.199it.com/archives/699497.html.

2　U.S. Bureau of Labor. Occupational Employment and Wage[EB/OL].https：//www.bls.gov/news.release/ocwage.t01.htm.

知识企业。靠着知识垄断，顶端知识企业在进行商业定价时还拥有了更大的空间。譬如在苹果手机最辉煌的几年，其元器件成本只有定价的 1/3 左右。他国的同类企业在知识垄断与美国对知识产权的高标准保护下，很难在短时间内冲破封锁取得突破性的创新，无法对垄断公司现行的定价机制产生实质性的影响，使得美国可以长期获得大大超过平均利润的垄断利润。

二、注意力时间掠夺

在上一章中，我们分析了注意力时间对于数字企业的重要作用。这一分析框架不仅适用于数字帝国主义的国内市场，在国际范围内依然有效。那么，美国是如何掠夺全世界人民的注意力时间的呢？

首先，美国利用互联网行业的先动优势，构建了一套平台系统。平台系统并非指单纯的网络平台，一个完整的平台系统由以下几方面组成。

一是网络基础设施。网络基础设施主要是指信息传输系统，它可以被看作搭建虚拟平台的地基，决定了平台的运营规模、速度和安全。美国是互联网的发源地，在很长一段时间内，全球仅有的 13 个 IPv4 域名根服务器中，美国拥有唯一一个主根服务器和 9 个辅根服务器，这使得在 IPv6 普及前，美国在控制全球互联网域名体系和分配网际互联协议地址时拥有绝对的发言权。美国同样十分重视通信设施建设，始于克林顿时期的"信息高速公路"计划，帮助美国率先进入并引领了移动互联网时代。到了特朗普和拜登时代，更是将 5G 竞赛和科技基础设施建设作为重要的战略部署。这些举措让美国多年来都是全球互联网带宽的主要目的地，为美国搭建跨国互联网平台提供了良好的硬件优势与保障。

二是各级平台。我们可以把系统层的操作系统视为底层平台，此外还包括平台层的各类功能性平台。从操作系统来看，无论是电脑端还是移动端，美国的统治地位至今依然是很明显的。我们可以看一下2019年的数据，从电脑端看，微软的 Windows、苹果的 OSX、谷歌的 Chrome OS 总共占有了全球 92.4% 的市场份额；在移动端，在华为的鸿蒙尚未破局的时代，谷歌的安卓系统、苹果手机 iOS、黑莓系统等总共占有了全球近 98% 的市场份额。[1] 从功能性平台来看，美国同样处于全球领跑地位。恒大研究院于 2019 年作了一份调查，全球市值排名前 50 的互联网公司，美国拥有 33 家，在电子商务、社交网络、娱乐、互联网金融等主要平台经济领域，美国的市场份额均居于世界前两位，尤其是在海外市场方面，几乎覆盖了除中国之外的所有主要国家和地区。从非本土市场来看，亚马逊在英国、德国、法国的电子商务市场均为第一，Facebook（脸书）、WhatsApp、Instagram 拥有大量的用户，脸书的最高月活跃用户数更是达到 24.1 亿人。[2] 美国在平台建设方面的强大可见一斑。

1　兴业证券. 操作系统产业深度：国产大潮起，海阔龙正跃 [EB/OL].http：//www.xcf.cn/article/3ef9182 1e03911e9bf3cd4c9efcfdeca.html.

2　任泽平，连一席，谢嘉琪. 全球互联网发展报告 2019：中美 G2[EB/OL].https：//m.sohu.com/ a/349152697_467568.

三是电子设备。平台不仅仅是线上建设，还要做到连通线上和线下，也就是人们常说的O2O模式（Online to Offline，即线上到线下）。只有做到O2O，才能使平台真正渗透入现实生活，而这需要平台信息流动的始端和终端，也就是电子设备。自"埃尼阿克"以来，美国的各大公司就始终致力于将电子设备推向微型化、便携式方向以获得更多的用户和应用场景。而2010年第四代苹果手机的出现，终于使手机真正从通信工具向智能产品过渡。随后十年，移动智能手机行业蓬勃发展，物联网浪潮随之兴起。各大公司持续推出了更为轻便的智能手表、智能眼镜等设备，实现了人与机器间真正全天候的信息交互。在电子设备的基础上，各类线下企业也在不断地加入平台，信用卡电子支付系统的普及，二维码、指纹、刷脸、刷手等技术的出现完全打通了线上线下，使平台可以全方位地映射现实中的社会活动与经济活动。

网络基础设施、多级平台和电子设备形成了平台系统的完整闭环。平台系统出现后，人们在经济社会生活中的所有活动都可以通过更为便捷的虚拟空间进行，平台系统也因此成为大众注意力时间的汇集中心。而拥有着网络先动优势、管理着全世界网站的地址目录、掌握着最先进的操作系统与硬件制造商的美国迅速在21世纪前20年将数字企业与平台拓展至全球，即使是作为曾经世界通信行业霸主的欧洲国家，由于在操作系统与互联网平台相关技术上的落后，也没有免去成为美国数字殖民地的命运。美国便在这一过程中获得了全世界人民大量的注意力时间。

当然，为了排挤竞争对手，这些数字企业会采取我们上一章中提到的注意力时间竞争策略，如信息煽动、算法推荐、花样营销等。由于身处他国市场，不用过多地考虑垄断问题带来的负面效应，美国十分乐于看到本国几家寡头瓜分海外市场的局面。很多数字企业都在海外设立了多家分公司，美国政府则一方面大力鼓吹新自由主义的观念，一方面运用政治和外交力量为数字企业保驾护航，使很多小国的本土企业难以与脸书、谷歌等大公司争夺注意力时间。从数据上看，美国的这种垄断战略的确作用显著，根据视觉资本网站做的流量调查，截至 2020 年，世界前十家访问量最高的网站，美国公司独占 7 家，谷歌、脸书、推特、维基百科等平台企业纷纷榜上有名。

注意力时间的掠夺会带来强烈的经济效应。

第一，数字帝国主义可以利用数字平台获得大量的"虚拟地租"。虚拟地租是一种形象的说法，用来指代个人或商家为了参与和占据网络空间而需要向平台支付的费用。虚拟地租主要有三种来源。第一种是各类网费和通信费。这部分费用是个人和企业进入数字空间的基础花费。美国控制着世界上大部分的根域名服务器，等同于掌控了数字空间中的"封疆权"[1]，其他国家接入网络时必须大量租用美国的域名和地址，同时需要向美国支付资源租用费、域名解析费、信道资源费、网络接入费等，这些费用的数额是十分庞大的。第二种是广告类费用。广告商在网络中投放广告需要占据一定的空间版块，这就不得不向平台支付一定的费用。平台广告的类型有很多，可以直接投放，

---

1 杨剑. 开拓数字边疆：美国网络帝国主义的形成 [J]. 国际观察，2012 年第 2 期。

也可以采取插播弹窗、建立链接等方式，广告的租金高低则取决于平台的流量。第三种是交易中介费。电子商务和互联网金融的普及使得个人或企业在进行经济活动时必须借助平台，因此平台也会抽取一定的交易费用，诸如贝宝支付、环球同业银行金融电讯协会系统等平台都因巨额流水而大量获利。随着互联网普及率的不断提高，网站和平台的数量在增多，虚拟地租的总额也在不断上涨，但数字帝国主义国家并不会让这些财富分散到各个平台。因为美国已经通过平台垄断集中了用户的大量注意力时间，相当于掌控了世界范围内大部分的数字空间接入权（也就是上文中提到的利用时间掠夺占有空间）。因此，一方面美国企业在虚拟地租的定价上拥有了强大的话语权，另一方面工业资本家、文化资本家、金融资本家竞相与数字寡头合作，利用互联网进行资本输出和掠夺，并向数字公司支付虚拟地租，数字垄断资本家由此成为数字帝国主义时代最大的获利方。

第二，注意力时间的掠夺会非常便利数字帝国主义对数据等数字资源的掠夺。数据等数字资源是数字经济时代最重要的生产资料，而加入网络的网民越多、用户停留的关注时间越长，数字资本家可收集、利用的数字资源也就越丰富。用户很多社交活动、娱乐活动、工作等都是依托于美国的平台进行，这大大便利了数字帝国主义对数字资源的抢夺。美国为数据的计算、存储等也作了长期的技术准备，是世界上最早提出"数据库"概念并着手构建的国家。早在20世纪60年代末期，IBM等企业就开始了初期的层次数据库建设。时至今日，在各大榜单所列的世界数据库排名中，美国的甲骨文公司等旗下的数据库常年垄断榜单前列。

　　这些被掠夺的数据等数字资源为数字帝国主义的发展带来了很多方面的利好。譬如，数据可以帮助数字寡头们获得经济社会几乎各个领域的尖端知识。数据是知识的重要来源，数据的集中会在一定程度上导致知识权力的集中。人们的智力成果、学术研究或是在日常生活中的创意和想法等都会有意或无意地上传至网络，使得数字寡头第一时间在经济社会的各个领域获得最为专业的知识内容。这给予了数字寡头向多个领域渗透并进行技术创新的能力，推动了数字帝国主义通过资本输出实现产业链的多元延伸，利用劳动时间掠夺海外市场。譬如，数据帮助数字寡头了解市场动态，调整产业布局，同时还有利于其发现潜在需求，开辟新兴市场，获得创新的先动优势。数字经济时代具有超越式竞争的特点，企业成败的决定因素不在于一次性的技术优势，而在于长期的技术创新能力。[1]而了解产品性能和市场需求的关键，依然在于数据。通过对技术数据与消费者数据的大规模分析，数字寡头可以对未来技术发展趋势和市场动态作出相关的预测和评估，制订更加合理的创新发展规划和企业经营策略，从而开发更加符合市场需求的产品和商业模式，降低经营成本，以延续自身的垄断地位和对未来世界市场的主导权。

　　第三，注意力时间的掠夺为数字帝国主义国家带来了更多的海外非雇佣工人。平台和应用是非雇佣工人的聚集单位，数字帝国主义掌控了世界范围内大量网民的注意力时间，就意味着获得了来自世界各

1　阎学通. 数字时代的中美战略竞争 [J]. 世界政治研究，2019 年第 2 辑。

地的海量非雇佣工人。平台和应用会通过多种激励机制提升用户的活跃度，生成平台文化维系用户黏性。这些非雇佣工人通过集中作业和协同创新为平台的增值提供了大量的免费劳动力，其所创造的智力成果很多也在无意间归数字平台所有。

第四，注意力时间的掠夺便利了数字帝国主义的对外资本输出。汇聚了世界各地用户注意力时间的美国寡头在进行海外投资时拥有着巨大的优势，因为它们具备了向被投资公司"引流"的能力。数字寡头利用自身所带的庞大流量，通过平台等途径为所投资企业作出大量的推广，给予其更多的广告、宣传版面以及更优质的配套服务，助力这些公司的发展壮大。这种注意力时间带来的优势降低了投资风险，使寡头们的投资范围很容易延伸到各个多样化的领域，在全球各个角落、各个领域扩展自身的商业版图。数字帝国主义也因此可以频繁地与他国企业争夺"奶酪"，极大地推动了资本积累的规模和速度。

第五，注意力时间的掠夺将世界范围内越来越多的普通民众拉入数字寡头构建的数字金融体系。"数字—金融"复合体的影响力早已不限于美国国内，已蔓延至世界范围。正如列宁当年指出的那样，只要资本主义还是资本主义，过剩的资本就不会用来提升国内人民的生活水平，而是会通过资本输出获得利润，"这就是帝国主义压迫和剥削世界上大多数民族和国家的坚实基础，这就是极少数最富国家的资本主义寄生性的坚实基础！"[1]现实情况正是如此，毕马威在 2021 年发

1　列宁 . 帝国主义是资本主义的最高阶段 [M]. 中共中央马克思恩格斯列宁斯大林著作编译局编译，北京：人民出版社，2014 年，第 61 页。

布的《金融科技动向》专题报告显示，2021 年上半年全球金融科技市场的并购、私募和风险投资等领域交易额连创新高，交易总量达到 2456 项，投资总额已飙升至 980 亿美元，无论是美洲、欧洲、亚洲，甚至是非洲地区均已产生了较高的活跃度。[1] 很多原本的数字公司或金融公司本就在世界范围内拥有大规模的用户，这令"数字—金融"复合体在普及相关数字金融服务时拥有了天然的优势。"数字—金融"复合体通过广告或优惠的方式吸引用户使用旗下的产品和应用，将大量的海外客户纳入自身的数字金融帝国，从而把剥削本国底层人民的方式复制到全世界。一方面，巨额的流水使得"数字—金融"复合体可以获取更多的中介费和服务费；另一方面，海外人民将手中大量的货币用来购买寡头提供的金融产品，助推了资产证券化，也方便了寡头和资产阶级政府成为食利者，通过商业或政策手段影响资本市场，"合理窃取"海外财富。

与此同时，"数字—金融"复合体还会运用资本力量在全球产业链中布局，支配产业链条中的关键环节，垄断核心技术，高举着新自由主义大旗与他国本土企业抢占市场。很多本土企业不具备相应的研发资金，也难以应对价格博弈，只能依附寡头主导的产业链，"数字—金融"复合体便得以在他国市场中攫取有利的利润分配。即便真正出现了一些具有竞争力的企业，"数字—金融"复合体也会动员资产阶级政府运用政治手段进行制裁和打压。"数字—金融"复合体全

1　毕马威. 金融科技动向 [EB/OL].http：//www.199it.com/archives/1308523.html.

球扩张为发展中国家带来了一系列显著的负面问题：寡头作为价值终端在世界范围内吸食利润，加剧了国别间财富分配的不平等，拉大了贫富差距，同时使发展中国家的底层人民日渐孱弱，公众的储蓄被掠夺，消费能力被透支，资本主义生产不断扩大与人们有支付能力的需求相对缩小之间的矛盾，在世界经济体系中变得愈发突出[1]；更加密切的金融关系强化了发展中国家对发达资本主义国家经济上的依赖性，当发达资本主义国家出现内部经济问题时，很容易通过金融传导波及各类产业并诱发局部或全球性的冲击，发展中国家也容易成为危机的转嫁地；大量海外用户使用"数字—金融"复合体提供的技术工具与金融服务，令海量事关个人、集体与国家的数据与信息向发达资本主义国家集中，将为国家数字安全带来高度风险。

第六，注意力时间的掠夺扩大了数字帝国主义的海外商品倾销规模。对注意力时间的掌控使数字帝国主义更容易对他国展开价值观演变与"精神污染"，生成一大批追随资本的消费群体，以此加快资本周转，进行海外倾销，掠夺消费者剩余。在信息平台上，信息的流动并非完全自由，而是被有选择性地封锁和散布[2]，哪些信息要高度曝光，特定信息如何解读，什么是"流行""时尚""爆款"等均可以遵从资本的意志。这使得平台开始具备资本立场和说服力，消费者往往会在信息不对称和商业手段的影响下去批量购买符合资本需要的商品。而当数据产业发展起来，一切变得更简单了。数字寡

1　宋朝龙，吴迪曼. 金融资本的寄生性积累与 21 世纪新版大萧条 [J]. 当代经济研究，2021 年第 10 期。

2　肖锋，张坤晶. 从信息资本主义到信息帝国主义 [J]. 理论视野，2014 年第 7 期。

头会将数据售卖给广告公司，不断推动资本周转的加速以共同获得利益。一个典型的例子是谷歌与双击网络广告公司的联盟，谷歌精通将搜索活动与搜索者的兴趣相关联，双击公司则擅长根据数据找到广告用户，两种方法的结合极大地增强了广告与个人的匹配度。算法的加持让每个平台用户都能收到被精心编排过的推送，在针对性刺激下诱发商品和文化认同。由于注意力被垄断，消费者的生活理念和价值观很容易随之演化和固化，并且认为一切都是基于自身的主动选择。[1] 再加上电子商务和互联网金融的崛起，消费的环节被简化，成交时间加快，交易量也受到影响而上涨。于是，逾期消费、享乐主义、节日狂欢、品牌崇拜、文化盲从等现象逐渐由美国向全世界扩散，美国等发达资本主义国家的影视、手机、鞋、手办等，一经推出就会在世界市场中得到热捧，且往往会以远远超出价值的价格被消费者疯狂抢购。消费者手中的储蓄和负债逐步向美国的数字巨头及合作企业汇集，譬如电商巨头亚马逊，在成立短短的 20 余年间，就覆盖了世界上几十个国家，大大推动了美国商品向全球的运送。从近年的公开财报来看，亚马逊国际站的年度总销量已经超过 800 亿美元，且存在持续增长的态势。

可以看到，即使没有实体的殖民地，数字帝国主义依然通过注意力时间掠夺获得了土地收益、资源、劳动力、资本输出市场和商品市场，看似公共的信息平台事实上是拥有私人属性和阶级立场的。不仅

---

1 张小平. 当代文化帝国主义的新特征及批判 [J]. 马克思主义研究，2019 年第 9 期。

如此，数字殖民所带来的影响不单单是经济上的，其产生的政治和意识形态效应也不容忽视。注意力时间被掠夺会令全世界的用户陷入数字帝国主义的信息监控体系之中，并利用对信息的操控生产大量符合资产阶级意志的网络族群，对国际政治规则和他国安全产生巨大挑战。

美国历来都将信息行业摆在极为重要的战略位置，早在1994年就建成的全球卫星定位系统即是一个鲜明的例子。在21世纪初，美国通过很多战略和项目的建设实现了对信息的全美覆盖、全球覆盖，但这仍然是不彻底的。到了数字帝国主义时代，通过对全球用户注意力时间的掠夺，全民全天候信息覆盖才完成了最终的一步。网络使用范围的普及、物联网的出现令技术的应用场景拓宽，智能家居、智能汽车、智慧物流等新产品的发展使平台、算法、智能工具应用在生活的每个领域。人们在网站上所有的搜索记录和浏览记录都会被保存下来，用户的交易行为、通话信息、地理位置、年龄、收入等可以被自动识别，其偏好、兴趣甚至性格都可以被算法分析，社会整体的经济生活和人们的日常生活可以完全信息化和数据化，这使世界各国、各行各业的信息都有了一个统一的虚拟汇聚地。

在数字空间中攫取他国信息虽然具有技术上的可行性，但却受到各国法律和道德制约。然而，由于技术能力上的不对称与政治干预，很多数字技术的后发国家在很长一段时间内其实无法真正对数字寡头和数字帝国主义国家进行规制。于是，它们会将触手渗入到很多灰色地带和不合法的领域，为了拓展信息渠道无所不用其极。早在20世纪90年代，美国就开始利用海底光纤窃听他国情报；21世纪初，美国国防部委托数据巨头安克诚公司，协助建立全方位监视美国和全球人口的技术系统[1]；2014年，美国被曝出"斯诺登事件"和"棱镜计划"，美国政府可以直接从包括微软、谷歌、雅虎、脸书、PalTalk、AOL、Skype、YouTube 以及苹果在内的 9 家公司服务器收集信息，接触到全球用户大量的个人聊天日志、存储的数据、语音通信、文件传输、社交网络数据；2020 年，美国中央情报局（CIA）又被曝出瑞士加密公司事件，CIA 自二战后长期控制一家瑞士全球加密机公司，借此窃听全球超过 120 个国家的最高机密。相关的"窃听门""隐私门"不胜枚举。

　　注意力时间被掠夺意味着一个全球化的资本主义全景式监控体系的出现，美国政府几乎覆盖了全球网民的所有网上行为，从总统、情报人员到平民，从个人隐私到社会大数据全部难逃监视，它剥夺了用户对于个人信息的自主性，损害了用户的隐私权利，且对他国的国家安全造成极大的威胁。一旦积累了大量的公民信息和他国机密，美国就可以在政治、经济等外交活动中获得极大的主动权，在军事活动中也有了更强的精准打击能力，而他国的国家利益和公民的人身财产安全则暴露于数字帝国主义的魔爪之下。

　　除了信息安全外，注意力时间被掠夺带来的另一个严重后果是符合资产阶级和数字帝国主义需要的网络族群的海量涌现。何为网络族群呢？传统意义上的族群是社会学和人类学研究的重要内容，目前常

1　[美]约翰·福斯特，[美]罗伯特·麦切斯尼.监控式资本主义：垄断金融资本、军工复合体和数字时代[J].刘顺，胡涵锦译，国外社会科学，2015 年第 1 期。

用的"族群"定义来自马克斯·韦伯:"某种群体由于体质类型、文化的相似,或者由于迁移中的共同记忆,而对他们共同的世系抱有一种主观的信念,这种信念对于非亲属社区关系的延续相当重要,这个群体就被称为族群。"[1]族群存在的基础在于排他性的认同感,这种认同感来源于血缘、地缘、经济、政治等多种因素,因此随着社会关系的延展和复杂化,个体往往存在于多个不同层面的族群之中。而随着网络社会的形成,网民通过在虚拟世界中的角色担当和身份建构进行社会交往[2],网络族群开始出现。互联网进一步强化了族群的复杂程度,集中表现在三个方面。第一是族群的数量在不断增多。互联网给予了每个网民以精神生产和传播的能力,同时优化了信息接收渠道,推动了个体间的社交互动与更多族群文化的形成。第二是族群的多样化程度在不断提升。有些网络族群的存在是现实生活的映射,但更多族群中的个体身份认同不再完全受诸如地位、性别、种族或官僚政治的管辖权等传统维度的限制。[3]一方面,互联网突破了时空局限,个体在虚拟空间中的流动性增强,促进了区域间、国家间的文化互通;另一方面,阶层固化的现象在虚拟空间中被打破,人们在网络中以身

1　Marx Weber. "The Ethnic Group", in Talcott Parsons, Edward Shils, Kaspar D.Naegele and Jesse R.Pitts(eds.) [M].Theories Of Society: Foundations of Modern Sociological Theory, Vol.1, Illinois: The Free Press, 1961: 306.

2　周建新,俞志鹏.网络族群的缘起与发展——族群研究的一种新视角 [J].西南民族大学学报(人文社科版),2018 年第 2 期。

3　[西]曼纽尔·卡斯特.网络社会的崛起 [M].夏铸九,王志弘译,北京:社会科学文献出版社,2001年,第 5 页。

份模糊的"信息人"的形态出现，加速了不同学识、背景的人之间的信息交换，推动了更多形式的文化融合与多元族群的出现。第三是族群的不稳定性也在增强。基于现实社会关系的传统族群往往会在较长的时间内保持稳定性，但很多网络族群是以短平快的方式存在的。流量与热度是互联网的生命力之一，这就导致很多网络族群的形成源于某一文化事件，随后又快速消失。随着互联网向经济社会的全方位渗透，网络族群渐渐不再是虚拟空间中的简单抱团现象，而是业已拥有了强烈的对现实经济文化的共振能力。因此，在直接军事冲突频率降低的国际背景下，控制网络族群成为数字帝国主义国家干预他国政治的一种重要手段。

对注意力时间的掌控是控制网络族群的先决条件。因为只有能够获得受众注意力时间的文化和理念，才有条件得到认同。网民对所认同的观念予以大量关注，其知识结构和价值观念都会根据文化内容发生改变，并倾向于同拥有共同语言的用户保持频繁的社交活动，继而导致网络族群的出现。与此同时，在网络族群生成之后，还必须通过汇集注意力时间来维系。因为网络族群相比传统族群拥有更强的不稳定性，无法依赖相对固定的社会关系来保持长期的存在与发展，只能通过不断的精神生产和信息更新来保持生命力和吸引力，因此网络族群的规模和寿命将在很大程度上取决于成员付出注意力时间的长度和持续性。

在操控了海外用户的大量注意力时间后，数字帝国主义国家便有条件对网络族群施加影响。一方面，每个平台和应用都拥有着自身的语言风格、功能定位和目标追求，或简约或全面，或文艺或奢华，它们就像一个个隐蔽的软性组织，使得长期处于该平台上的网民的交流方式、认知观念等在潜移默化间被平台环境和价值目标所影响或同化；另一方面，数字帝国主义非常擅长通过对信息的操纵进行意识形态演变。数字资本家处在网络权力结构的顶端，在信息的生产与传播方面拥有着高于公众的权限，信息是否公开、信息如何解释、哪些信息要被频繁推荐都会受到平台的制约。数字平台会给予西方文化和相关的新闻事件以更多的信息曝光、广告版面和正面解读，而由于每个网民都存在着不可避免的知识缺陷，对信息的真伪和科学性无法时刻保持敏锐的分辨能力，再加上国家间经济差距造成的认知偏见，民众很容易就会认为应当像西方人那样行事、思考和生活。[1] 在这种频繁的煽动下，大量受到思想殖民的网络族群开始出现。

网络族群出现后会产生怎样的政治影响呢？著名的政治学家萨缪尔·亨廷顿说过，对一个传统社会来说，对其政治稳定构成主要威胁的并非外国军队的侵略，而是外国观念的侵入，印刷品和言论比军队和坦克推进得更快、更深入。[2] 帝国主义以制造网络族群的方式形成了对他国的意识形态渗透，意在利用公众的力量实现政治操盘，突出体现在以下几个方面。

1　闫勇、吕泽华.“数字帝国主义”背后的文化侵蚀 [EB/OL].http：//www.cssn.cn/hqxx/bwych/201506/t20150624_2044578.shtml？ COLLCC=3620490059&.

2　[美]萨缪尔·亨廷顿.变化社会中的政治秩序 [M].王冠华，刘为等译，北京：生活·读书·新知三联书店，1989 年，第 141 页。

首先，网络族群的制造分化了阶级力量。阶级结构是资本主义社会关系的最本质表现，其决定的经济关系常常是各类族群产生的基础。阶级是反抗数字帝国主义最强大和最根本的政治力量，其形成源于生产资料占有的不平等，但阶级意识的凝聚依赖于意识形态领域的高度一致性。在网络社会中，数字劳工、普通网民与数字资本家之间的矛盾是极其尖锐的，数字技术的资本主义应用无时无刻不在掠夺劳工利益、激化阶级矛盾。但数字帝国主义对网络族群的蓄意制造却未能让数字劳工和网民形成应有的阶级意识，主因在于：第一，网络族群是用户最直接接触的集体，每个族群都被制造出符合西方理念却又各自不同的文化和价值观，很难自发地生成统一的阶级意识；第二，快节奏、多样化的族群制造很容易引发用户对自身的多元身份认同，对其最根本的阶级身份的认同反而更加模糊；第三，网络族群原本就是以碎片化的方式存在，很难有类似于工会的力量将其组织起来。于是，帝国主义以网络族群的形式掩盖了阶级的存在，分化了阶级意识，网络族群的不断制造使得越来越多的用户向着唯西方意识、缺乏批判思维的"单向度的人"[1]发展，从而弱化了反对帝国主义的工人运动与政治斗争的力量。

其次，数字帝国主义借助族群力量进行国际政治博弈，或是干涉他国内政。在国家决策与国际博弈的过程中，舆论和公共权力都是重要的影响因素。伴随着互联网的繁荣，公众表达观点和行使权

---

1 [美]赫伯特·马尔库塞. 单向度的人：发达工业社会意识形态研究 [M]. 刘继译，上海：上海译文出版社，1989 年。

利的途径更加丰富，但也更加容易招致帝国主义的误导和利用。在进行国际博弈时，他国政府总会面对着固有的舆论劣势，因为帝国主义掌控着平台的所有权，也就拥有着更强的话语权。数字资本家可以轻易地发动"新闻战""宣传战"，对新闻和信息蓄意加工，运用剪辑或主观性的词汇断章取义、避重就轻，有选择性地过滤反对声音，同时制造大量的"马甲"炮制假消息、抹黑他国领导人，从而干涉和引导国际舆论走向，或是在他国制造公众对其政府的不满情绪。

近年来"虚假新闻"的盛行是一个典型的例子。在美国，虚假新闻的制造有着悠久的历史。最初，这些虚假新闻被用以挑起战争，譬如 1898 年媒体操控下的古巴战争、1955 年至 1975 年北部湾事件引发的越南战争以及 2003 年以持有大规模杀伤性武器为由发起的伊拉克战争等。进入数字帝国主义时代后，"人工+算法"的模式被广泛应用于虚假新闻的传播，虚假新闻不仅数量飞涨，而且可以实现营销到人的精准推送。

利用社交媒体，美国编造了繁多的虚假新闻进行舆论攻击，单单针对中国的行动就不胜枚举，典型的案例诸如：一是在 2019 年的香港事件中，声称只是平台和中介的脸书、推特等大资本不但删除了近千个反映真实情况的社交账号，而且加速传播虚假新闻和不法言论；二是在 2020 年新冠肺炎疫情期间，美方不顾科学事实，将病毒溯源问题政治化，多次以"中国病毒"的言论进行舆论攻击，根据澳大利亚研究院在 2020 年发布的报告，美国散布中国新冠肺炎病毒阴谋论的虚假新闻就有近 6000 个机器人账号反复转发[1]；三是 2020 年 7 月，美国驻华使领馆用 Ps 的虚假照片在社交媒体上将维吾尔族工人描述为"奴隶劳工"，挑唆多国抵制新疆棉花，妄图将中国赶出棉花供应链体系，并煽动民族对立。网络族群的存在进一步放大了网民的盲目性，虚假的意见因盲从现象而声势越来越大，真实的民意却很难得到表达。这为他国政府的政治决策带来了极大的压力，严重时还会发生内政被干预和被操纵的事件。典型的例子如"推特革命"。2009 年伊朗大选，美国制造了大量的"水军"在社交平台推特上发布虚假消息，并要求推特公司延迟系统升级计划，使得伊朗国内舆论陷入混乱，两派之间冲突不断，其政府公信力受到严重损害。

最后，利用网络族群进行和平演变。网络族群中的文化认同是帝国主义和平演变过程中的重要武器，它的目的不是以军事力量征服和控制领土，而是征服和控制人们的心灵，以此作为改变两国之间权力关系的手段。[2] 冷战结束后，美国等帝国主义国家一直试图复制对苏联的演变政策，不断利用"人权""自由"等口号美化西方价值观和国家形象。[3] 以维基百科为例，在创立上线的 20 余年间，维基百科拥有了几千万的注册用户，被世界范围内大量的网民使用，成了网络

1　澳大利亚研究院. 如同病毒：新冠肺炎病毒错误信息的有组织散播 [EB/OL].https：//d3n8a8pro7vhmx. cloudfront.net/theausinstitute/pages/3316/attachments/original/1590956846/P904_Like_a_virus_-_COVID19_ disinformation__Web_.pdf？ 1590956846.

2　[美]汉斯·摩根索. 国家间政治 [M]. 徐昕等译，北京：北京大学出版社，2006 年，第 98 页。

3　谢加书. 美国对华和平演变信息化趋势分析 [J]. 南京政治学院学报，2014 年第 2 期。

百科最具代表性的知识搜索和共享平台。很多用户在查找自身不了解的历史事件时，首先映入眼帘的便是维基百科，这使得其成为对个体和历史定性的重要工具。可以说，维基百科正在构筑很多用户的世界观。维基百科宣称倡导知识自由，其词条不是由专家编写而是由广大网民自行编写，只要管理员认为词条符合客观中立的原则就能被收录。然而在实际操作中并非如此。当涉及敏感话题时，维基百科就会变成西方主流媒体和美国意识形态的辅助工具，通过文字游戏等方式传递西方观念，污化或妖魔化他国形象，俨然成了数字帝国主义的话语权和舆论战阵地。随着这种意识形态的渗透，"普世价值""新自由主义""历史虚无主义"等错误思潮在网络族群中蔓延，公众的理论自信缺失，对本国体制、政府执政能力和传统文化产生怀疑，很容易遭到内部分解与演化。

同时，族群中公众的短期冲动也经常成为被利用的对象。由于每个网民都存在着不可避免的知识缺陷，对信息的真伪和科学性无法保持敏锐的分辨能力，因此其注意力很容易在平台和"水军"的煽动下被误导，基于某个网络事件或网络观念形成暂时性的群体性心理，从而滋生各类生命周期很短的、五花八门的网络族群。就像《乌合之众》的作者、法国著名社会心理学家古斯塔夫·勒庞所描述的那样："群体失去了批判的能力，他们永远在轻信，永远处于无意识的领域。"[1]帝国主义就利用这种短期内公众信息的不对称进行情绪煽动，制造大

---

1 ［法］古斯塔夫·勒庞.乌合之众：大众心理研究 [M].胡海燕译，北京：中国友谊出版公司，2019 年，第 33 页。

规模突发性群体事件，导致和平演变过程中时有穿插暴力行动。此类"攻心之战"在帝国主义的侵略史上屡见不鲜，比如 2006 年美国众议院通过了《全球在线自由法案》，并借助网络工具推行"大中东民主计划"，以所谓的"民主"口号煽动言论、扶持亲美政权，为后来祸乱中东地区的"颜色革命"埋下了伏笔。

第 六 章

繁荣的背后：

数字帝国主义的

内忧外患

美国目前在数字领域的强大毋庸置疑，但这种繁荣的背后是对本国人民的压榨与对海外人民的掠夺，充斥着血泪与罪恶。少数资本家想尽办法搜刮财富、分化底层力量，却也因此滋生了无可救药的"美国病"。美国目前深陷经济问题、治理困难与外部压力，运用种种手段却无力从根本上改变现状，其原因归根结底还是资本主义的内在痼疾。经济上高度的脆弱性与不可持续性会一点点拖垮强大的美国，如果不作出根本性的改变，这种病态的经济社会环境将长期与美国相伴相随。

没有人会质疑美国当前在数字经济领域的领先地位，但我们必须看到其下的暗潮汹涌。即便是一个拥有强大技术能力和国家力量的大国，也依旧无法脱离资本主义的制度痼疾。数字帝国主义的繁荣是建立在阶级压迫与国家矛盾之上的，它在不断积累财富的同时，也在不断地制造反抗自身的力量。这座有着华丽外壳的大厦，面对着无可救药的症结与渐起的呐喊声，从未有一刻实现过真正的繁荣。

★ "美国繁荣"的真相

20 世纪，美国在数字技术行业呼风唤雨。除了世纪末在电信领域受到过欧洲国家的挑战外，其他领域可谓一枝独秀。20 世纪数字领域绝大多数的关键发明和先进理念基本都是由美国人制造和首创。譬如前文中提及的 1946 年宾夕法尼亚大学团队的"埃尼阿克"，1947 年贝尔实验室的晶体管、1969 年的阿帕网、1973 年的移动电话、1989 年的万维网，再譬如 1956 年约翰·麦卡锡等提出的"人工智能"概念、1996 年 IBM 提出的"电子商务"理念、1999 年凯文·艾什顿提出的"物联网"理念、2006 年谷歌公司提出的"云计算"理念，等等，不胜枚举。

这种繁荣延续至今。联合国贸发会曾于 2019 年发布了一份全球《2019 年数字经济报告》，认为美国是一个超数字化国家和世界数字经济最大的领导者。[1] 中国网络空间研究院也于近年来多次发布《世界互联网发展报告》，美国同样始终是互联网发展指数评分最高的国家。我们来看一些主要的指标。

首先，从技术角度来看，美国在研发投入和创新能力方面领先世界。美国国家科学基金会于 2020 年发布了《2020 年美国科学与工程状况》，报告显示当前全球的研发活动仍主要集中在美国、欧洲和亚

1　联合国 . 2019 年数字经济报告 [EB/OL].http：//www.cbdio.com/BigData/2019–09/11/content_6151158.htm.

洲部分区域，其中美国在研发上的投入仍然超过全球任何其他国家，2017 年的研究与试验发展（R&D）总支出达 5490 亿美元。在世界知识产权组织发布的报告中，美国的创新能力常年位居前列。在 2019 年的评估中，有 26 个科技集群入围世界科技集群百强。对于前沿热点技术，美国的重视程度也是不言而喻。在人工智能上，美国近年来频繁发布相关战略规划，将人工智能作为发展制高点，世界知识产权组织也认为美国在国际人工智能的竞争中占据了主导地位，IBM 和微软等公司掌握了数量最多的技术专利；在高性能计算上，美国的 Summit、Sierra 等超算常年位于领先梯队，谷歌公司在量子计算上率先实现突破，白宫于 2020 年发布了《美国量子网络战略愿景》，提出要开辟量子互联网；在计算机芯片技术上，全球 CPU 芯片市场、GPU 芯片市场和 DSP 芯片市场中的大部分份额都被英特尔、AMD、英伟达、德州仪器等公司瓜分；在软件技术上，除了依然维系移动端和桌面端操作系统的垄断格局外，亚马逊等公司推出的物联网操作系统和洛克希德·马丁等公司研发的工业软件在加速发展。此外，美国的智慧医疗、智慧家居、智慧交通等的应用也在加速推广。[1]

技术的决定要素是人才。美国政府在教育上投资了大量的金钱，为数字技术领域培育了大批的人力资源。《2020 年美国科学与工程状况》表明，美国授予了最高数量的科学与工程博士学位，并在全世界科学与工程领域论文和高被引论文中占重要位置。[2] 以人工智能为例，

1　中国网络空间研究院. 世界互联网发展报告 [M]. 北京：电子工业出版社，2020 年，第 31—117 页。

2　中国网络空间研究院. 世界互联网发展报告 [M]. 北京：电子工业出版社，2020 年，第 31 页。

根据领英的数据，美国在专业技术人才总量上居国际首位，已经超过 85 万人，而顶尖专家全球有近六成隶属于美国的机构。[1] 由于本身便是一个多元化的移民国家，又盛行精英主义，因此移民和海外裔的美国人为美国数字技术的发展贡献了巨大的力量，雅虎、苹果、谷歌、脸书、贝宝、优步等公司的创始人均是第一代或第二代移民，这些巨头公司还聘用了大量的外籍人员担任公司高管，同时雇用了大量的海外研发人员。

再从产业角度来看。美国数字产业的发展同样领先世界，有着一批成熟的数字企业。福布斯曾于 2019 年发布《全球数字经济 100 强榜》，其中美国有 38 家企业上榜，是上榜数量最多的国家。在前 10 强中，美国独占 8 席，苹果和微软霸占了前两位。[2] 在净利润方面，2019 年全球净利润前 10 的数字企业中，美国也是占据了 7 席，苹果、微软、谷歌、英特尔和脸书牢牢占据了前 5 位。[3] 即使将其他领域的企业也一并算入，美国的数字寡头们也不遑多让，在《财富》杂志 2021 年发布的全球盈利公司排行榜中，苹果、微软、谷歌、脸书等也悉数进入榜单前 10。[4] 此外，与很多国家只是消费互联网"一条

1　领英 . 全球 AI 领域人才报告 [EB/OL].https：//business.linkedin.com/content/dam/me/business/zh-cn/talent-solutions/Event/july/lts-ai-report/ 领英《全球 AI 领域人才报告》.pdf.

2　福布斯 . 全球数字经济 100 强榜 [EB/OL].https：//www.forbeschina.com/lists/1724.

3　中国网络空间研究院 . 世界互联网发展报告 [M]. 北京：电子工业出版社，2020 年，第 123 页。

4　财富 . 世界 500 强排行榜 [EB/OL].http：//www.fortunechina.com/fortune500/c/2021-08/02/content_394571.htm.

腿走路"的情况不同，美国是消费互联网和产业互联网并行，在产业
互联网的各类垂直行业（如医疗、物流、零售）和业务领域（如财
务、客户关系管理、人力资源）都孕育出了很多专业的小巨头，有着
Shopify、Zoom、Salesforce 等一众领先企业。

不仅如此，这些美国企业的国际化进程在世界范围内同样难觅敌
手。以中国作为对照国，中国的数字公司主要服务于华人市场，产品
出海进程艰难，海外市场收益在公司总利润中所占比例普遍较小。而
美国企业则有很多面向全球提供服务，在世界各地都拥有着用户群体，
数字服务贸易规模不断增加。根据腾讯研究院的调查，2019 年美国科
技企业平均有 55.86% 的收入来自美国之外。在几大巨头公司中，苹
果、脸书和谷歌的国际收入占比均超过半数，微软也接近一半。[1]

当然，在网络安全等其他领域，美国的步伐同样迅猛。近年来，
美国政府陆续通过了《网络安全和金融系统弹性法案》《分层网络威
慑战略》等，并针对数据、个人信息、关键信息基础设施等进行立法。
同时，美国政府不断推动将智能化技术运用到国防安全领域，持续扩
充网络安全队伍。美国海军陆战队组建了监管型网络部队，常态化开
展网络对抗演习，模拟网络对抗，在本身就具有单边技术优势的前提
下，仍然不断加强网络安全军事能力。除了正规人士外，世界范围内
还有大量受雇于美国或间接受美国指挥的所谓网络安全人士，他们不
但以应对他国网络竞争与攻击为目标，还意图达到在全球范围内进行

---

1 腾讯研究院. 中美数字经济的差距 [EB/OL].https：//user.guancha.cn/main/content？ id=536321.

实时网络监控和情报搜集的目的。

美国在技术领域的创新能力与战略思维应当被认可，但在短短几十年间就能形成如此庞大的发展规模，不得不令我们将眼光转向那些繁荣背后的牺牲者。何为"美国繁荣"的真相呢？这就是我们在前几章中叙述的内容。美国的繁荣有两条支柱，一是建立在对普通用户、对无产阶级的全生命周期的剥削之上，二是建立在对落后国家和人民的控制和掠夺之上。一方面，数字技术的出现改变了劳动形式，为数字资本家提供了一种跨行业剥削的能力。在平台经济的串联下，各行各业的劳动者都作为各种形式的数字劳工为数字企业工作，即便是普通网民也在休闲消遣之间成为非雇佣劳工。通过"中心—散点"结构，这种模式延伸到了社会的每一个角落，打破了时间限制，将用户的时间和劳动掌控到了极致。与此同时，利用数据和算法，各种信息游戏被制造出来，大量的广告和煽动言论不断挖掘着消费者的剩余，使得海量的价值和财富都涌向数字企业。而多重竞争结构的出现，又使原有的市场竞争规则也出现了改变，低维企业受到高维企业的支配，在议价时存在天然的被动局面，只能接受不利的利润分割。在大企业无孔不入的投资与并购进程面前，小企业对大企业的冲击愈发无力，而资产阶级政府也不可能作出真正实质性的规制，几大数字寡头得以长期占据价值链的顶端。这些私人垄断资本与国家政权相勾结，将底层人民的劳动成果源源不断地运向大资本家与大资产阶级的囊中，原本应造福人民的数字技术在资本关系中愈发变成了盘剥人民的镰刀。另一方面，由于先动优势，美国的数字企业自 20 世纪 90 年代就开展了互联网的全球扩张历程。在这一过程中，除了中国等少数国家作出了有效反应外，欧洲、大洋洲、拉丁美洲等的主要国家都未曾幸免，被纳入美国数字企业的扩张版图。美国因此在金融工具之后，发现了又一种掠夺世界的强大工具。数字资本家们费尽心机敲开这些海外国家的大门，占据它们的市场，将盘剥本国底层人民的模式复制到全世界。大量的海外用户基于美国的平台劳作，购买美国的科技产品，使用着美国的电商和各类云服务，阅读着美国制造的文化产品，数字寡头们因此可以把控产业链，赚取大量的产品和服务费用，在全世界人民的血汗中不断壮大着资本的规模。

马克思说过，"资本来到世间，从头到脚，每个毛孔都滴着血和肮脏的东西"[1]。在数字帝国主义时代，我们很少看到直接的武装侵略、流血与杀戮，但数字空间的入侵带来的层层压迫与算法控制同样残忍与肮脏，劳工们往往归咎于机器的排挤或本国直接管理者的决策，却很少看到背后操盘的数字寡头。当然，除了经济效应外，美国很快发现了数字空间的战略意义——用户们在上载自己价值的同时，还带来了大量的数据，成为美国了解他国大数据信息的重要途径，为其政治与军事博弈添加了筹码。数字空间还被当作无形的战场，美国频繁地扯起自由大旗，向外输出意识形态，利用网络煽动他国内部矛盾，培育亲美势力，妄图将美国的思想观念扎入每一个普通用户之中，让他们自觉地为数字寡头和资产阶级政府贡献价值、摇旗呐喊。

这便是"美国繁荣"的真相。

1　马克思恩格斯文集（第 5 卷）[M]. 北京：人民出版社，2009 年，第 871 页。

资产阶级的发家史就是一部罪恶的掠夺史，到了数字帝国主义时代依然如此。在资本的世界里，数字技术无疑是一种极具效率的工具，同时还为其扩张与压迫提供了完美的障眼法。除此之外，底层的相对稳定是支撑"美国繁荣"得以延续的重要原因。在互联网商用的30年间，工人们受到了数字寡头的种种压迫，美国国内的其他矛盾也是相互叠加，甚至遇到过多次规模巨大的经济和社会危机，但为何底层人民并没有开展掀翻"美国繁荣"的大规模阶级运动呢？因为除了是重要的价值输送渠道外，互联网还是这个时代最为关键的信息输送渠道，数字寡头和资产阶级政府利用这一点在瓦解人民和阶级力量上下足了功夫。我们举一些典型的例子。

第一，发布虚假信息，蛊惑和煽动民众。"虚假新闻"已经成了数字帝国主义时代美国发动对外舆论攻击的重要手段，这种方式也常常被用于对内的阶级统治。2016年，社交媒体上的虚假言论对美国大选产生了巨大影响，"后真相"一词迅速成为流行语，引发了美国政府的高度重视，接连推出《反外国宣传与造谣法案》《诚实广告法》等，很多领导人还多次公开宣扬虚假新闻的危害。但在背地里，一系列由官方制造的虚假新闻屡屡露出马脚，彰显出明显的"双标"行径。譬如在应对新冠肺炎疫情的过程中，面对着应对不力、物资准备不足的现状，为了安抚民众、掩盖自身延误防疫时机的决策失误，美国政府多次伪造科学知识，从最初的"不必佩戴口罩"到后来的"99%新冠肺炎病例完全无害"，不断淡化流行病事实的严重性，粉饰太平，致使几千万人的感染和上百万人的死亡。在2020年的反种族歧视事件中，虚假言论如影随形。共和党最大的喉舌媒体福克斯新闻，在6

月 12 日利用处理过的图片作为首页，将和平抗议活动渲染成暴力示威活动，从而为执政党的强硬镇压制造借口。

第二，为底层人民提供大量低成本、带有麻醉性质的精神食粮，俗称"奶头乐"。为了消解劳工的反抗意识，使其从对被压迫的悲惨现状的思考中脱离出来，数字资本家通过互联网创造了大量猎奇、暴力、低俗、色情的文化产品，譬如电子游戏、新闻、视频、直播，等等，使平台上充斥着大量的具有感官刺激的庸俗文化。长期浸染在这些信息中，人们会得到一种暂时性的、空虚的精神满足，其价值观也会受到引导，逐渐脱离对高尚、深刻、纯洁的追求。[1] 长此以往，人们逐渐从被动接受转为主动寻求，接受"娱乐至死"的观念和资本的规则，忽视自身被压迫的处境和不公的待遇，遗忘与资本家之间的尖锐矛盾，难以形成自发的反抗力量。

第三，制造内部对立，分化人民力量。通过舆论造势，数字资本家在平台上制造了大量的矛盾与冲突，妄图以身份对立替代阶级对立。譬如性别对立。美国的女权运动多年来持续高涨，围绕着男女平等问题在互联网上引起了广泛的讨论。妇女争取平权自然无可厚非，但通过社交媒体的信息煽动，这些运动往往引起远超预期的紧张情绪和矛盾，经常造成男女间极大的对立态度。除了性别对立，还有种族对立、地域对立、各网络族群之间的对立等，通过制造和强化这种身份上的对立，最根本的阶级对立被掩盖起来。当然，这种手段在国际

1　余东华. 警惕西方"奶头乐"战略对中国主流价值观的侵蚀 [J]. 世界社会主义研究，2018 年第 7 期。

舆论战场中并不鲜见，通过制造一国人民之间的身份对立，强化内部冲突、进行和平演变，数字帝国主义引发的最根本的国家间矛盾被掩盖起来。正是通过数字空间中对底层人民的无形操控与蛊惑，"美国繁荣"才拥有了一个较长时间的平稳发展环境。

★ 繁荣的背后

在撕开"美国繁荣"的面纱之后，我们要继续去窥探这种光辉形象的衰败背面。在剥削性的生产关系中，资产阶级的繁荣是建立在一种不健康的经济体系之上的。少数人对巨额财富的盘剥招致了很多严重的社会经济问题，它们掩埋于美国和国际社会深层，并终将成为反噬这一帝国的强大力量。

一、失业与贫困

在《资本论》中，马克思提出了相对过剩人口理论，意指随着资本积累的发展和资本有机构成的提高，出现相对于资本增殖需要而言的人口过剩的现象。[1]在数字帝国主义时代，相对过剩人口造成的失

1　马克思恩格斯文集（第5卷）[M].北京：人民出版社，2009年，第725页。

业问题依然非常突出。这一点似乎有些令人难以置信，因为很多学者都论述过信息技术和数字平台的发展对就业的推动作用，它们促进了劳资之间的有效对接，并且催生了很多新型的灵活就业方式。马克思也曾明确指出，机器和生产力的发展可以推动社会分工的发展，进而吸纳更多的劳动力。"单个资本家所必须使用的最低限额的工人人数，要由现有的分工来规定。另一方面，要得到进一步分工的利益，就必须进一步增加工人人数，而且只能按倍数来增加。"[1]"虽然机器在应用它的劳动部门必然排挤工人，但是它能引起其他劳动部门就业的增加。"[2]以零工经济为例，在新冠肺炎疫情之前，全美已经有 1/4 的劳动者正在从事零工经济。[3]此外，数字经济时代还催生了大数据架构师、视频博主、在线培训师等全新的工种，为劳动力就业提供了新的途径。但从现实的数据看，在美国互联网商业化的 30 年间，美国的失业率一直处于不断波动之中，并没有因为数字技术的发展而持续走低。[4]事实上，从长期来看，数字技术发展为美国劳工带来的利好已经被其负面效应对冲和覆盖掉了，美国迄今依然面对着严峻的就业问题。这主要体现在两个方面。

第一，数字技术加速了美国制造业的空心化和"机器换人"现象，削减了就业机会，强化了美国劳工的失业风险。自 20 世纪后半

1　马克思恩格斯文集（第 5 卷）[M]. 北京：人民出版社，2009 年，第 416 页。

2　马克思恩格斯文集（第 5 卷）[M]. 北京：人民出版社，2009 年，第 509 页。

3　Edison Research. The Gig Economy [EB/OL]. http：//www.199it.com/archives/817756.html.

4　数据来源：世界银行。

期开始，美国就开始了"去工业化"的进程，大量的中低端制造业向
具有劳动力价格优势的发展中国家转移，主要资金流向金融业，虚拟
经济迅速发展，产业体系日渐单一。而在信息革命后，这一趋势加速
发展，数字技术为外包模式创造了便利的条件，美国的制造业继续外
流。少数精英阶层聚集于金融行业和 ICT 产业，运用金融游戏和数字
平台把控利润分配和财富流向，使得美国经济很少再依赖于制造业的
直接价值创造过程。金融危机后，为了缓解经济与就业压力，几任美
国总统都提出了再工业化的政策，特朗普政府甚至掀起了逆全球化的
浪潮，以期推进产业回流。一些举措虽然在短期内取得了一定的效
果，但资本逐利性的本质无法更改，会自发地追求高利润和低成本的
行业，因此无法从根本上解决美国的相对过剩人口问题。

近年来，美国第一产业占 GDP 的总比重只有 1% 左右，第二产
业不及 20%，第三产业则高达 80% 左右。[1] 这样的产业结构意味着
对技术工人的劳动力需求的显著下降。从就业人口来看也的确如此，
2018 年美国第三产业就业占比高达 82.48%，第二产业只有 16.43%，
第一产业更是仅有 1.09%。[2] 制造业蕴含着庞大的分工体系与产业门类，
对虚拟经济和服务业有着重要的影响，是国家稳定就业的主战场和劳
动力的重要载体，而美国制造业对就业的吸纳能力明显降低，意味着
工人缺失了大量的就业机会。不仅如此，在这些部门内部，大量的智
能工具和机器人涌入，令劳工的处境雪上加霜。

1　数据来源：美国商务部经济分析局数据库。

2　数据来源：美国商务部经济分析局数据库。

在目前智能机器的发展水平下，人工智能对于研发创新类和情感服务类劳动的替代能力尚且不足，更多的是替代一些具有重复性和程式化的工作任务。而制造业部门包括很多常规性和重复性的工种，很容易出现"机器换人"的现象。在企业装备自动化的大势下，资本的有机构成不断提高，工人失业的风险也进一步加剧，那些被排挤的工人相较以往要花费更长的时间去寻找新的工作。根据美国劳动统计局的数据，在 21 世纪之初，美国各行业的平均失业周期都在 10 周到 20 周之间波动，在危机期间暴涨到 30 周以上，危机之后虽有所回落，但在 2019 年仍然保持着 21.6 周的平均数据，在新冠肺炎疫情期间，有的月份再次暴涨到 30 周以上。[1] 这缘于互联网一方面扩大了社会分工，另一方面使得企业内部分工更为细化，在"中心—散点"结构中，生产模块化盛行，原本生产某一产品的员工现在只需要负责该产品的一个部件或者生产环节。这样虽然可以提高整体生产的效率，却进一步加深了劳动力技能的固化。劳动者长期从事着单一的工作方式，技能更加专门机械，一旦由于种种原因陷入了失业困境，将更难快速找到合适的工作，只能耗费较长的时间去进行职业技能培训。

第二，大量被排挤的劳工被迫拥入低端服务业，显著降低了劳工的就业质量。在被机器排挤出原有的生产部门后，劳工会去向哪里呢？一、二产业的通道日趋狭窄，为了生存，很多工人拥向服务业。在互联网的加持下，劳工就业的门槛相对较低，客源与服务面积

---

1 数据来源：美国劳工统计局。

更加宽广，加之新技术也的确催生了很多全新的服务业工种，因此服务业成了近年来美国消化失业劳工的最重要去向。然而，尽管这种模式在某些时期拉低了美国的失业率，但劳工就业质量的显著下滑却隐于失业数据背后难以显现。受限于知识和技能，很多劳工只能选择低端的服务门类。美国印第安纳大学人类学家玛丽·格雷和计算机科学家西达尔特·苏里在《销声匿迹：数字化工作的真正未来》中作了详细的考察，他们认为在应用程序、网站和人工智能日渐成熟的同时，也创造了大量普通人难以看到的"幽灵工作"。很多工人隐藏于算法背后，他们的工作通常非常简单，譬如给庞杂的信息分类，判断一个句子语法是否正确，或者判断一张图片是否少儿不宜等。这些工作低端且重复，因此只能得到微薄的报酬，且依然面临着很高的失业风险。[1]譬如在新冠肺炎疫情期间，为了缓解财政压力，Yelp、Toast、Eventbrite 等科技公司纷纷宣布大规模裁员，普通劳工便成为首当其冲的牺牲者，美国的总体失业率也一度飙升至 14.7%。[2]

　　同时，数字经济时代服务业就业的低门槛也带来了强竞争，意味着劳方在劳资谈判中的相对弱势。整个美国服务业有着庞大的劳动力蓄水池，使得劳工很难在劳动力买方市场的环境中争取有利的工资、福利和工时。在美国的绝大多数州，网络平台劳工都没有合法的雇员地位，即使是在出台了《加州零工经济法》的加州，很多零工平台也

1　[美]玛丽·L.格雷，[美]西达尔特·苏里.销声匿迹：数字化工作的真正未来[M].左安浦译，上海：上海人民出版社，2020 年。

2　数据来源：美国劳工统计局。

在通过上诉等渠道拖延执行这一规定。劳工们不断地被算法挑战着底线，被冰冷的平台制定的规则时刻监视和压制，却无力改变不合理的利润分配，更不要说应有的社会保障和休假。在这种情况下，还有这么多的人涌向零工经济和非全日工作，与其将其看作互联网发展带来的就业利好，倒不如说是美国严峻就业环境下劳工的一种无奈选择。

与严峻的就业问题相伴而行的必然是严峻的贫富分化现象。贫富分化本就是美国社会中长期存在的痼疾。法国学者托马斯·皮凯蒂曾在《21 世纪资本论》中对 20 世纪 70 年代以来西方主要资本主义国家资本收入在国民收入中的比重总体上升和劳动收入在国民收入中比重总体下降的趋势作出过详尽的考察，指出在 70 年代后，美国 10% 最富有的人占据社会总财富的比例总体上升，财富所占比在 2010 年后已经超过了 50%。这些富有人群收入的主要来源是资本收入，即资本收益如分红、利息和资本回报等。[1] 近年来资本与数字化的紧密结合更是加剧了这一问题。对于少数垄断寡头和数字资本家而言：第一，他们掌握着知识、技术等核心的生产要素，在薪资谈判中占据有利地位，而垄断的大公司更是很容易在市场上获得垄断价格；第二，在数字平台向各领域延伸的过程中，新技术整合甚至支配了传统行业，使其可以在经济社会的各领域赚取中介费、服务费和广告费，推动了财富的集中；第三，数字信息商品生产的边际成本趋近于零，且具有可共享性和不可消耗性，一旦核心信息和知识被研发出

1　[法] 托马斯·皮凯蒂 .21 世纪资本论 [M]. 巴曙松等译，北京：中信出版社，2014 年。

来，只需经过简单的复制就能够成倍地生产并进行多次价值转移，这使很多数字科技公司在同成本的情况下比传统行业更容易赚钱；第四，海量的非雇佣工人参与到了数字平台的建设之中却无须被支付报酬，使得数字资本家免费获取了大量的剩余价值却节省了劳动力成本。这就是为什么近年来的各大财富榜单中总是有如此之多的数字资本家，且他们动辄拥有千亿美元以上的收入，数字企业也成为近年来全球企业中最为盈利的门类。

另一方面，相对于数字公司的依附地位、数字时代的高失业风险以及强大的内部竞争压力，大多数被数字化捆绑的劳工则很难获得合理和稳定的收入与保障，而愈发碎片化的工作时间和灵活的工作地点，以及数字资本家无休止的内部分化手段使其难以形成集体力去壮大工会，在劳资谈判与对抗中向资方施加压力。因此我们可以看到，美国的基尼系数自 20 世纪 90 年代后保持着总体上涨的态势，近年来则长期高于 0.4 的警戒线。[1] 各个行业间也展现出非常明显的收入差距，根据美国劳工统计局的数据，2021 年 6 月美国信息行业的平均时薪为 44.53 美元，周薪为 1647.61 美元，而制造业、零售业、休闲等服务业普遍薪水较低，平均时薪分别为 29.66 美元、21.92 美元、18.23 美元，周薪分别为 1192.33 美元、675.41 美元、483.1 美元，有着显著的差距。[2] 全职工作者尚且如此，更不要说收入不稳定的低端零工工人。

糟糕的就业与收入差距现状对美国的宏观经济状况产生了重要

1　数据来源：世界银行。

2　数据来源：美国劳工统计局。

的影响。在 20 世纪 90 年代末，美国的 GDP 常年超过 4%，部分归功于新兴的互联网经济的刺激作用。但是进入 21 世纪后问题迅速凸显，美国的经济增长持续疲软，从 2001 年到 2020 年，平均增长率只有 1.7%，在金融危机和新冠肺炎疫情期间更是出现负增长。[1] 除了就业率外，自然利率数据也比较糟糕，从 90 年代后呈现快速下降趋势，但国家政府负债却保持着长期上涨的态势。[2] 美国国会预算办公室在 2021 年 7 月表示，2021 年底美国联邦公共债务将达到 23 万亿美元，甚至超过了美国的 GDP 总量。[3]

　　因此，在"美国繁荣"背后，我们还应当看到美国经济的根本特性，即高度脆弱性和不可持续性。资本导向下的数字化强化了市场风险，长期存在的贫富分化和失业问题影响了群众的购买力，使剩余价值的生产与实现之间出现了越来越严重的矛盾，整个社会救济的负担非常大，极大地影响了美国的经济增速和财政状况。而美国本就是一个高度金融化的国家，股市的繁荣靠债市繁荣支撑，一旦债务链断裂，企业根本没有足够的抗御能力。可以说，虽然数字技术创造了巨大的生产力，但并没有推动整个国民经济质量的提升和人民生活水平的提高，所谓的"美国繁荣"只是少数精英和资产阶级的繁荣，在繁

1　数据来源：世界银行。

2　傅春杨. 如何理解美国经济长期停滞——基于垄断势力集聚视角的评述 [J]. 当代美国评论，2021 年第 5 期。

3　新华社. 美国 2021 财年财政赤字预计达 3 万亿美元 [EB/OL].https：//baijiahao.baidu.com/s？ id=1704137681866850894&wfr=spider&for=pc.

荣的背后是满目疮痍。当前的数字帝国主义同历史上资本主义的每个阶段一样，依然蕴含着巨大的危机。

二、治理难题

随着互联网对社会生活的渗透与功能的日益完善，数字空间正在对现实空间带来愈发强烈的共振效应。美国在数字空间中的种种举措除了带来严重的经济问题外，还引发了一系列的社会治理难题。美国近年来社会矛盾和冲突不断，政府治理效率低下，与其在网络空间中的策略密不可分。譬如，美国长期在网络空间中保持着强势与攻击姿态，这为美国招致了很多国家、非国家行为体，以及黑客的频繁攻击，对美国公民的信息财产安全产生了极大的威胁。[1] 单是 2020 年，美国政府就先后针对来自朝鲜、俄罗斯、伊朗的网络攻击发布威胁警报，并受到 APT 组织入侵，财政部、商务部等政府部门和多家企业被攻入，造成了网络安全的巨大困难，时任总统拜登被迫发声，认为严重网络攻击可能引发现实战争，美国政府将采取多项行动回应。

再譬如之前提到的假新闻。虽然近年来经过社交媒体的治理，美国互联网上假新闻泛滥的乱象有所收敛，但由于假新闻业已成为资本吸引流量和政府进行舆论控制的重要手段，因而不可能从根本上被清除出资本驾驭下的数字空间：一方面，这些假新闻损害了数字媒体与

---

1 赵子鹏，张静 . 美国网络威慑面临困境及对网络空间全球治理的影响 [J]. 信息安全与通信保密，2021年第 3 期。

政府的公信力，令民众对政府缺乏信任和信心，削弱了美国政府的组织力与号召力，使政府在解决重大社会问题时阻碍重重、效率低下；另一方面，假新闻往往操纵公共舆论，从而恶化社会生态。[1]假新闻一般出人预料并紧随热点，自带爆点与噱头，通常比真实新闻传播更快，受众更为广泛。假新闻拥有强烈的情绪代入感，会煽动极端言论与极端群体，腐蚀公共价值观与美德，进而引发更多的社会问题。

最值得关注的还是美国对"身份政治"的煽动。互联网是美国以身份对立替代阶级对立的重要途径。美国原本就是由各种移民、种族构成的多元文化国家，互联网中存在着大量思想和价值观各异的文学作品、影视或言论。不同身份的网络用户基于自身文化与利益发表观念、评论现象，形成了复杂多样的网络族群。美国政府对于多样化的网络环境并未进行统一的价值观引导和强力规制，反而默许甚至为煽动身份对立的极端言论推波助澜。这一方面是为各政党争取政治选票，另一方面是希望将阶级间复杂的经济与社会议题归结为身份差异。然而，这种做法回避了严肃的政治与经济讨论，将很多社会问题、科学问题划为身份政治问题，降低了公共政策的质量。譬如在新冠肺炎疫情期间，美国民主党与共和党之间针对防疫措施存在不同的态度，分歧在互联网中被不断放大，以至于是否佩戴口罩都成了一项政治问题而非科学问题。对于身份对立的煽动的确使很多人转移了视线，不再反思和声讨美国政府防控不力的抗疫政策，但也削弱了两党

1　汝绪华. 假新闻泛滥对美国社会的影响、治理及其困境 [J]. 美国问题研究，2019 年第 1 期。

和群众的执行力，导致新冠肺炎疫情在美国的大失控。不难看出，这种转移矛盾的策略是"搬起石头砸自己的脚"，显著削弱了美国政党的领导力和政府的工作效率，在重大社会问题和公共危机治理面前表现极度疲软。

此外，分裂的网络族群映射到社会中，会固化单一身份，使社会呈现碎片化趋势，降低群众的国家认同，助长族群对抗，引起更多的社会负面效应。[1] 在社会中，每个人都拥有多重身份交叉，但长期煽动身份对立很可能使人们出现对单一身份的归属感固化、僵化，片面强调个人或少数群体的狭隘利益，而忽视其上的国家利益、公共利益。这些群体不再看得到"求同"，只呐喊着"存异"，一旦影响扩大便会造成社会对国家的认知分裂，深化意识形态鸿沟，诱发民粹主义极端行为。因此长期以来，美国的女权运动、同性恋运动、难民问题频发，近年来更是陷入了新冠肺炎疫情、种族问题、移民问题等多重问题叠加的局面，而糟糕的经济形势使美国政府的治理步履维艰。

数字技术本应成为各国提升治理效率、强化治理效能的重要工具，却为美国带来了一系列复杂的社会乱象，这无疑颇具讽刺意味。令美国陷入治理困境的并非数字技术与工具，而是资本的贪婪本性与资产阶级为少数人服务的根本价值导向。美国无力除其症结，只能尽力缩小社会矛盾带来的负面影响，这些问题积少成多，将不断把美国拖向黑暗的泥潭和深渊。

1　王军，黄鹏. 欧美身份政治的历史演进与治理困境 [J]. 民族研究，2020 年第 4 期。

三、外部压力：反"数字殖民"

在互联网商业化的前二十几年中，世界上越来越多的国家成了美国的数字殖民地，美国的数字权力随之达到巅峰。近几年来，随着世界各国意识到数字技术和数字空间的战略意义，反数字殖民的举措和呼声渐起。必须看到的是，在数字寡头如此庞大的规模面前，美国国内人民的购买力无力承担数字企业的产出，因此对海外市场的掠夺无疑是数字帝国主义不可动摇的一根支柱。从目前国际形势的发展态势来看，美国的数字霸权地位正在接受着愈来愈强劲的挑战，一旦美国的数字殖民版图被迫收缩，对美国经济也将产生不可忽视的负面效应。

首先看美国所谓的技术盟友。其中包括欧洲的各主要国家、北美的加拿大、大洋洲的澳大利亚与亚洲的日本等。这种技术联盟或者以原有的北约、"五眼联盟"等为依托，或者以新的协议或组织形成排他性的合作机制，以达到垄断国际产业链、排挤竞争对手的目的。但这种技术联盟内部并非铁板一块，拿其中最为主要的欧洲各国来说，欧洲的数字技术也曾拥有过辉煌年代，诺基亚、爱立信、西门子等都曾是享誉全球的公司，由于种种原因在自由化的浪潮中被美国企业吞噬了大量的市场，很多曾经新锐前沿的公司影响力也大不如前。目前，虽然欧洲对美国有着较强的技术与经济依赖，但也并不甘心彻底成为美国的附庸，一些国家与美国之间还发生过尖锐的矛盾。譬如法国，2021 年的核潜艇毁约事件，法国军工行业丢掉数百亿美元的军工订单，使得法美之间出现外交裂痕，让很多人怀念起当年的"戴高乐主义"。

在与美国的联盟中，欧洲国家的态度是合作与反制并存。尤其是近年来，为了削弱美国在欧洲的数字力量，欧洲国家作出了很多尝试与努力。举几个关键的例子。第一，欧洲针对"数据"相关问题作出了严格的立法保护。21世纪以来，美国依靠《安全港协议》和《隐私盾协议》实现了欧盟公民个人数据自由且持续地向美跨境流动。由于欧盟的互联网科技产业基础薄弱，为了避免美国继续肆意访问公民和国家的数据，欧盟近年来在法律体系上下足了功夫。先是陆续判定《安全港协议》和《隐私盾协议》失效，后又在2018年推出了《通用数据保护条例》，给予了数据主体而非经营者以广泛的权利，被广泛认为是欧盟有史以来最为严格的网络数据管理法规。2020年，又连续发布了《塑造欧洲数字未来》《欧洲数据战略》和《人工智能白皮书》等文件，确保欧洲对数据基础设施的自主可控，减少欧洲对其他地区关键技术的依赖。第二，欧洲针对美国数字寡头进行了强力的反垄断规制。欧盟针对美国寡头公司的调查从2010年后便开始展开，并于近年来达到高潮。英国、德国、意大利等国家多次提起对苹果、亚马逊、谷歌等巨头公司的诉讼，先后开出高额罚款，并要求美国公司提供部分应用程序的编程工具。此外，欧盟一直致力于通过完善法律条文形成限制美国互联网公司的业务守则，并积极通过数字服务法案推动本土小型数字平台、初创企业的发展，以削弱美国寡头的垄断地位。第三，欧洲针对数字税问题作出了有益的尝试。数字税是影响全球数字经济领域财富分配的一项重要举措，为了应对美国谷歌公司和苹果公司等技术类企业"巨头"在欧洲国家的现有避税举措，欧洲于近年提出了数字税征税计划。2019年，法国率先征收数字税，在最初的 27 家符合征税条件的公司中，美国拥有 17 家。[1] 随后，英国的税收政策立刻跟进。受到美国报复性关税等压力的干扰，数字税政策曾一度中断，欧盟也宣布暂缓推进出台新的税务规则。显然，作为一项规制美国寡头公司的有力举措，欧洲国家已经作出了有益的尝试。可以预见的是，基于本国利益，欧洲各国不会在技术力量尚未成熟之前强行摆脱美国的主导，但会持续地围绕数字空间与美国进行博弈，摩擦与经济冲突不会停止，美国不再可能像世纪初那样在他国市场中予取予求。一旦这些联盟国家形成了自主性的技术产品或是寻求到了新的合作力量，脆弱的联盟便会面对瓦解的风险。

其次，中国、俄罗斯等被美国视为主要竞争对手的国家给予了美国越来越大的压力。中国和俄罗斯是目前世界上最主要的两个具备较强技术能力且决意走自主化数字道路的国家。先说俄罗斯。近年来，俄罗斯政府尤其是高层领导对数字化转型非常重视，从顶层设计、资金支持、基础设施建设、人力资源培养等方面给予了不遗余力的支持，以政府部门、公共服务、国有企业的数字化建设为抓手，取得了一定的发展成效，在物联网、大数据、区块链、人工智能、云服务等领域均作出了战略部署。[2] 但由于起步较晚、私营企业转型动力不足等原因，俄罗斯的数字经济发展水平与美国尚有着不小的差距。俄罗斯真正能对美国形成压力的是网络信息安全与军事领域。俄罗斯原本就拥有不俗的军事实力，近年来俄罗斯国防部门又多次要求俄军系统

1　周文，韩文龙.平台经济发展再审视：垄断与数字税新挑战 [J] 中国社会科学，2021 年第 3 期。

2　高际香.俄罗斯数字经济发展与数字化转型 [J].欧亚经济，2020 年第 1 期。

性实现数字化，这无疑会增强对美国的威慑。俄罗斯国防部牵头制订了"人工智能十点计划"，希望将人工智能用于电子战、情报、侦查和战略决策过程，并正在开发一种军事信息共享指挥系统。此外，俄罗斯花费了大量的资金建成了自主的内联网 Runet，并在 2019 年底成功进行了断网实验，能够在不访问全球 DNS 系统和外部互联网的情况下运行，从而有效应对外国的网络攻击。俄罗斯为其他国家提供了成功的案例，一旦其他国家纷纷效仿，美国基于根服务器在网络空间形成的威慑力量将被极大地削弱。

相对于俄罗斯而言，中国给予美国的压力要更大。中美在数字领域中的竞争是全方位的，作为第四次工业革命中的两大领跑国，竞争的成败对于本国综合国力的方方面面乃至国际格局都会产生巨大的影响，故而美国才会对中国发动频繁的经济制裁与舆论攻击。从目前来看，尽管美国数字经济相对强势、中国相对弱势的格局可能在短期内持续存在，但中国已经展现出了赶超式发展的巨大潜力。在人工智能、云计算、物联网等一些关键性技术上，中国的发展水平仅次于美国，并且在 5G、量子信息技术、数字货币等领域突破了美国封锁，拥有了世界领先的科技成果。中国数字化产业的发展丝毫不亚于美国，拥有着仅次于美国的互联网巨头公司和独角兽公司。在中国经济深入开放的背景下，很多企业在积极寻求海外市场，这将对美国企业形成直接的竞争。而在中国特有的制度优势下，数字技术发展带来的负面效应在有效治理过程中被大幅压缩，未曾像美国那样引发严峻的社会问题。不仅如此，数字技术还被广泛应用于公共服务、扶贫、疫情治理等民生领域，这令中国数字经济的发展展现出比美国更强的韧性和可持续性。面对着中国的崛起，美国在出台一系列制裁措施但未取得显著成果后，似乎很难再推出实质性的方案。中国通过"双循环"策略应对国际环境的不确定性，辅之以强力的政治与军事保障，最快从疫情治理下复苏起来，给予了经济发展以稳定的环境。最关键的是，如果一个社会主义国家在更短的时间内实现了技术与经济发展的赶超，势必会在意识形态领域对美国造成巨大的冲击。一旦共产主义思想在美国互联网空间中受到广泛讨论并被更多的人认可，美国极有可能出现内部的惊人变革。

最后，广大的发展中国家虽然尚不具备技术冲击力，但也提供了不可忽视的国际力量。目前在国际空间中，数字技术的发展还存在着显著的"数字鸿沟"，很多发展中国家的互联网普及率仍然较低，缺乏技术发展的自主能力，还不足以从根本上改变被美国支配的现状。但广大发展中国家并未坐以待毙，而是积极运用在国际社会中的政治权力改变美国单边主导的模式。早在 21 世纪初，美国的网络霸权就显现出大国利益与全球公共利益的冲突，在联合国举办的"信息社会世界峰会"的日内瓦阶段会议和突尼斯阶段会议上，广大发展中国家针对 ICANN 的合法性和管理权等关键问题提出了明确的质疑和反对。进入 21 世纪第二个十年后，越来越多的国家意识到互联网全球治理的重要性。在 2012 年举行的国际电信世界大会，2014 年举行的世界互联网大会等重要会议上，广大发展中国家再次为平等的网络权利积极与发达国家展开博弈，针对网络资源的分配、网络知识产权的获取、网络接入能力及成本、网络空间监管等问题屡屡发声，强烈要求将网络空间全球治理置于联合国的框架内进行，虽然很多提案遭到了美国的强力阻挠，但国际压力还是迫使美国作出了一些实质性的改变。很多发展中国家陆续设立了独立的网络监管机构，并积极针对互联网立法，推动网络安全与发展问题走向正轨。[1]

此外，由于中国是世界上最大的发展中国家，并长期秉承互利共赢的合作发展原则与全球互联网治理的多边主义，中国在发展中国家的队伍中拥有较高的影响力与话语权，很多发展中国家也乐于与中国开展经济与技术合作。中国与非洲、拉丁美洲、亚洲等地区的发展中国家正在开展日益频繁的数字合作，切实提高了很多国家的信息基础设施、电子商务、网络安全等的发展水平。这些都表明更能代表世界各国利益的全球数字治理方案将会引起越来越多的共识，而随着包括中国在内的广大发展中国家形成日益强大的集体力，势必会对美国的数字霸权产生巨大的压力。

★ 无可救药的"美国病"

今天的美国非常像一个拥有强健肌肉却内患顽疾的病人。数字帝国主义在资本逻辑的指引下为自己盖起了高楼，同时也掘好了坟墓。当然，为了维系自身的长期统治和单边霸权地位，资产阶级政府出台

---

1 赵重阳. 从全球治理的角度看拉美地区网络空间治理及中拉合作 [J]. 拉丁美洲研究，2020 年第 6 期。

了一系列举措试图改变经济社会的危局。但随着阶级矛盾的加剧和国际形势的变化，很多曾经可行的政策逐渐失去了往日的奇效，"美国模式"也逐渐褪去了昔日的光环。数字时代的"美国病"病在根本，在当前的社会制度下，任何的国家管控举措只能是强行为其续命，终究无法克服资本主义的内在痼疾。

一、美国的药方

进入 21 世纪第三个十年后，美国面临的形势异常严峻。虽然历史上也出现过多次严重的经济危机，但像今天这样同时面对着多种复杂的矛盾与不确定性的情况并不常见。资产阶级政府采取了一系列的政策试图延续美国过去的辉煌，实际效果却并不尽如人意。

针对国内经济与技术的发展，近年来的美国主要作了以下几种政策选择。

第一，针对数字寡头开展大规模的反垄断审查。美国政府近年来释放出了限制数字寡头垄断地位的强烈信号。拜登政府上台后，签署了多项相关行政命令，众议院通过了《终止平台垄断法案》《美国选择与创新在线法案》《平台竞争和机会法案》等多项法案，谷歌、脸书等公司被美国司法部和各州多次提起诉讼。美国政府的目的当然不是限制大企业的发展，而是纠正其过分垄断行为，将其纳入监管框架，使其承担起平台责任，并激发市场活力，避免扼杀中小企业参与竞争的机会，利用中小企业推动创新发展、吸引就业。尽管声势浩大，但如前文所述，如今的美国与 20 世纪时面对着迥然不同的国内国际形势，很难再对科技公司处以严厉的处罚。当前，这些数字寡头已然成为美国的经济之本，即便是政客也不敢擅动。拜登政府需要依赖这些大公司保障税收、进行网络安全建设、占据国际市场。目前，美国寡头在国际范围内并不再是一家独大，有着颇多强大的竞争对手，一旦受制于严苛的反垄断政策，势必会影响到其国际竞争力。而寡头公司与政府之间的密切联系滋生了频繁的政治游说，当前通过的法案若想成为正式的法律文件困难重重。可以预见的是，我们很难再在此次反垄断审查中看到强制拆分、强制提供源代码等严厉举措，也很难在这一过程中看到美国政府频繁且强力的行政规制与处罚，这将使反垄断的实际效果大打折扣。

第二，调整产业政策，对高新技术企业给予持续的扶持。自金融危机以来，美国的几任政府都对产业政策保持了高度的重视。一方面，美国政府通过不断的税改积极推动制造业回流，另一方面则试图继续延续科技创新体系的优势。美国国会下设的科技小组于 2020 年末发布了一份《美国技术竞争新战略》，认为美国必须在科学技术能力和基础研究方面大幅度扩大投资来保持领先地位。于是，拜登政府开始调高用于基础科研的预算，并增加对半导体等产业的政府补贴。这些举措无疑是有益的，但美国当前糟糕的财政状况将使得很多政策前路未卜。美国至今无法从新冠肺炎疫情中脱困，经济增长动力不足，社会矛盾频发，公共支出使财政赤字日益扩大。这迫使拜登政府不得不上调美国企业的国内税率和海外利润税率，而势必会影响到美国本就艰难的制造业回流历程。此外，拜登政府还提出要向富人加税，通过资本利得税抬高最富裕人群税率，足以可见美国的经济状况已经到了何种困难的境地。当然，这一过程困难重重，如果无法妥善解决，美国的产业与科技发展进程必将滞缓，同时陷入财政能力与经济刺激相互制约的局面。

第三，开展大规模的信息基础设施建设。美国近几任总统都提出了大规模的基建计划，意图通过基础设施建设振兴经济、刺激消费、增加技术的应用场景。美国历史上曾多次由于基础设施建设受益，譬如罗斯福时期、艾森豪威尔时期、克林顿时期，等等。而近几任总统的基建计划却往往不了了之，拜登政府提出的 2 万亿美元计划也不断缩水。拜登的计划涉及多个领域，包括公路、桥梁、水利，包括前沿科技开发和制造业，一旦实施无疑将产生大量的就业机会、强化供应链。然而，美国的基础设施建设同样受到财政能力制约，美国没有像中国一样的国有企业，社会资本也由于投资回报周期长、投资回报率低而不愿进入。因此美国两党之间、联邦政府与州政府之间常常围绕基建问题而争论、扯皮。这造成美国近年来的大规模基建计划很难顺利获得参众两院的支持和通过，而一旦联邦政府的基建项目损害了州政府的利益，便遭到州政府的反对或拖延。美国的基建计划"理想美好、现实骨感"，行动慢、效率低，故此难以担起振兴经济的重任。

在对外策略上，美国则摒弃了过去一段时间中偏爱的"退群"方案，重拾盟友，运用政治力量排挤竞争对手。我们在上文中已经谈到过，美国目前针对数字技术与网络空间的主要对外方针即建立科技同盟、围堵竞争对手与意识形态攻击。科技同盟可以帮助美国保持战略优势与领导权力，并为本国公司寻找更大的市场，因此拜登政府放弃了特朗普时期"美国优先"的理念，推行价值观外交，积极拉拢盟友并要求采取一致行动，寻求通过美国式的"多边主义"重新掌握网络空间国际治理领导权。在竞争对手方面，中国则被视为最大的假想敌。在 2021 年 3 月白宫国家安全委员会公布的《国家安全战略中期指导方针》中，美国政府明确将中国列为唯一具有潜在综合实力挑战国际体制的主要竞争对手。对此，美国不断地围堵中国企业，将中国企业与高校拉入制裁清单，在关键技术与产品上"卡脖子"，加强盟友合作，意图打造"去中国化"的供应链，同时还在网络上不断煽动"中国威胁论"，伪造信息借助香港事件、新疆棉事件、郑州暴雨灾害等抹黑中国政府。但正如我们前文所述，国际形势并未完全按照美国期待的方向发展，欧洲的立场不断摇摆，中国的企业虽然在短期内蒙受了一定的损失，但受益于执政党强大的组织、领导能力和政府强大的执行力，对美国的制裁与攻击作出了及时的经济应对与舆论还击，并且抓住机遇兴建本土化的供应链条，让美国试图通过国际战略扩大科技优势、消化国内产能、转移矛盾焦点的思路方案收效甚微。

货币与金融手段也是美国惯用的策略。近几十年来，美国深受现代货币理论（MMT）的影响，因此在经济下行时常常会采取货币融资实现财政赤字，解决失业问题。2007 年的次贷危机中，美联储便多次降息直到零利率，后又开始了几轮大规模的量化宽松。在新冠肺炎疫情期间，这种"零利率＋量化宽松"的组合政策再次出现，以期拯救市场枯竭的流动性。不仅如此，这轮量化宽松并没有额度限制，美联储可以随时购买美国国债和抵押贷款。简单来说，就是无底线无限制地向市场"印钞"直至满足市场需求。由于获得了石油美元的霸权，美元是世界上最为流行和通用的结算货币和储备货币，因此美联储的这种货币政策将造成国际市场的巨大波动。大量短期投机性国际资金流入他国，会快速推高市场价格，造成股票市场、房地产市场的资产泡沫，并引发严重的输入型通胀。[1] 而美国则可以通过美元贬值刺激出口增长，缓解高失业率和国内产能过剩的压力，并运用超发的货币换取他国的资源与产品。待美国经济复苏后，美联储又会通过加息吸引投资者回流，而他国则由于资金不断撤离再次陷入经济危局。这种向他国转嫁危机的方式，在今天的美国已经日渐常态化。

为了减轻美国经济带来的负面连锁效应，很多国家都在试图减少对美元的依赖。欧盟从未放弃抬高欧元地位的努力，俄罗斯在积极推行"去美元化"进程，不断减持美债，中国也在积极推动人民币的国际化。目前的中国有一些明显的利好条件，譬如在数字货币领域的先行地位，可以通过区块链技术完成对现行结算体系部分功能的替代，而美国在这一领域的发展还相对落后。[2] 再譬如新冠肺炎疫情中，中国金融市场的稳定表现强化了人民币资产的国际吸引力，为人民币国际化带来一定机遇。而一些石油输出国譬如伊朗也尝试着运用其他货币替代美元结算，这势必会对石油美元的格局造成冲击。在这种情况下，美国屡试不爽的货币手段的实际效果开始降低，对美国经济的拉动能力减弱，引发的一些负面问题却凸显出来。美国受到资产泡沫与通货膨胀困扰，2021 年连续多月 PPI 与 CPI 价格指数走高。[3] 美元超

---

1 呈祥 . 疫情冲击下美国量化宽松货币政策的作用及影响 [J]. 经济界，2021 年第 4 期。

2 黄国平 . 数字人民币发展的动因、机遇与挑战 [J]. 新疆师范大学学报，2022 年第 2 期。

3 数据来源：美国劳工统计局。

发导致信用透支，国债收益率下行，债务规模庞大，不断面对违约风险。而无上限量化宽松和利率趋零将挤压后续货币政策空间，未来潜在的可选货币工具无法满足进一步抵御风险的需求，使得美国试图真正走出低迷的经济困境愈发艰难。

二、无法克服的资本主义痼疾

美国目前的窘境让我们再次看到了《资本论》的光辉。

几百年来，资本主义醉心于技术进步、对外掠夺、货币金融，时而高唱自由主义，时而呼唤国家调控，在帮助少数人积累财富的同时想尽办法竭力维持社会稳定和国家的正常运转，却依然无法摆脱频繁危机的命运。事实上，马克思所揭示的资本主义的内在痼疾才是资本主义国家难以逃脱泥潭的根本原因，即便到了数字时代依然如此。

马克思和恩格斯指出，资本主义的基本矛盾是生产社会化与资本主义生产资料私有制之间的矛盾[1]，这一总结是唯物史观的重要体现。随着科技的进步以及分工协作水平的进一步提升，生产社会化是生产力发展的必然趋势，而私有制作为资本主义制度下最为主要的生产关系则阻碍了生产力的发展。在数字时代，产生资本主义基本矛盾的条件并未发生变化，数字信息技术作为先进生产力的代表，推动着整个生产愈发社会化，但资本主义私有制的固存使生产力与生产关系的矛

---

1 马克思恩格斯选集（第3卷）[M].北京：人民出版社，2012年，第658页。

盾依然存在，这让数字帝国主义同样无法避免严重的社会经济危机。

　　资本主义基本矛盾表现在消费环节上是生产无限扩大的趋势与劳动人民购买力相对缩小的矛盾。毫无疑问，数字技术推动了生产社会化的水平。包括三个方面。一是生产资料使用的社会化。在互联网的连接下，企业的规模突破固定空间的限制，不同国家、地区的人可以协同完成同一产品的生产，还催生了大量的非雇佣劳工，促进了生产资料使用的社会化。二是生产过程的社会化。数字技术的发展拓宽了生产的边界，导致"社会工厂"的出现，提高了社会的分工协作水平，使社会各个生产过程之间的联系越来越紧密，许多工序相互连接配合，从而推动了生产过程的社会化。三是产品的社会化。随着社会整体生产能力的提高和信息技术的发展，无论是传统物质产品还是信息产品的产出能力均得到提升，社会产品和服务的种类日渐丰富多样，商品市场不断完善，产品的社会化水平也进一步增强。但是，如我们之前分析的，数字帝国主义时代普通居民的购买力并没有随着生产力的显著提升而发生明显改变，劳动依然无法在资本面前获得公平的利润分配，还要受到更为严重的机器压榨，致使阶级间的消费能力有着巨大的差距。数字资本家虽然拥有巨额财富，但显然无法满足社会生产所需要的庞大的消费空间，剩余价值的生产能力更强，却无法找到足够的实现路径。资本家为了追求利润，一边扩大生产，一边完全将数字技术视为盘剥工人的工具，最终只能产生严重的生产相对过剩问题。

　　资本主义基本矛盾表现在生产环节上是个别企业中生产的有组织性与整个社会生产的无政府状态的矛盾。在数字时代，企业的技术能力和组织能力均得到了显著的提高。从技术上讲，智能设备的运用在很大程度上提高了企业的数据分析能力，可以保证企业对现有的各项指标进行测算，更加精确地掌握企业现状，对企业未来发展态势以及整体市场状况作出预测，从而帮助企业制订出更为合理的规划，选择更为合适的投资和生产方向。从组织上讲，日益扁平化的组织结构的产生，保证了信息及时有效的传导，提高了企业各层级之间整体的协作能力。但是，只要私有制存在，平台所提供的计划性功能就只能被局限于企业内部，成为帮助企业家实现利益最大化的工具。各个企业不是利益共同体而是存在着强烈的竞争关系，这导致它们必然在逐利性和竞争的压力下不断推动技术进步、扩大生产，而不关心社会总体的供需水平，所以社会资源的调配和社会生产的供需比例仍然难以达到有序状态。于是我们可以看到，各大数字寡头只会以自身企业为中心进行经营活动，不断扩大生产、扩张规模、排挤和吞并竞争对手甚至捆绑政治，不顾愈发严重的社会矛盾和国家困难，政府的能力在这一过程中也被资本稀释，无法从根本上解决生产与消费之间的尖锐矛盾。

可以说，只要国家拥有资本主义的内核，就始终面临着被其内在痼疾扼住咽喉的危险，即便强大如美国，也无法摆脱经济规律的支配。此外，以往资本主义的基本矛盾常以周期性的经济危机的形式爆发，但近年来这种周期性的规律有弱化的趋势，表现为常态化的经济发展缓慢或停滞。20世纪70年代受经济危机影响，美、英等国抓住了信息产业的快车道，但法国、意大利、加拿大、日本等多个主要资本主义国家的年均复合增长率并没有出现类似过去长波的经济扩张态势。曾经大规模的经济萧条后，会出现新的投资和生产动力，在数年内刺激经济复苏和新一轮的高涨。但近年来，随着美国财政能力下降，经济问题日趋复杂，调控手段效果不佳，是否还会有新兴产业可以吸收经济剩余，能否通过科技创新去带动整体市场的繁荣，都是未知之数。一旦美国既无法通过财政和货币手段振兴经济，又无法在科技竞争中取得重大突破，还要在国际市场上被迫收缩，便会深陷国内既有矛盾难以自拔，无法获得开启新一轮长波的内生动力，就会像其他资本主义国家发生过的那样，陷入经济长期滞缓的困境。

三、美国社会主义的苏醒？

如何根除"美国病"？有且只有那一张良方。"资本主义生产的真正限制是资本本身。"[1]数字帝国主义的病症无可救药，唯有重生。这一点在今天看起来似乎是天方夜谭，资产阶级的信息控制与阶级分化无所不在，美国的政客也时时将"社会主义"形容为洪水猛兽。但目前，依然有人反思美国模式的弊端，社会主义依然在美国保留着火种。

19世纪中期，魏德迈等人将马克思主义的思想带到美国，随后开始有社会主义组织出现。1901年、1919年，美国社会主义运动中最重要的两个党派——美国社会党和美国共产党先后成立，其发展在整个20世纪经历了起起落落，总体而言在20世纪后半期相对沉寂。2008年金融危机后，左翼浪潮在美国涌动，2011年的"占领华尔街"运动颇具声势，关于社会主义的思潮再次抬头。随后，在2016

1　马克思恩格斯文集（第8卷）[M]. 北京：人民出版社，2009年，第278页。

年、2020 年两次大选中，自称是"社会主义者"的桑德斯产生了极大的影响，他猛烈抨击美国的两极分化，坚决反对寡头对政治的驾驭，提出了免费教育、全民医保、提高最低工资标准等一系列政策主张。[1] 尽管最终失利，但让民主社会主义的口号一度在美国流行，特别是在年轻人群体中引发了强烈共鸣。2019 年，美国权威民调机构盖洛普公布了一份民调结果，显示美国的"Z 世代"人群中，对资本主义持正面态度的比例约为 51%，而正面看待社会主义的比例维持在 49% 左右。[2] 新冠肺炎疫情期间，美国多种矛盾同时爆发，美国共产党、美国工人世界党等屡屡发声，提倡要以社会主义救美国，美国共产党还开办了马克思主义青年学校，这再次促使民众反思美国的发展道路。

尽管资产阶级和资本家正在运用种种方式消解美国人民的斗争意识，但再多的欺骗也掩盖不了资本的丑恶本性和底层民众贫困的事实。必须承认的是，美国距离社会主义还有一段较长的路要走，因为目前缺乏实现社会主义道路的现实路径。即便是桑德斯，其提倡的社会主义大体上不过是对资本主义进行改良的欧洲民主社会主义模式的模仿。[3] 美国社会主义道路的前提是信仰马克思主义的政党获得政权，如今的两党制下，即便提出社会改良方案也仅是资本主义内部的自我

1 刘玉安 . 美国离社会主义还有多远 [J]. 当代世界社会主义问题，2021 年第 2 期。

2 盖洛普 . 社会主义和资本主义在美国年轻人中一样受欢迎 [EB/OL].https：//www.guancha.cn/internation/2019_11_26_526421.shtml.

3 常欣欣 . 疫情、危机与美国社会主义 [J]. 科学社会主义，2021 年第 2 期。

修补。美国共产党等党派力量还较小，同时面对着两党的制约，即便近年来入党人数不断增加，仍需要一个较长的发展阶段。所以，美国接下来最有可能的举措还是继续实验各种药方，不断进行挽救各类经济和社会乱象的尝试。但是，我们也要看到美国社会主义因素不断积累的事实。二战之后，美国已经学习和吸收了社会主义国家的许多经验，采取了重要的制度调整和创新。什么时候会取得量变到质变的真正进展，则依赖于美国工人阶级的不断斗争，必须要形成一个能够领导工人运动发展的成熟的社会主义政党，并推动一个能够挑战现存美国资本主义制度的社会主义运动的出现。总而言之，这一过程可能很漫长，但必然会发生，因为那是唯一正确的选择。

当然，外部的国际因素也会影响美国迈向社会主义的进程，其中最重要的是中国的发展。尽管美国频繁地在互联网上丑化中国形象，但中国的发展速度与强大的社会治理能力仍然给予了很多人震撼。作为社会主义国家，中国走了一条与美国完全不同的发展道路，却依然取得了巨大的发展成就，经济与社会显示出远超于美国的稳定性。只要中国妥善应对美国打压，在科技竞争中保持优势，继续推动经济高质量发展，美国相对衰落的趋势便愈发明显。随着越来越多的人研究中国模式并进行中美对比，社会主义的制度优势必然将受到更多民众的认可，共产主义的理想信念会进一步得到传播。这种改变极有可能是率先发生在数字空间中的，因为数字空间承载着一种巨大的力量，即意识形态。如果可以在数字空间中突破资本逻辑的封锁，有更多的网民形成先进的理念与意识，培养起更具革命精神的青年一代，美国社会主义的进程必将大大缩短。

第 七 章

迈向未来：

数字社会主义与

数字命运共同体

中国目前的确在前沿技术、数字产业化水平等方面与美国尚存一定的差距，但显著的制度优势、与资本逻辑迥异的价值取向等关键条件将为中国缩小差距与实现赶超奠定基础。在国际数字空间中，中国也提出了区别于数字霸权的方案，以互利互惠、平等共治的数字命运共同体替代数字帝国主义的压迫与掠夺，并积极通过"数字丝绸之路"等方式形成新型伙伴关系，帮助落后国家发展，实现各国的共同进步与繁荣。数字命运共同体是数字时代趋向共产主义社会的重要路径，各国先进政党与进步人民应当在数字技术的加持下，顺应历史之势、人心所向，组织与团结起来，共同为共产主义的伟大理想不懈努力。

在窥探了数字帝国主义的全貌后，让我们将目光回转向大洋彼岸，来讲述一个数字社会主义国家的故事。作为仅次于美国之后的世界第二数字大国，中国在发展历程不及美国的情况下，却展现出丝毫不亚于美国的发展速度以及更强的发展韧性和潜力，且并未如美国一样受到技术的惩罚而陷入经济与社会问题交织的局面。美国产生了巨大的危机感,因此在未来一段时间内,数字帝国主义与数字社会主义的技术竞争将持续存在,而这种技术竞争势必会扩展到经济竞争、制度竞争以及意识形态竞争。世界数字格局将向何处去?美国的数字霸权会延续还是终结?中国的数字社会主义又该怎样前进?这都是当前阶段我们必须思考的议题。

★ 数字社会主义

近年来,"中国式现代化"成就令世人惊叹。在数字化发展上,中国与美国一样,经历了从成长到成熟的探索历程,却依然走出了一条中国特色社会主义道路,其中的经验值得深思和总结。目前,中国的数字社会主义发展还有着很大的空间,且面对着颇多的挑战,只有正视差距、直面问题、妥善解决,才能进一步凸显数字技术与社会主义制度间的相容性,激发出更大的社会生产力。

一、数字社会主义的发展历程

中国的数字化历程应从 1958 年算起,自 1958 年起到 1994 年,是中国数字社会主义的前期奠基阶段。1946 年美国的"埃尼阿克"问世后,英国和苏联迅速跟进,很快有了自主的科技成果。中国的一些科学家也嗅到了时代的气息，其中的代表是华罗庚。他在冯·诺依曼等人那里了解到计算机的一些相关研究工作，迅速意识到了这一科技成果的重要性。回国后，华罗庚于 1952 年在中国科学院建立了中国第一个电子计算机科研小组，开始了计算机技术的初期探索。1956年，国家制定了《十二年科学技术发展规划》，计算机技术被列为发展科学技术的重点之一，中国科学院计算技术研究所筹备委员会也于同年成立。到了 1958 年，我国第一台电子计算机诞生，被命名为103 型计算机，这是我国计算机科技领域第一个自主研制的标志性成果，应当被视为我国数字社会主义之路的开端。

我国的计算机发展经历了从电子管到晶体管再到集成电路的过程。1959 年后，几台标志性的电子管计算机——104 型、107 型、119 型等先后研制成功。与美国相同，早期的这些计算机主要被用于科学计算和国防安全领域，在全国首次大油田实际资料动态预报、原子弹和氢弹等研制过程中发挥了重要的作用。1964 年后，晶体管计算机的研制取得突破。解放军军事工程学院、中国科学院、华北计算所等先后推出 441-B 机、109 乙机、108 乙机，为当时的"两弹一星"工程提供了重要的算力和数据依据。70 年代后，中国的计算机研发进入集成电路时代，中科院先后推出了第一台小规模集成电路通用数字电子计算机 111 机、大型通用集成电路通用数字电子计算机 013 机等重要的技术成果。[1]

1　陶建华等.中国计算机发展简史 [J].科技导报，2016 年第 14 期。

　　1973 年，第四机械工业部在北京召开的"电子计算机首次专业会议"，对我国计算机产业的发展历程具有重要影响。这次会议总结了过往的发展经验和教训，认为单纯为特定工程服务的研发模式无法形成计算机的批量生产，应当规模发展系列机，特别是中小机，着力计算机的普及和运用，这直接促使中国计算机工业的初步形成。随后，DJS-100 系列、DJS-180 系列等小型机先后问世。1977 年，由安徽无线电厂、清华大学等共同研发的 DJS-050 系列微型计算机诞生，揭开了中国微机的发展史。1985 年，第一台高级中文微型计算机长城 0520-CH 研制成功，解决了当时微机无法显示汉字的问题。巨型计算机的发展也并未滞后，1983 年，我国推出了自主研制的第一台亿次计算机"银河 I 号"，1992 年推出 10 亿次巨型计算机，达到国际先进水平。此外，中国的电脑产业在 80 年代后开始发展，出现了商品化的个人电脑和一批创业公司，联想、方正、长城计算机等公司先后成立。

　　除了计算机行业外，一些数字化领域的核心技术也在这一阶段起步。我国的半导体产业于 50 年代建立了初步的工业体系，六七十年代时，由于国际上的技术封锁，加之国内特殊的政治经济局势，半导体产业获得的财政支持减少，而半导体行业具有超快更新换代的特征，中国的技术追赶逐渐乏力。改革开放后，便形成了"造不如买"的思路，开始以购买国外先进技术为主。但不可否认，这一阶段半导体产业的发展为我国积累了技术和发展战略上的经验。数据库起步于 20 世纪 70 年代中后期，1975 年，当时的国家计划委员会和国家统计局的计算中心着手建设全国统计数据处理系统，1987 年国家信息中心成立，该中心设置了数据库部，把数据库建设作为信息系统建设的核心技术，20 世纪 80 年代后期至 90 年代初期，关系数据库管理系统得到推广应用，数据库技术逐渐向产业化发展。人工智能技术则是在 70 年代末 80 年代初日益活跃。1981 年，中国人工智能学会成立，随后在 "863 计划" 中，智能计算机系统、智能机器人和智能信息处理等重大项目被列入国家发展规划。80 年代末期，网络技术进入中国。1987 年北京计算机应用技术研究所建成中国第一个国际互联网电子邮件节点，并发出了中国第一封电子邮件，揭开了中国人使用互联网的序幕。1989 年，中国国家计算机与网络设施（NCFC）正式立项并启动，由中国科学院、北京大学、清华大学等共同建成了国内第一个示范网络，1990 年中国国家顶级域名 ".CN" 正式被注册，为中国接入国际互联网做好了准备。

上述是中国数字技术和产业起步和探索发展的阶段。中国积极通过国家部署填补技术空白、弥补发展差距，数字技术也在国家战略和重点项目上发挥了巨大的作用。但由于市场化进程滞缓，创新活动的主体是政府支持下的高校和科研机构，一些初创的企业也多数依赖于军工订单，市场上的商用与民用需求尚有巨大的开发空间，数字技术在经济社会中的作用还比较有限。

从 1994 年到 2012 年，是中国数字社会主义的快速发展阶段。1994 年，NCFC 接入国际互联网的要求被美国 NSF 认可，中国被国际上正式承认为真正拥有全功能互联网的国家，这一年也被认为是中国互联网的元年。随后，中国科学院、中国电信、瀛海威等迅速铺开了全国性的骨干网。1997 年，中国互联网络的四大主干网（中国科技网、中国教育和科研网、中国公用计算机互联网以及中国金桥信息网）实现了互联互通。互联网的发展推动了这一时期各类数字技术的快速跃进。在信息基础设施上，中国电信、中国移动、中国联通三大运营商先后成立，电信行业迅速发展，基础网络的建设规模和传播质量进一步提升，光缆线路长度不断增加，移动通信技术迭代升级。在计算机发展上，除了银河系列外，神威、曙光、天河等系列先后诞生，中国在高性能计算机上不断取得突破，进入世界领先行列。在半导体行业，国家于"九五"期间开展了"909工程"，再加上"863计划"和"核高基项目"的支持，带动了半导体相关上下游产业的发展。虽然这一时期整体水平较世界领先国家还有差距，但也产生了龙芯系列、申威系列这样优秀的自主化产品。在软件上，不断有公司尝试开发国产的操作系统，在办公、杀毒、词典等领域出现了金山公司、360公司等颇具竞争力的企业。在人工智能上，更多的人工智能与智能系统研究课题获得国家基金计划支持，并与我国国民经济和科技发展的重大需求相结合，视觉与听觉的认知计算、中文智能搜索引擎关键技术、虹膜识别、语音识别等方面均取得了一定的突破。

不过这一时期，中国数字领域最显著的特征还是平台经济的蓬勃发展，与之相比，基础科技的进步都相对失色了。新兴的互联网热激发了一批创业者的热情，加之这一时期社会主义市场经济体制的确立，中国互联网的创业大潮兴起。1997年，网易公司成立。1998年，搜狐公司、京东公司、腾讯公司、新浪公司成立。1999年，阿里巴巴公司成立。2000年，百度公司成立。最初这些公司大多走的还是模仿创新的思路，譬如百度对标谷歌，阿里巴巴对标 eBay，新浪、网易等对标雅虎。2000年，中国移动推出"移动梦网计划"，由运营商构筑手机上网平台，互联网功能迅速丰富，企业和网民数量成长进入快车道。2005 年，中国的网民数量过亿，互联网的商业价值迸发，一些典型的商业模式如搜索引擎、电商、电子竞技、网络广告等蓬勃发展，市场规模连年增长。社交网络在这一时期快速跃进，改变了大众的工作和生活模式，网民们不再仅仅是信息的接收者，也成为信息的创造者和传播者，各类网络文化被塑造出来。

2010 年后，由于移动技术的进步，手机用户迅速增长，网民上网时间进一步延长，视频、金融、出行、直播、外卖等更多的业务模式出现，美团公司、斗鱼公司、滴滴公司、字节跳动公司等成立，阿里巴巴、腾讯、百度等公司不断扩展业务范围，逐步覆盖了国民生活的各个领域。根据第 30 次《中国互联网络发展状况统计报告》，截至 2012 年 6 月，中国网民数量达到 5.38 亿，手机网民规模达到 3.88 亿，手机首次超越台式电脑成为第一大上网终端，域名总数为 873 万个，网站总数升至 250 万个。网络购物用户规模达到 2.1 亿，网上银行和网上支付用户规模分别为 1.91 亿和 1.87 亿。[1] 腾讯、阿里巴巴、百度等成长为全球市值排名前列的互联网公司。对于互联网新生业态，国家给予了高度重视，要求理顺互联网的管理体制，并出台了系列法律，但总体而言还是给予了这些初创的网络公司一个相对宽松的发展环境。当然，政府政务工作也紧随信息化的步伐，新闻、宣传和转播活动开始向互联网媒体倾斜，电子政务快速发展，2001 年全国政府

1　中国互联网络信息中心.中国互联网络发展状况统计报告 [EB/OL].http：//www.cac.gov.cn/2014–05/26/c_126548753.htm.

网站建设范围已经延伸到乡镇级政府，2006 年中央人民政府门户网站正式开通，2007 年国家电子政务网络中央级传输骨干网网络正式开通，标志着统一的国家电子政务网络框架基本形成。

在这一阶段，市场化和商业化进程的加速使数字技术对经济生活和社会生活都产生了不可忽视的影响，逐步改变了人们的生活和消费习惯，整合了传统业态，拓展了社会分工，创造出了巨大的经济价值，且依然蕴含着广阔的发展空间。当然，由于过快的发展速度与相对宽松的市场环境，一些问题和隐患如产业结构失衡问题、网络安全问题、网络舆论问题、金融风险问题、数字鸿沟问题等逐步暴露出来。

党的十八大之后，是中国数字社会主义发展走向成熟的阶段。中国坚持了有效市场和有为政府相统一的原则，在数字领域强调发展与治理并重。在数字技术上，我国高度重视数字化发展机遇，党中央、国务院出台了网络强国、"宽带中国"、"互联网＋"等战略和行动方案，并围绕数字技术发展出台了系列规划意见。在"十三五"规划中，围绕国家信息化规划、"宽带中国"、云计算、物联网、工业互联网、新一代人工智能作出了重要部署。在"十四五"规划中，再次将加快数字化发展作为重要的国家战略，指出要"迎接数字时代，激活数据要素潜能，推进网络强国建设，加快建设数字经济、数字社会、数字政府，以数字化转型整体驱动生产方式、生活方式和治理方式变革"。在中美贸易战、科技战后，中国更加深入地认识到本土化产业链的重要意义，坚持把科技自立自强作为国家发展的战略支撑，不断加大对高新产业与本土企业的支持力度，孕育出了一批具有创新能力的本土公司。目前，中国在 5G 建设、数字货币等领域已经领先全球，在量子计算、移动操作系统、物联网等领域已经突破封锁，半导体、人工智能等领域也在加快追赶。此外，中国的互联网普及率不断提升，建成了全球最大的信息通信网络，数字新基建基础不断夯实。截至2021 年 6 月，中国拥有超 10 亿网民，互联网普及率达 71.6%，形成了全球最为庞大的数字社会。IPv6 地址数量达 62023 块 /32，移动电话基站总数达 948 万个，光纤宽带用户占比提升至 94%。[1] 同时，中国的电子政务和公共服务数字化水平在加速提升，新型智慧城市建设不断加强，互联网及科技企业还在逐步向四五线城市及乡村下沉，带动了农村地区物流和数字服务设施不断改善。

在数字技术的支持下，我国数字经济进入快速发展的新阶段，规模不断扩大，新技术、新产业、新业态、新模式层出不穷，电子商务、网上外卖、短视频、在线医疗等蓬勃发展，数字服务贸易快速增长。根据《中国数字经济发展白皮书（2021）》，2020 年我国数字经济规模达到 39.2 万亿元，占 GDP 的比重为 38.6%，位居世界第二位。[2]随着各地产业数字化转型进程的加快，数字技术逐渐成为国民经济高质量发展的重要推动力。同时，我国还有着仅次于美国的数字巨头公司和独角兽公司，华为、大疆、小米、腾讯、京东等公司真正成为具有世界影响力的大企业，孕育了一批极富国际竞争力的科技产品。在支持数字企业发展的同时，我国也开始治理市场化进程中的问题和乱

1　中国互联网络信息中心 . 中国互联网络发展状况统计报告 [EB/OL].https：//www.thepaper.cn/newsDetail_forward_14277498.

2　中国信息通信研究院 . 中国数字经济发展白皮书 [EB/OL].https：//coffee.pmcaff.com/article/13701912_j.

象，引导资本发展方向，推动形成公平有序的市场环境。譬如针对互联网巨头公司的垄断问题，我国坚决强调强化反垄断和防止资本无序扩张，对阿里巴巴、美团等公司处以高额罚款，对滴滴等公司进行强有力的行政干预，打破互联网生态封闭壁垒，积极探索反垄断的长效机制，以促进数字经济的健康稳定发展。此外，数字技术在促进就业、精准扶贫、社会保障、疫情防控等方面发挥了重要作用，实现了经济发展与社会进步的协同并行。

党的十八大之后，我国对网络安全与相关治理工作的重视程度进一步加强。习近平总书记提出了建设网络强国的发展目标，将网络安全问题视为关乎国家安全全局的重大问题。《国家网络空间安全战略》《通信网络安全防护管理办法》《数据安全法》《个人信息保护法》等网络安全法律法规和战略规划相继出台，为解决一些新现象、新问题提供了法律依据，网络空间法治进程迈入新时代。此外，在政府的引导下，互联网社会共治的格局逐步形成。国家针对互联网空间信息治理开展了系列行动，全面开启网络实名制，加强了对网上舆论的正面引导，互联网企业开始主动履行社会责任，广大网民也积极加入了网络监督和优秀文化传播的进程之中。[1] 在对外政策上，我国始终坚持网络主权观，反对网络霸权和发达国家提出的网络自由主义，倡导互联网的全球共治共享。在构筑全方位网络安全防线、强化信息安全漏洞管理的同时，通过积极搭建互联网对话平台、参与国际互联网规则

1　郑振宇.改革开放以来我国互联网治理的演变历程与基本经验[J].马克思主义研究，2019年第1期。

制定等途径，为改变不合理的国际网络秩序、推动互联网全球治理贡献力量。

总而言之，在党的十八大之后，中国数字社会主义的建设真正进入了成熟发展的阶段。不仅在经济实力与科技实力上成为美国之后的世界第二数字大国，实现了数字经济、数字政府、数字社会共同发展，形成了引领技术与经济发展的制度体系，以人民逻辑替代资本逻辑，不断调整制约先进生产力发展的生产关系，保障了数字社会主义的安全、高效、有序运转。

二、数字社会主义 VS 数字帝国主义

近年来，中美之间综合国力对比发生显著变化，从经济体量、工业规模、高新技术等方面综合评估，中国成为美国在国际上的唯一潜在挑战者，美国对中国的态度也由竞争与合作并存变为竞争为主。从 2017 年下半年开始，美国对中国发动了贸易战、科技战，意在维护美国在高科技领域的绝对领先和综合国力全球霸主地位。在这场竞争中，数字领域是关键之钥，其胜负关系到整个科技领域、经济领域、制度之争等。从目前的态势来看，中美两国各有千秋，都不具备短时间内击垮对方的压制性力量，因此"数字社会主义 VS 数字帝国主义"的格局将在未来一段时间内持续存在。

当前的中国相较于美国存在的短板主要体现在基础科技、人才培养、产业化水平、国际化等几个方面。从基础科技上来说，中国是后发国家，获得目前水平的科技创新能力已属难能可贵，但在关键核心

技术和生产工艺等方面与美国仍然有不小的差距。中国的 R&D 活动主要侧重于试验发展阶段，在基础研究和应用研究领域的投入比例要低于美国，且专利转化率较低。在基础科技的几大行业——计算机、通信设备、半导体等，美国布局了大量的专利，明显高于中国。因此我们可以看到在平台层和应用层，中国的技术应用已经不逊美国，但在物理层和系统层，中国能够与之相抗衡的产品并不多，这使美国在数字贸易、国家安全等领域对中国依然持有压制力。

从人才培养上来说，中国近几年虽然在高学历人才培养和科学技术研究队伍规模上不断扩充，但还有着一些突出的短板。一是在数字技术领域存在人才的结构性问题。在相当长一段时间内，中国的基础工艺产品大多依赖于进口，这对于教育培养机制产生了影响，很多高等学校都是刚刚设立集成电路和人工智能等学院或研究中心，以至于近年来走自主化研发道路时，人才供给完全跟不上需求，存在巨大缺口。二是人才质量与美国仍有不小差距。中国学者虽然在论文产出总量上已经超过美国，但在论文引用数上与美国相差甚远，在业界顶级刊物上的产出成果远不及美国。在一些标志性奖项上，如诺贝尔奖、图灵奖，中国也缺乏具备国际影响力的学者。三是对国际人才的吸引力较低。美国有着优渥的人才发展政策支持，高校的国际高层次科技人才培养规模非常庞大，为其科技发展与企业创新储备了来自世界各地的人力资源。相较之下，虽然我国近年来华留学人数有着显著的提升，但外籍博士的比例还较低[1]，在就业上也尚未对留学生产生强大的

1　胡蝶，王嵩迪. 中美高校科技人才规模与质量比较研究 [J]. 中国高教研究，2021 年第 6 期。

吸引力，且在工作签证、审批手续等方面未形成成熟的管理机制，故
而在外籍人才储备上不及美国。

从产业化水平来说，中国的发展驱动力相对单一，产业互联网方
面存在较大发展空间。美国非常注重互联网的整体布局，除了消费互
联网外，还很重视互联网及智能技术等在制造业领域的应用。与美国
相比，中国目前消费互联网"单腿跳"的特征很明显。[1] 事实上，我
国产业互联网的发展潜力和市场空间非常大，有着庞大的市场主体，
诸多的政府部门、社会团体，对运用数字技术提高生产经营效率有着
强烈的需求。国家对产业互联网也作了重要部署，但目前来看，我国
在工业控制、工业软件、工业安全等基础核心技术上存在短板，更多
的是依赖国外厂商，本土品牌主要集中在国内低端工业控制系统市
场。此外，从大环境来讲，也尚未形成较为成熟的创新生态，产业、
技术、金融的融合不够，未形成龙头企业间、跨行业间、产融间的良
性互动，这造成了我国产业互联网在应用开发、行业覆盖、商业模式
创新上的相对滞后。

从国际化上来讲，我国多数数字公司的业务范围和利润来源主要
依赖于大陆地区，美国的数字公司在 20 世纪 90 年代就已经开始了全
球化的步伐，一些初创的数字公司也非常擅长在本土市场走向正轨
后，再扩张到加拿大、欧洲、亚太地区等，为美国的数字公司不断地
带来增量市场。我国不仅在数字经济整体规模上与美国有不小的差

1　闫德利. 中美数字经济的差距比较研究 [J]. 互联网天地，2020 年第 10 期。

距，且国内的数字公司更多的还是服务于本土市场。除了小米等少数公司取得了不俗的成绩外，大多数公司的海外市场规模占公司总收入比还较低。[1] 很多本土公司也多次尝试过"出海"，但进程并不顺利。其中的原因是复杂的，有美国先动优势带给中国的天然竞争弱势，有美政府联合盟友的蓄意打压，还牵涉到不同文化、价值观和生活方式等软性因素，这极大地限制了我国数字公司的进一步发展。

当然，中国也具备一些美国所不具备的独特优势。

首先，显著的制度优势。中国特色社会主义制度坚持党的领导，有着更加完备的政治体制、有力的政府和集中力量办大事的能力，为数字社会主义的健康、稳定发展提供了保障。集中体现在以下几点。第一，为数字经济与科技的发展建立了安全有序的宏观经济环境。在中国共产党的统一领导下，中国的社会治理与国防能力持续提升，经济和金融的稳定性不断强化。一方面，这可以为自主化供应链的构建提供更加充分的财力支持。在新冠肺炎疫情期间，与美国深陷疫情危机与债务危机的情况不同，中国科学的防控机制促使经济率先复苏，财政收支运行情况良好，债务规模可控，令持续为高新企业提供扶持与补贴成为可能。另一方面，中国强大的国防与外交实力不仅能保障国内的和平环境，还将不断冲破地缘政治束缚，营造良好的国际合作环境，为本土企业的"出海"创造条件。第二，新型科技举国体制将加快中国赶超式发展的脚步。[2] 当前，中国已经将科技自立自强

1　腾讯研究院.中美数字经济的差距 [EB/OL].https：//user.guancha.cn/main/content？ id=536321.

2　武力.发挥新型举国体制优势 强化国家战略科技力量 [J].中国纪检监察报，2020-12-24。

作为国家发展的战略支撑，积极培育本土产业链供应链，集中力量攻关关键核心技术，营造创新生态，近几年已经孕育出"九章"量子计算机、"麒麟"操作系统等优秀的产品。与此同时，中国也在积极利用政府采购等方式为创新产品的消化吸收提供环境，强化企业再创新的能力，中美间的科技差距有望不断缩小。第三，更加成熟和具有连续性的政策体系为数字经济发展提供了制度保障。基于民主集中制原则，中国形成了从顶层设计到分级分类推进的政策制定机制，在保证中央的统一领导下，还能够发挥各地方优势进行产品和商业模式创新。另外，五年规划等模式形成了成熟的目标管理体制，可以保持政策的连续性和稳定性。很多政策红利已经转化成发展新动能，在数字领域取得了积极的经济社会效益。第四，可以真正实现对市场的强力监管与有效调控。中国始终以限制并利用资本为原则，高度警惕资本捆绑政治，这使中美两国在应对发展问题时，从管控手段到实际效果都存在着鲜明的对比。中国针对垄断大企业作出了严厉处罚，明确"996""007"的过劳工作违法，充分保障零工工人的权益，推进新就业形态劳动者加入工会，这在美国是难以实现的。如此有力的宏观调控避免了很多发展过程中的市场乱象，通过政治引导始终保持正确的发展方向，推动数字经济的健康和可持续发展。

其次，强力的国有企业。与美国一样，中国也有一批富有创新能力的民营企业，它们成了推动科技进步和产业转型升级的主力军，但美国却没有中国强有力的国有企业。作为社会主义市场经济的压舱石，国有企业在以"上云用数赋智"为重点突破口进行数字化转型的同时，也为整个国民经济的数字化发展提供了助力。[1] 以信息基础设施建设为例，通信网络和基站、数据中心、工业互联网等信息基础设施规模大、投入大、质量要求高、回报周期长，国有企业的存在使中国避免了美国式的基建困境。截至 2021 年 6 月底，由三大运营商建立的 5G 基站已经近百万，NB–IoT 基站超 70 万，基本实现了县城以上的连续覆盖，光纤宽带实现普及并持续向千兆升级，IPv6 网络高速公路已经全面建成，为数字经济与科技的发展筑牢了根基。[2] 除了信息门类的国有企业外，其他部门的国有企业也在政府的统一领导下积极助推产业数字化的步伐。以数字人民币为例，无论是开发还是应用推广，均得到了银行类国有企业的大力支持。工、农、中、建、交、邮几大国有银行深入参与了人民银行的研发工作，并积极创新支付方式，提供相关配套数字金融服务，使中国数字货币的发展进程领先世界。在经济社会普遍数字化转型、网络安全问题愈发重要的大势下，国有企业将在中国数字经济与科技发展的过程中发挥更加重要的作用。

再次，完整的工业体系与广阔的市场。我国是制造业大国，拥有联合国产业分类中所列全部工业门类，这相当于为数字技术的发展提供了广阔的实验场。[3] 围绕产业链部署创新链，建立基础工艺创新体系，协同科研人员与熟练工人构建开放性技术平台，推动制造业发展

---

1 陈謇.“十四五”国有企业如何引领数字经济发展 [J]. 新经济导刊，2021 年第 1 期。

2 腾讯网 . 中国 5G 基站近百万 [EB/OL].https：//new.qq.com/omn/20210803/20210803A093ME00.html.

3 李三希 . 我国数字经济发展的主要特点和突出优势 [J]. 国家治理，2021 年第 18 期。

向价值链高端方向延伸，有助于将完备的工业体系优势转化为发展动能，实现持续性的创新突破和技术转化，打造完善的供应链体系，同时还可以为我国产业互联网的发展提供海量应用场景。我国拥有着世界上最多的人口，有着超大规模市场和超 10 亿网民，这为数字经济与技术的发展提供了海量的数据、庞大的需求和广阔的应用场景。在新冠肺炎疫情期间，正是线上消费、网络办公等业态在满足居民基本消费需求、保障基本生活方面发挥了重要功能，对中国经济起到了显著的带动作用。人民对美好生活的需要日益增长，个性化需求不断涌现，这成为消费升级的重要动力，促使各个数字经济企业不断开辟新场景、开发新产品，催生智慧城市、智慧医疗、智慧交通、智慧家居等新型服务和消费体系。在当前"双循环"的发展格局下，我国坚定地走独立自主的创新驱动发展道路，加快释放消费潜力，进一步打通生产、分配、流通、消费各个环节，完整工业体系与广阔市场的优势将更加凸显。

最后，以人民为中心的价值取向。中国数字经济的发展并未采取资本主义惯用的压榨和对外掠夺式道路，却依然取得了巨大的成就，这是因为与美国数字经济发展过程中占主导地位的资本逻辑不同，中国的发展道路始终坚持马克思主义"人的逻辑"，将最广大人民的根本利益作为改革的出发点和落脚点，实现了政府与市场、生产者与消费者之间的和谐共生。这是数字社会主义建设过程中的宝贵经验，对中国数字经济前景的影响无疑也是根本性的。一方面，数字技术在中国被广泛用于协同发展、民生和公共服务领域。中国正积极推动数字技术在农村地区下沉，构建区域一体化的数字贸易平台、服务平台，在扶贫工作、社会保障、疫情防控等方面充分发挥数字工具的赋能作用，不断提升政务和公共服务数字化水平。种种举措为整个经济社会的运行提升了效率、降低了成本，同时缩小了城乡、区域间的发展差距，助力了共同富裕的进程，保障了人民的购买力，避免了资本主义社会中财富过度集中引发的社会矛盾，保障了中国数字经济的持续向好。另一方面，以人民为中心的价值取向和人类命运共同体的理念在国际社会上得到越来越多的国家认可。很多国家都愿意秉承互利合作、共同发展的原则，参与到共建和平、安全、开放、合作、有序的网络空间中来，与中国数字经贸合作的热度不断提升，为中国数字企业在海外市场的成长创造了利好条件。

这些独特的优势将成为不断缩小中美之间数字经济与科技差距的重要因素。美国现在正经历内忧外患，但为了维系统治、缓解危机，它又势必不会放弃对中国的围堵。尽管这将使中国面对更具不确定性的国际形势，但在美国危机叠加、疲态尽显的时期展开竞争与博弈，是一次难得的赶超机遇。只要练好内功，搞好产业链核心环节攻关，培育起更多具备国际竞争力的本土企业，数字社会主义必将迸发出比数字帝国主义更强大的社会生产力，中国占据未来科技制高点、引领全球数字经济发展前景可期。

三、数字社会主义的未来

计算机技术诞生以来，很多政治经济学者作出过展望。20 世纪中期，波兰经济学家兰格将信息技术与计划经济可行性相联系，以应对奥地利学派针对市场定价和资源配置的诘难，同时为当时苏联传统的计划经济体制存在的合理性作出辩护[1]，是最早思考这一问题的政治经济学者。随着计算机和互联网的发展，又有学者如斯蒂芬·博丁顿[2]、安迪·波拉克[3]等陆续思索互联网时代计划经济的建构模式。他们旨在提出一种"新计划经济"[4]，认为数字技术支撑下的新计划经济拥有更强的客观性和反应能力，可以排除长官意志和人为干扰，更加适应瞬息万变的市场变化，从而克服传统计划经济体制的弊端。这种讨论一直持续到近年，在我国国内，2017 年前后，受到一干互联网企业家的言论影响，学者们纷纷发表观点，其中不少对"新计划经济"的论调持乐观态度；在国外，著名的 3C 杂志（《传播、资本主义与批判理论》）在 2020 年专门组织了专家探讨数字社会主义时代全新的经济组织模式。

可以看到，政治经济学界对数字社会主义的展望大多还是局限在"兰格模式"的思路，以数字技术与计划经济的关系为主题，这显然是不符合目前中国数字化道路的实践需求的。在当前生产力的发展阶段，数字社会主义的构建绝不能仅仅等同于计划经济的升级，因为尽管数字信息技术的确提供了政府进一步统筹经济规划的可能性，但这并不意味着在很多领域中央的计划是必要或是可行的，分布式的市场

1　奥斯卡·兰格. 社会主义经济理论 [M]. 王宏昌译，北京：中国社会科学出版社。1981 年。

2　斯蒂芬·博丁顿. 计算机与社会主义 [M]. 杨孝敏等译，北京：华夏出版社，1989 年。

3　Andy Pollak. Information technology and socialist self-management[J].Monthly Review，1997，4.

4　陶文昭. 信息时代两种经济体制的新论争 [J]. 马克思主义与现实，2009 年第 5 期。

活力也尤为重要。试图通过数字技术修复政府在资源配置中的决定地位会导致很多无法克服的问题,譬如难以形成足够的内在动力机制和有效激励,再譬如由于压抑企业家的作用而抑制创新活动,等等。此外,由于很多学者的出发点是为了论证计划经济与市场经济同时存在的合理性,因此不少方案都具有很强的设想性甚至乌托邦色彩,反而忽视了很多实际运行中可能存在的问题。譬如,很多学者都设想了一个全能型的垄断性国有互联网企业,可以总揽瞬息万变的市场信息并作出符合整体社会利益的决策,这在当前国情下来说是不符合发展规律的。事实上,社会主义国家与市场经济的相容性问题、计划经济在当前生产力发展阶段的不适用问题等均已被历史实践所证明,探索数字社会主义的发展道路,不应局限在"兰格模式"和"新计划经济"固有的思维框架,而要聚焦在如何通过数字技术服务完善和促进社会主义市场经济的发展,聚焦在如何使得数字技术与中国的制度优势进一步融合,这样才能摆脱理论桎梏,更多地解决现实发展道路上的问题。

从根本上讲,数字社会主义的建设就是要以先进的数字生产力满足于社会主义发展的本质要求。何为社会主义的本质要求呢?邓小平同志早已鲜明地指出:"社会主义的本质,是解放生产力,发展生产力,消灭剥削,消除两极分化,最终达到共同富裕。"[1]如今看来,我国的数字社会主义建设虽然取得了巨大的成就,但距离目标还有较长

---

1 邓小平文选(第3卷)[M].北京:人民出版社,1993年,第373页。

的道路。党的十九大报告鲜明指出我国社会主要矛盾已经转化为人民日益增长的美好生活需要和不平衡不充分的发展之间的矛盾，而我国的数字经济与科技的发展也存在着不平衡不充分发展的问题。所谓的"不充分"，是指前沿技术、应用场景等还有很大的开发空间，法律与制度建设尚不健全，整体发展水平对比美国这样真正的数字强国还有一定的差距，无法充分满足国家和人民对高质量科技成果的需求。所谓的"不平衡"，是指虽然近年来国内市场中诞生了腾讯、阿里巴巴之类的大企业，但大企业与小企业之间，区域之间，城乡之间，企业应用与政府应用之间，各产业之间在技术能力、资源配置等各方面还存在着显著的发展不平衡问题。

我国数字经济发展呈现自东向西逐级减弱的特点，数字基础设施建设区域差距明显，大型 ICT 公司主要聚集于东部沿海大城市且对小企业成长形成了垄断性的压制，农村数字化应用的开发程度远低于城市。在电子政务方面，根据联合国经济和社会事务部发布的《2020联合国电子政务调查报告》，中国电子政务发展指数排名虽有所提升，但仍仅排在全球第 45 位[1]，与我国数字经济身处全球领先集团的地位并不匹配。

随着新事物、新业态的涌现，市场上的新问题也在不断暴露。譬如如何避免算法对劳工的压迫、如何在拥有灵活组织方式的企业如零工企业中保证思想政治引领、如何确保非雇佣工人的权益、如何应对

1　联合国经济和社会事务部 .020 联合国电子政务调查报告 [EB/OL].http：//www.199it.com/archives/1093779.html.

日益复杂的网络舆论和网络安全，等等。如果无法及时、妥善地解决，这些问题长此以往必定会影响数字社会主义的长效发展和良性运转。

在现阶段，应当统筹发挥有为政府和有效市场的作用，着力解决目前面对的发展桎梏，为市场主体创造更有秩序也更有活力的营商环境。而在未来，不论我国的数字生产力发展到怎样的程度，不论出现了怎样新型的技术产品与商业形态，我们的建设道路必须毫不动摇地把握住社会主义的本质和根本任务。

第一，必须始终坚持党对数字化工作的领导核心地位，充分发挥党建引领作用。党的领导和强大的政府功能是数字社会主义区别于数字资本主义发展的一个根本性要素，也是解决发展问题、始终保持中国数字经济发展方向的重要保障。党的领导不仅仅是政治上的、思想上的，实践证明，党的政治优势、组织优势完全可以转化为企业发展优势。我国民营企业中的党建工作长期存在着困难，大量零工经济等新就业形态的出现更是为党建工作带来了挑战。为此，必须积极消除"党建真空"，在各大数字平台公司中设立党组织，将党组织的活动融入决策管理、生产经营、文化建设、权益保护、绩效考核，通过党建引领作用和党员的模范带头作用助力民营数字企业发展、保障员工权益、服务公共利益。唯有始终坚持党建引领，才能推动企业的生产经营目标与国家社会的发展规划真正结合，协同提升政府对数字企业的服务与监管能力。

第二，必须不断实现高新技术突破，提升社会整体智能化水平。数字社会主义要解决的首要任务是"解放生产力、发展生产力"。政府要做好重大科技项目的规划者和协调者，提高顶层设计科学性，利用政策引导合理配置资金与人才流动，建立服务和保障数字经济运行的、更加成熟的行政和制度体系，不断打破生产关系中的藩篱，逐步推动经济社会中生产、交换、分配、消费全领域的技术和业态升级。同时要调动一切有利于科技创新的要素，发挥市场在科技资源配置中的决定性作用，强化企业在新型科技举国体制中的创新主体地位，善于利用海外市场的科技资源，带动经济高质量发展。总之，就是要将数字社会主义的制度优势不断转化为科技发展效能，占领未来新型战略技术制高点，使中国不断向创新强国、智能强国迈进。

第三，必须不断完善数字行业管理法律和制度体系建设，保障劳动者合法权益。民营经济是我国基本经济制度运行的重要组成部分，在中国经济的发展中发挥了重要作用。政府对民营经济的发展也要积极引导，令其具备市场逻辑而非资本逻辑，从而有效地保障广大劳动者的生命健康和财产安全。在数字技术快速迭代的大背景下，新的数字产品、新的商业模式的不断涌现是可以预见的趋势，因此一方面需要加快形成明确和有效的制度约束，开展学术与政策讨论，厘清一些关键性的问题，帮助劳动者在遇到不公正、不合理的劳资关系时可以有法可依；另一方面要不断提升政府部门的技术水平，完善政企关系，探索嵌入型监管机制，保证政府对企业行为的可视性与及时管控。

第四，必须始终坚持以人民为中心的价值理念，稳步朝着共同富裕的目标迈进。贫穷不是社会主义，数字社会主义建设的最终目的就是要实现最广大人民的根本利益，让人民群众拥有更多的获得感、幸福感和安全感。目前，中国已经在积极践行共同富裕之路，在浙江建立起了共同富裕示范区。在实现全体人民共同富裕的进程中，应当充分发挥数字经济与技术的作用，促进数字基础设施建设均衡化，弥补公共服务短板，助力乡村振兴，完善全国统一大市场，为不发达的地区提供信息枢纽、销售渠道、融资途径，逐步实现经济发展的协调和共享式增长。同时，要积极探索数字税等新模式，助力分配制度改革，不断缩小社会收入差距，使人民真正可以享有数字社会主义建设的伟大成果。

★ 数字命运共同体

数字社会主义提供了区别于数字帝国主义发展的"另一条道路"，国际数字空间中同样需要一种区别于单边数字霸权的新规则。各国如若想真正实现在国际数字空间中的平等相处、合作共赢，改变美国经济掠夺与规则压制的现状，避免频发的网络安全威胁，就应当积极形成共同体主义的价值共识，将数字命运共同体作为反对霸权、走向共同繁荣的重要发展方向。

一、数字命运共同体 vs 数字霸权

党的十八大之后，习近平总书记结合当代国情世情，提出了人类

命运共同体思想。2015 年，在第二届世界互联网大会上，他又提出了
"共同构建网络空间命运共同体"的倡议，实现了人类命运共同体理念
在网络世界的延伸。随后，经过学界研究，一些学者提出了"数字命
运共同体"的主张，认为要将人类命运共同体的理念拓展到整个数字
领域，世界数字经济论坛也将 2021 年的主题命名为"构建数字命运共同
体"。数字命运共同体的构建是富有极大意义的，它为目前不合理的
国际数字格局提供了替代方案，将成为实现人类命运共同体的重要路
径。数字命运共同体与数字霸权的不同之处主要有以下几点。

第一，在科技与经济发展上，数字命运共同体倡导互惠共赢而非
单边扩张和零和竞争。数字霸权主义倡导倚强凌弱的世界秩序，依靠
这种秩序掠夺他国资源、消化国内产能剩余。美国十分强调对其他国
家形成绝对的压制力，且对竞争对手形成零和博弈的思维，以保护美
国数字经济的生命线。与之相对，数字命运共同体的理念强调的不是
争夺蛋糕，而是做大蛋糕，同时要分好蛋糕，不是某几个数字公司的
或某国的扩张，而是世界各国与人民的共同福祉和互利共赢。在全球
化时代，世界人民利益相互依存，在数字技术和经济领域还有诸多技
术难题、广阔的发展空间和应用场景，没有一个国家可以独自应对这
些挑战，不断推行数字霸权主义将引发诸多问题和乱象，损害世界各
国人民也包括美国人民的利益。因此，应当不断完善数字技术与经济
的合作机制，在各国人才与企业间建立起紧密的研发协作模式，并打
造更加公平的数字贸易体系。一些在当前阶段具有较强技术能力的数
字大国应积极提供全球数字公共产品，降低国际数字经济的运营成本，
帮助落后国家完善数字基础设施建设，推动各国联动发展、互利互惠。

第二，在文化上，数字命运共同体倡导文化交融而非文化冲突。数字空间是意识形态的重要阵地，推行数字霸权主义的美国借助互联网平台肆意宣传"美国至上"的理念，将其以"普世价值"掩盖起来，排斥他国文明，抹黑他国优秀文化成果，煽动他国网民，不断强化自身的精神领导力。与之相比，数字命运共同体则倡导不同文明的兼容并蓄、交流互鉴，将数字空间视为各国展示自身独特文化、进行思想交流与融合创作的舞台。事实上，文明不应有高下、优劣之分，而只有特色、地域之别，每种文明都有其独特魅力和深厚底蕴，都是人类的精神瑰宝，应当通过对话互相学习、寻找共融共通之处。为此，各国都应当警惕美国平台的信息游戏和意识形态煽动，建立严格的信息审查机制，做好本国网民的思想引导，摒弃美国内核的所谓"普世价值"，形成全人类休戚与共、协同发展的"共同价值"。同时应当更多地发挥数字空间的正向功能，积极进行国际文化合作，促进不同文化间的取长补短、共同进步，使得文明差异成为世界进步的动力而非冲突的根源。

第三，在安全上，数字命运共同体主张普遍安全观而非集体安全观。在技术权力不对等的情况下，集体安全维护机制经常成为推行数字霸权的国家制裁对手的工具[1]，近年来以美国为首的技术联盟的兴起即是代表。这些国家倡导集体安全，高喊着维护国家安全的口号，以团体的形式形成壁垒、打压他国。但这样的方式也在为自身树敌，将

---

[1] 鄢一龙. 共同体主义：21 世纪国际关系的新范式 [J]. 经济导刊，2019 年第 9 期。

正常的竞争升级为冲突，造成世界发展格局的分裂。与之相比，数字命运共同体的理念则主张普遍安全观，它不赞同利用各国的技术与军备竞赛维护安全，而是有赖于各国的相互尊重、平等协商，抛下冷战思维和强权政治，国家间走对话而不对抗、结伴而不结盟的新路。事实上，在一个各国相互依赖、技术不断更迭的国际数字空间中，绝对意义上的安全是不存在的，国家数字安全本就应当依靠各方，各国都具有平等参与数字安全事务的权利和责任。为此，必须坚决反对构建排他性联盟、动辄搞制裁活动的行为，尊重他国数字主权，督促各国承担国际责任，清除域内网络风险，坚持以对话解决争端、以协商化解分歧，共同治理网络恐怖主义等各国面对的普遍威胁。

第四，在国际数字治理上，数字命运共同体强调多元协同而非一元主导。近年来，越来越多的国家开始认同并接受多元共治的观念，广大发展中国家也在积极推动以联合国、国际电信联盟等国际组织为中心的数字治理模式[1]，但倡导数字霸权主义的国家基于技术优势仍旧把控着国际数字空间中的一些关键权力，使很多发展中国家在数字决策过程中被边缘化。以 ICCAN 为例，虽然该组织在 2016 年宣布成为不受国家政府控制的独立组织，但仍然必须遵守美国法律，决策成员中也以美国公民居多，很容易受到美国政府意志的影响，这让美国在实际意义上仍然拥有控制其他国家网络地址资源分配和域名解析的能力。

数字命运共同体的理念倡导国际数字空间的全球治理，坚持尊重

---

1 马建青、李琼.构建网络空间命运共同体：全球互联网治理范式演进和中国路径选择 [J].毛泽东邓小平理论研究，2019 年第 10 期。

差异、平等协商，保证所有利益攸关方在管理与决策过程中的平等参与。当前，虽然各国在数字领域上的发展情况不同，部分观点上有所差异，但在数字资源与产权保护、网络安全挑战等问题上有一致的诉求，完全可以基于共同利益建立共享共治的国际数字空间治理模式。因此，必须构建真正公平公正的国际组织和国际规则，摆脱数字大国掌握关键数字资源与权力的现状，促进多方对话交流，努力建立民主、透明、法治的国际数字治理体系。

如今，命运共同体的理念已经得到世界上很多国家的认可和响应，最大的障碍依然是倡导少数国家利益的美国及其利益盟友。这种对立是必然的，想真正清除数字霸权，各国应当形成集体力，不断完善全人类普享共遵的价值和规范，产生更为广泛和深刻的共识，并做到积极且擅长利用国际力量和外交手段。当然，技术上的追赶还是捍卫本国数字主权最彻底的方式，各国唯有逐步摆脱对数字帝国主义的技术依赖，推动数字产业的本土化、自主化，才能真正享有合理的利润分配，才能真正在数字命运共同体的构建上拥有更大的话语权。

二、数字命运共同体中的中国力量

数字命运共同体是中国为革新国际数字空间提出的重要方案，作为世界上少数可以在数字领域与美国抗衡的国家之一，中国的数字战略是数字命运共同体可否真正建成的关键性因素。近年来，中国积极承担大国责任，为国际数字领域的发展、治理体系的改革作出了巨大的贡献。数字命运共同体事关全球各国人民，中国应当继续团结一切可以团结的力量，为清除数字霸权、形成公平有序的国际数字空间不懈努力。

"数字丝绸之路"是当前中国迈向数字命运共同体的最重要路径，为打破美国在世界各地长期存在的数字霸权统治，可以从数字丝绸之路开始，实现重建现有国际数字格局的渐进式突破。在数字丝绸之路建设中，应当逐步形成区域性的经济发展共同体、文化融合共同体和空间治理共同体。

对于经济发展共同体，一要建立沿线统一的数字产业、数字技术标准认定和评估体系，设立第三方国际评估机构，以引导和扶持沿线数字产业、数字技术发展，消除各国合作中的障碍和壁垒。二要深化数字基础设施互联互通建设，解决沿线发展不平衡问题，可以设立支持沿线数字经济共同构建的专项支持基金和政策支撑体系，为落后地区提供资金支持。[1] 三要加快沿线科技发展一体化进程，利用大学、科研中心等建立区域性的数字技术人才培养机构，推动教育信息化平台建设，为落后国家提供可持续的人才支撑；完善企业间科技共研共享机制，兴建科技产业园，推动各国高新企业共同探索前沿科技。四要加强需求对接和商务合作，共创区域经济合作新机会。企业应当成为建设数字丝绸之路的主要力量，要基于各国需求共商数字经济合作计划，创新合作模式，促进项目落地，形成跨境数字贸易的良性生态体系。

---

1 陈健."一带一路"沿线数字经济共同体构建研究 [J]. 宁夏社会科学，2020 年第 3 期。

对于文化融合共同体，一要构建沿线数字文化共识，加强人文情感交流。民心互通是数字丝绸之路的有力保障，中国要不断以深入浅出、通俗易懂的话语方式表达中国立场、中国态度，在区域内形成具有共识的话语体系，帮助沿线国家以共同利益为导向，树立共建共享、互通有无、互利共赢的思维。同时，要加强官方间、社会组织间的文化活动与合作，形成官民并举、百花齐放、雅俗共赏的数字人文和情感交流局面，推动不同文化间的学习和碰撞，形成体现文化融合的艺术作品。二要在经济合作中，积极推动中国与沿线各国的平台与应用建设。唯有使用自主化的产品与服务，才能在网络空间中避免西方国家的信息煽动与意识形态控制，使广大网民听到真实的声音。此外，使用沿线各国的数字应用，还可以实现在日常生活中就架起文化交流的桥梁，在电商、教育、旅游、网络游戏等应用中，各国网民能够与沿线国家网民进行更加频繁的沟通，增进对彼此的了解，逐步实现共同认同。

对于空间治理共同体，一要构建和完善区域数字空间治理组织，以沿线各国的共同利益为原则，作为治理主体协调、处理数字领域的关键和日常事务。二要加快沿线统一的数字经济相关法律法规建设，积极开展区域法治合作与对话，分享数字治理经验，共同制定相关的治理规则、协调政策、竞争政策、跨境数据交流政策、跨境税收政策等。[1] 三要建立沿线数字经济发展的监管体系，确保各国政府对于数字创新合作的可视性，充分保障各国数字产权、网民隐私，惩处不正

1　王海燕.中国与中亚国家共建数字丝绸之路：基础、挑战与路径 [J].国际问题研究，2020 年第 2 期。

当竞争行为。四要建立沿线保障网络主权安全的合作体系，加强网络反恐合作，共同打击国际网络恐怖组织，共同维护沿线数字资源与数字权益，防止数字霸权国家任何形式的无偿占有与侵害，有效应对西方大国对数字丝绸之路的掣肘与打压。这种区域性、综合性的共同体的形成，将为全球性的数字命运共同体提供成熟的建设路径和经验，在各国互惠互利的进程中，争取到愈发广泛的支持力量。

目前，数字丝绸之路的主要合作国家多在东亚、南亚、中亚、非洲、拉丁美洲等地区，这种合作模式可以继续延伸，扩大到欧洲、大洋洲等地区的国家上来。虽然有些国家在美国的压力下加入了围堵中国的队伍，但很多国家对待数字丝绸之路的态度仍然不断摇摆，且内部也存在不同意见。目前，中国的数字技术日趋强大，在国际供应链中的地位不断提升，与很多国家具有合作上的互补性，中国的某些前沿技术、巨大的市场与应用场景是很多国家都十分需要的。诺基亚公司就因为不愿放弃与中国企业的合作和来自中国的庞大订单，而选择退出美国主导的 5G 联盟。中国在贸易中倡导互惠合作，在网络空间中宣扬共同体理念而非意识形态偏见，这些国家基于本国的根本利益，极有可能在未来作出区别于现在的政策选择。中国可以继续探索与这些国家深入合作的具体路径，达成政策共识，促进与各国数字规则的协调，以推动第三方市场合作等方式为数字经济合作奠定基础，深化伙伴关系，逐步为数字丝绸之路的拓展开辟空间。

中国长期呼吁美方摒弃冷战思维，重拾对话与合作，美国却依然坚持脱钩与制裁的方针，这缘于美国高度依赖掠夺式的发展体系，不可能主动接纳数字命运共同体的理念，只能在被迫收缩中进行改变。

因此，中国的关键还是要做好自身，在科技与经济方面保持强大的竞争力，唯有如此才能在与美国的博弈中增添筹码。此外，作为世界两大数字强国，中美间的直接对话往往会受到世界各国高度关注，中国应当在国际政治和舆论战场中体现更加积极主动的姿态，增强在国际组织中的影响力，驳斥美国的霸权行径，揭示美国发展道路的真相，体现真正的大国担当，以实践成果展现一条区别于西方资本主义的、和平崛起的数字强国之路，这将深刻影响到各国的舆论态度与政策选择，推动各国顺应历史潮流，共同走入公平、开放、包容、共享的数字发展进程之中。

三、共产主义展望

数字命运共同体是构建人类命运共同体的重要路径，而人类命运共同体为共产主义的远大理想提供了智慧方略。当然，除了这一思路外，还有很多国家的左翼学者在这个科技大爆炸的时代对共产主义社会作出过展望。他们观察到了如此的现象：数字技术在时间和空间上的渗透造成了公众日常生活和全生命周期的资本化，但无产者与有产者之间的界限似乎也日渐弥合，以往被视为革命主体的无产阶级的独立政治地位受到了质疑。数字时代的无产阶级身在何处？到底要依赖于谁凝聚革命力量？革命之后又要去向何方？左翼学者对此进行了不断的探索与思考，围绕核心问题推出了各自的回答与方案。

首先来看左翼学者们围绕斗争主体的讨论。早在世纪之交，自治主义马克思主义学派便率先登场，他们看到了数字时代非物质劳动在经济生活中愈发重要的作用与随之出现的大量被剥削者，提出以"诸众"替代"无产阶级"成为新时代的斗争主体。非物质劳动生产的是信息、知识、情感等，本质上是一种生产和再生产主体及主体间社会关系的生命政治劳动[1]，它不能通过机器创制，只能依赖于主体的生命生产出来，这些主体便是"诸众"。自治主义马克思主义者将诸众视为"当下唯一有能力进行革命的角色"[2]，并赋予了其极为宽广的内涵。诸众不同于人民、阶级、国家，是一个差异的、多元的、充满流动性的新主体。它比无产阶级的范畴更加开放、多元，"由社会生产的各种形式构成"[3]，囊括了数字时代全部在资本下从事劳动的分子，而社会革命即依赖于诸众在内部对社会的重构与再生产。

当然，也有学者提出不同的见解。提出"认知资本主义"分析框架的法国学者雅安·莫里耶—布当指出，"诸众"是一个非常含混不清的概念，应当以"认知工人"来取代无产阶级和诸众的范畴。布当接纳了自治主义马克思主义者关于非物质劳动的思想，但并未如前者一样放弃阶级概念，而是力求在此基础上重塑阶级逻辑。他以资本对体力还是创造力的盘剥为标准区分了1级剥削和2级剥削，据此将社会阶级细分为多个阶层，其中有主要受到1级剥削的体力工人，也有

1　Michael Hardt，Antonio Negri. Multitude：War and Democracy in the Age of Empire[M].New York：The Penguin Press，2004：109.

2　[美]迈克尔·哈特，[意]安东尼奥·奈格里.大同世界[M].王兴坤译，北京：人民出版社，2015年，第128页。

3　[美]迈克尔·哈特，[意]安东尼奥·奈格里.大众·序言[J].陈飞扬译，国外理论动态，2005年第2期。

主要受到 2 级剥削的认知工人。传统意义上的无产阶级指代的是以出卖体力劳动力为主的体力工人，他们是以往社会中反抗的主导力量。但随着知识经济的兴起，认知工人的规模会愈发壮大，并将逐渐成为认知资本主义社会中新的斗争主体。[1]

　　齐泽克等人的"新无产阶级"论也颇具代表性。齐泽克认为，尽管马克思曾多次同义使用过"工人阶级"与"无产阶级"两个概念，但两者实际上是不同的范畴。"工人阶级"是一个社会学研究的对象，是由不同成分组成的社会阶层，而"无产阶级"则应被视为革命斗争的行为投入者。[2] 因此，在知识、网络的私有化时代，对"无产阶级"的界定不应当局限于"工人阶级"的视野，而要将其推进到马克思难以想象的层面。[3] 他进而提出，当代资本主义对公共资源的侵占在社会中催生了大量的"被排除者"，他们不被资本需要，经受失业与排挤，被现行制度隔离在外，典型的如贫民窟居民，这些人构成了当代社会中的"新无产阶级"。"新无产阶级"具有内在的巨大革命潜能，他们与坐拥财富和高级社会关系的"互联网贵族"等形成对立关系，构成了阶级的斗争的新坐标。[4] 除了齐泽克外，朗西埃的"无分者"、阿甘本的"神圣人"等也与"被排除者"的理念拥有相似的内核。

1　Yann Moulier – Boutang. Cognitive Capitalism[M].Cambridge：Polity Press，2012：94.

2　纪杰克. 神经质主体 [M]. 万毓泽译，台北：桂冠图书股份有限公司，2004 年，第 190 页。

3　Slavoj Zizek. First as Tragedy，Then as Farce[M]. London：Verso：2009：92.

4　Slavoj Zizek. Organs without Bodies：Deleuze and Consequences[M].New York：Routledge，2004：193–194.

再来看左翼学者围绕斗争方式的讨论。与在斗争主体上的争论相同，左翼学者间关于斗争的方式也存在不同的看法。提出"诸众"概念的自治主义马克思主义学者指出，以交往、协作、分享为主要形式的非物质劳动赋予了诸众民主组织和自发行动的能力，他们不再运用以往国际无产阶级的斗争路线，而是通过自发地流动、保护多样性和公共空间以及创新生活方式来抵抗资本意志，回归生命政治生产的主体性，重新生产社会本身。[1] 他们将在网络中创造革命性的时间和空间，以非暴力的方式在内部解构资本帝国，从而迈向新的共同文明。然而，诸众的这种自发性遭到了齐泽克、巴迪欧、狄恩等诸多学者的质疑，他们指出没有领导者和先锋队的斗争无疑是一盘散沙，但这并未影响到诸众理论强大的影响力。在部分传播政治经济学者提出的工联主义思想、布当提出的认知工人与网络联合的策略等主张中，均可以看到自治主义马克思主义学者理论的身影。

还有一些传播政治经济学者则将希望寄托于资本主义的内部调节。丹·席勒、詹姆斯·科兰、罗伯特·麦克切斯尼等学者便认为，数字行业、媒体行业的私有化强化了不平等与集权，应当走公共改良的道路，加强政府部门对商业媒体的监管，同时依靠大规模的政治补贴，唤醒媒体行业的公共服务属性。[2] 他们将民主视为社会运动的最终目标，主张在公共压力、社会矛盾的驱使下，通过自上而下的调节

1　唐庆. 非物质劳动与生命政治学——内格里非物质劳动理论考察 [J]. 马克思主义与现实，2019 年第 6 期。

2　周人杰. 西方传播政治经济学的最新进展 [J]. 政治经济学评论，2015 年第 3 期。

在资本主义内部造就一个非营利的、与现有媒体有着结构性区别的体系，实现人民的政治权利，从而逐步向数字社会主义过渡。

此外，加速主义学派的观点也值得关注。一些左翼学者认为，技术进步加剧了资本扩张，应当改变社会对技术的崇拜。譬如库尔德里和梅西亚斯就提出，公众应走上一条脱离数字技术和平台的"另一条道路"以逃避资本的数据殖民。[1] 吉米·兰格倡导公众扭转社交媒体带来的迷惑和焦虑情绪，避免劳动、交往与生活的过度中介化，构建一种减速的社会主义政治。[2] 但加速主义者则持完全相反的态度，他们反对将资本主义等同于技术加速，将马克思视为"最典型的加速主义思想家"[3]，认为物质生产力的不断进步必将最终打破资本主义生产关系的藩篱，而数字技术正是推动这一进程的加速力量。因此无产阶级的任务绝不是倒退和逃避，而是要不断释放技术的潜能，突破资本主义的容纳极限，使资本主义缔造出的技术工具反过来变为掀翻资本主义的颠覆力量。

最后看左翼学者围绕"去向何方"的讨论。斗争之后迈向一个怎样的新型社会是左翼学者们另一个重点讨论的话题。2009 年，奈格

1 Nick Couldry, Ulises A. Mejias. The Costs of Connection: How Data Is Colonizing Human Life and Appropriating it for Capitalism[M]. California: Stanford University Press, 2019: 211

2 Fuchs C. Communicative Socialism/Digital Socialism[J].tripleC: Communication, Capitalism&Critique, 2020, 18（1）.

3 Alex Williams, Nick Srnicek. Accelerate: Manifesto for an Accelerationist Politics", in Robin Mackay and Armen Avanessian（eds.）, Accelerate: The Accelerationist Reader[M].Cambridge: Urbanomic, 2014: 353.

里和哈特出版了《大同世界》，完成了"帝国三部曲"的最终篇，发出了自治主义马克思主义者的声音。两人指出，诸众的非物质劳动既生产出大量的知识、信息等人类可以共同享有的财富，又不断创造着人类主体的"共同性"，这为迈入一个全新的共有的"大同世界"提供了可能。在大同社会中，民族国家中"贫乏的主体性"开始消解，所有制从私有和公有向更为高级的共有过渡，诸众成为"共有者"，协同生产、共有财富、共同建构社会。[1] 同时，诸众以往被资产阶级剥夺的政治行动能力得以恢复，他们拥有民主管理、政治参与的权利，拥有真实的信息、情感力量以及实质性的安全，超越了以往一切政治主体形态，将获得充满异质性、包容性的重构与解放。

还有很多学者给出了"数字社会主义"的答案，传播政治经济学派是其中的代表。2020 年上半年，克里斯蒂安·福克斯就在著名的 3C 杂志上组织了一期以"传播社会主义 / 数字社会主义"为主题的专刊，协同十几位学者共同思考数字社会主义的建构方式与运行机制。学者们力求通过国有化数字寡头、收取数字税、建设网络公地等方式，实现一个生产资料（如计算机和软硬件）和产品（如数据、知识）共有、传播行业具备公共属性的数字社会主义社会。这一社会形态将具有丰富的算力和超强的计划能力，人类的需求和偏好将会被更加精确地计算，避免劳动力的过剩和浪费，大量单调、无聊、重复的劳动也将被自动化工具替代，使人类拥有更多进行创造性和艺术性劳

---

1 Antonio Negri, Michael Hardt. Commonwealth[M].Cambridge: Harvard University Press, 2009: 273.

动的时间和空间。[1]

此外，还有不同定义下的"新共产主义"思想。早在 20 世纪末，法国共产党便推出了"新共产主义"论，形成了具有法国色彩的政党指导理论。2008 年金融危机之后，在巴迪欧、齐泽克等人的倡导下，学界中的"新共产主义"思潮开始兴起，其间诞生了巴迪欧的《共产主义假设》、波斯蒂尔的《共产主义现实性》、鲍里斯·格罗伊斯的《共产主义附录》、乔蒂·狄恩的《共产主义地平线》等系列作品。学者们阐释了在新社会背景下对共产主义理念的当代理解，譬如巴迪欧认为共产主义是一种观念或假设，是真实、想象和象征的运作过程。[2]狄恩则认为，新共产主义是群众性政治实践的结果，应当借助信息技术重塑政党模式，实现后资本主义时代的政治解放，从而向数字化时代人类自由发展的新共产主义进发。[3]

西方左翼学者结合资本主义的当代变化，运用跨学科视角，为把马克思主义的基本观点推进到数字时代作出了诸多努力，提出了很多颇具启发性的观点，其理论贡献是不可否认的。然而，在制定斗争策略时，西方左翼学者的主张却未摆脱乌托邦意味，忽视了实践中的可行性。另外，他们的很多范畴和观念事实上业已脱离了马克思列宁主

1　Fuchs C. Communicative Socialism/Digital Socialism[J].tripleC：Communication，Capitalism&Critique，2020，18（1）.

2　[法]阿兰·巴迪欧.共产主义假设，载复旦大学当代国外马克思主义研究中心主编.当代国外马克思主义评论（8）[M].罗久译，北京：人民出版社，2010 年，第 35 页。

3　Jodi Dean. The Communist Horizen[M].London：Verso，2012：198.

义的语境，这个意义上的"发展"其实是对经典作家思想体系的一种伤害。让我们逐一来看。

首先，是关于斗争主体的问题。必须说，无产阶级依然是数字时代的斗争主体。左翼学者们对斗争主体的重塑，是基于数字时代劳动形式、劳资关系等方面的新变化。但实际上，"非物质劳动""一般智力""认知劳动"等的出现根本不该成为"无产阶级"概念退场的理由。马克思没有对所谓的"非物质劳动"等进行过研究吗？显然不是的。马克思将劳动力定义为"体力和智力的总和"[1]，认为劳动过程是"脑力劳动和体力劳动结合在一起"[2]，并对教师、演员、艺术家、作家、画家等不同职业雇佣工人的劳动形式作出了分析。恩格斯也曾明确提出过"脑力劳动无产阶级"[3]的概念，认为他们是未来革命战斗中的重要力量。只是由于生产力发展的历史因素，造成了大机器时代以体力劳动为主的生产方式，马克思才将研究视角更多地集中于产业工人。因此，很多西方左翼学者将"无产阶级"概念局限在体力工人，并据此发明新概念扩展革命主体内涵的做法，无疑是对马克思恩格斯思想的误读。生产力的爆发催生了大量的脑力工人，这是无产阶级内部的结构变化，以此从根本上否定阶级逻辑是不可取的。

不仅如此，"诸众""认知工人""新无产阶级"等新主体范畴的出现，已经在无形间丢失了马克思恩格斯在提出"无产阶级"概念时

1　马克思恩格斯文集（第5卷）[M]. 北京：人民出版社，2009年，第195页。

2　马克思恩格斯文集（第5卷）[M]. 北京：人民出版社，2009年，第582页。

3　马克思恩格斯全集（第29卷）[M]. 北京：人民出版社，2020年，第16页。

的意蕴所指。什么是无产阶级？无产阶级是"没有自己的生产资料，因而不得不靠出卖劳动力来维持生活的现代雇佣工人阶级。"[1]可以看到，马克思恩格斯的阶级划分，是以生产资料所有权为根本标志的。正因为"无产"，工人才必须出卖自己的劳动力，才会被压榨剩余价值。在这一过程中，无产阶级遭受了最惨重的剥削和贫困命运，故而成为最具革命性的阶级。因此，"无产阶级"这一概念的产生不是简单地指代社会群体，而是为了反映资本主义社会中的经济运行规律与劳资之间的对立关系。即便到了数字时代，出现了诸多先进的数字工具与更为灵活的企业组织方式，生产资料所有权问题依然是劳资矛盾的核心。

阶级相关问题从根本上来说属于经济范畴，应当从生产关系出发进行界定，而不能简单地以劳动形式划分。马克思曾明确指出："智力决不是等级的特性。"[2]因为智力具有共有属性，不应当成为划分社会等级与群体身份的依据。西方左翼学者据此界定革命主体，必然会造成诸多的认知混淆。就"诸众"和"认知工人"来说，如果过于强调"非物质劳动"和"认知劳动"的意义，那么如何认识体力工人的革命性呢？此外，如果将所有从事非物质劳动与认知劳动的工人划入革命主体范畴，又如何真正区分资产阶级与工人呢？这无疑存在着概念泛化的危险。而齐泽克等的"新无产阶级"，虽然延续了"无产阶级"的说法，但已经完全置换掉了马克思的原意。关注难民等特定群体无

1　马克思恩格斯文集（第 2 卷）[M]. 北京：人民出版社，2009 年，第 31 页。

2　马克思恩格斯全集（第 40 卷）[M]. 北京：人民出版社，1982 年，第 339 页。

可厚非，以此全面概括革命主体的做法显然是不适宜的。

当然，在数字时代，有很多新变化值得马克思主义学者关注。譬如，相较于以往一无所有的工人，有些拥有部分生产资料的群体开始成为劳工，譬如网络写手、视频拍客、Uber 司机等，那么如何区分革命主体与斗争对象呢？我们依然要在马克思"无产阶级"概念的框架下认识这些问题。在数字时代，无产阶级依然"无产"，不具备数字基础设施、智能机器等核心生产资料。同时，数字资本家通过平台和电子商务等垄断了供需交易和剩余价值实现的场所，使得很多拥有部分生产资料的劳动者也难以进行独立生产活动，必须依附于资本家劳作，他们在经济事实上与一无所有的无产者没有任何区别，还必须自己承担部分生产资料的成本。马克思指出"资本的积累就是无产阶级的增加"[1]，数字时代资本逻辑与无产阶级命运间的尖锐冲突依然没有改变，只不过被技术改造过的新型劳动形式掩盖掉了。从近年来资本主义国家的现实情况来看，失业、贫困、两极分化等问题相较于大机器时代同样严峻。因此，马克思的阶级理论在当代依然具有高度的科学性，无产阶级依然是数字时代最具革命性的斗争力量。

其次，是关于斗争方式的问题。必须说，政党的领导是形成革命力量的唯一路径。左翼学者强调要"重新发明集体性"[2]，但他们提出的斗争方案大多都不具备现实可行性。自治主义马克思主义者认为多

---

1 马克思恩格斯文集（第 5 卷）[M].北京：人民出版社，2009 年，第 709 页。

2 蓝江.数字资本主义批判和重建无产阶级集体性——21 世纪国外马克思主义新趋势探析 [J]. 华中科技大学学报，2021 年第 1 期。

元化的"诸众"可以自发地形成共同性，这显然是一种理想主义的看法。一方面，数字时代革命主体的构成异质性更强，公众拥有着不同的身份背景与利益诉求，更多的是依赖于国家、地域、职业、种族、收入水平等决定自己的集体归属[1]，单靠自身很难形成相互联系的纽带，劳动的内在合作性也不足以充当社会变革的动力；另一方面，互联网的存在便利了资本的意识形态控制，资本通过网络不断传播充满个性化、碎片化和符合资本利益的思想观念，以个性替代集体性，公众的自发意识与组织力量更加难以凝聚。即使产生了大规模的反抗运动，也很容易是无效的、盲目的或是被人利用的。譬如被自治主义马克思主义者推崇的"占领华尔街"和"黄马甲"等运动，要么难以保持持续的革命力量，要么囿于某个行业和地区，很难形成跨地区、跨领域的联合。一些传播政治经济学者依赖资产阶级自我革命的想法同样不具有现实性。资产阶级政府归根结底还是代表大资本的利益，即使有时会因为社会矛盾作出局部的内部调节，但绝不会因此实现根本性的体制变革。加速主义学派的加速理念则带有技术决定论色彩。诚然，生产力的发展是社会变革的最重要动力，但无产阶级主观能动性的发挥才是社会变革最直接的因素。片面强调技术进步而不提出成熟的斗争方案是不可取的，技术的进步为资本家更新了剥削与控制的工具，难道底层人民只需要等待着技术加速就可以解放自己吗？

　　总体而言，缺乏阶级意识是左翼学者们没有提出有效的斗争方式

1　姜辉.论西方国家工人阶级的现实境况和社会地位 [J].教学与研究，2014 年第 7 期。

的重要原因，他们没有认清革命的真正主体，也没有科学地定义斗争对象。很多学者都受到自治主义马克思主义学者"帝国"理论的影响，将大型数字科技公司而非资产阶级与民众之间的矛盾作为数字时代社会的主要矛盾。这让他们难以意识到无产阶级与资产阶级不可调和的对立性，也难以意识到无产阶级的利益只能通过暴力或和平斗争手段推翻资产阶级的统治来实现。

无产阶级要真正形成科学的斗争意识、保持长久的革命力量并获得最终的胜利，一个具有先进性的政党的领导是必不可少的。列宁曾经鲜明地论述过这一问题，他认为工人群体虽然已经拥有了必须要进行反抗的意识，但是自发性不等于自觉性，"工人阶级单靠自己本身的力量，只能形成工联主义的意识"[1]，况且"资产阶级意识形态的渊源比社会主义意识形态久远得多，它经过了更加全面的加工，它拥有的传播工具也多得不能相比"，所以无产阶级也容易"受资产阶级意识形态的控制"[2]。为了凝聚分散的力量，"就需要有经过考验的革命家的坚强组织"[3]，就应当"从外面灌输给工人"以"阶级政治意识"[4]。然而，西方左翼学者大多对政党持反对或疑虑态度，他们认为政党存在差异化的可能性，可能会凌驾于大众之上，歪曲人民的意志。

尽管存在着狄恩这种坚决支持政党领导的学者，她认为没有政党

---

1 列宁全集（第6卷）[M]. 北京：人民出版社，2013年，第29页。

2 列宁全集（第6卷）[M]. 北京：人民出版社，2013年，第40页。

3 列宁全集（第6卷）[M]. 北京：人民出版社，2013年，第123页。

4 列宁全集（第6卷）[M]. 北京：人民出版社，2013年，第76页。

领导的群众运动"不过是变成了一种景观，只能代表有多少人出席了运动而已"[1]，但这种声音也被淹没在西方左翼学者的主流态度之中了。事实上，在网络思潮更为多元的数字时代，更需要一个掌握科学理论的政党去统一意志，形成组织力与集体力。唯有具有先进性的政党才能用先进的理论武装群众，制定系统的斗争策略，保持长久的革命精神与力量。各国共产党应当结合本国国情与实践经验，探索出科学的指导理论并将之与组织力量相结合，善于利用互联网数字工具进行思想宣传，在逐渐壮大的同时积累革命经验，最终实现对资产阶级的政权替代。只有无产阶级掌握政治权力，才能真正引领人民走上解放之路。否则，西方左翼学者的美好愿景，都只能成为可望不可即的空中楼阁。

最后，再来说斗争之后去向何方的问题。必须承认，只有数字命运共同体的方案是目前最符合世界人民利益，也具有可行性的方案。马克思对共产主义社会作了原理性的描述但未涉及细节，这让西方左翼学者关于未来社会的展望看起来很像共产主义理念在数字时代的重释。譬如"大同世界"中对"共同性"的强调，要求公众对财富开放使用，进行集体的民主决策与自我管理[2]，再譬如巴迪欧和齐泽克的平等主义理念，追求收入公平、职业平等和公众的政治参与[3]，这些与马

1　Jodi Dean. The Communist Horizen[M].London： Verso，2012：237.

2　Antonio Negri， Michael Hardt. Commonwealth[M].Cambridge： Harvard University Press，2009：1.

3　[法]阿兰·巴迪欧.共产主义假设，载复旦大学当代国外马克思主义研究中心主编.当代国外马克思主义评论（8）[M].罗久译，北京：人民出版社，2010年，第35页。

克思对共产主义的设想有着一定的相似性。然而，马克思对共产主义的推导是建立在剩余价值学说与历史唯物主义之上的，它是对私有制和异化劳动的扬弃，是对资本主义内在逻辑的超越，所以它才是"推翻一切旧的生产关系和交往关系的基础"[1]。马克思关于共产主义的阐述虽然不多，却阐明了共产主义的本质规定与人类真正获得解放的条件。而左翼学者的理论并未对共产主义生成的动因和必然性作出科学的阐释，没有回答清楚数字时代生产资料的所有权问题、剩余价值的生产与分配问题等社会发展的核心议题，也未对资本主义的矛盾和历史暂时性作出有力的洞察。这使得左翼学者无法提出科学和系统的建构方案，不能从现实出发去提供制度建议，很多构想最多只能算是贴近共产主义社会的部分描述。还有些理念由于缺乏理论基石，充满了空想甚至宗教色彩。这些理论不仅不能为实践活动指明正确方向，形形色色"新共产主义"概念的出现，还会引发"共产主义"学说庸俗化的危险。

此外，很多西方左翼学者绕开社会主义，试图依赖资本主义的内生力量直接迈入共产主义的想法也是不可取的。新技术革命的产生的确对经济社会造成了重要的影响，但从历史唯物主义的视角看，社会形态的演进是要遵循历史规律的。只有通过社会主义阶段的建设，促使生产力高度跃进，彻底消灭剥削、异化劳动与资本关系，推动人自由全面的发展与精神境界的提高，才能逐步向共产主义阶段过渡。左

1　马克思恩格斯文集（第 1 卷）[M]. 北京：人民出版社，2009 年，第 574 页。

翼学者忽视社会主义政权建设与生产力发展的重要历史跨度，试图利用技术力量快速地催生全新的生产关系与社会形态，无疑是一种乌托邦主义的认知。

数字技术在这个时代的蓬勃发展的确为我们接近共产主义社会创造了条件，马克思曾说，"随着新生产力的获得，人们改变自己的生产方式，随着生产方式即谋生的方式的改变，人们也就会改变自己的一切社会关系"[1]。数字生产力创造了新的技术社会形态，而技术社会形态的改变与经济社会形态之间有着密切的联系。生产效率快速地提升，巨大的社会财富被创造出来，规模更大的社会化大生产成为可能，信息成为核心生产资料为生产资料的公有在理论上创造了更有利的条件。文化和传媒的发展促进了精神文明的进步，人工智能的发展替代了大量重复和枯燥的工作，增加了人的自由劳动时间，为人的自由和全面发展提供了便利。[2]这一切都说明，数字时代的到来毫无疑问正在为我们迈向共产主义社会培育物质和精神基础，而关键是在怎样的所有制和价值取向下运用。因此，对于当前的左翼学者和各国的进步政党来说，最实际也是最迫切的任务便是通过阶级斗争推动数字资本主义社会转向数字社会主义社会，唯有如此才能走上实现共产主义的康庄大道。当然，目前很多国家都面临着政党和革命力量弱小，阶级意识不统一，建设经验不足的问题，对革命运动造成了困难。在这一点上，社会主义中国事实上已经为其他国家提供了可以选择的方案。

1　马克思恩格斯文集（第 1 卷）[M]. 北京：人民出版社，2009 年，第 602 页。

2　孙伟平 . 智能社会：共产主义社会建设的基础和条件 [J]. 马克思主义研究，2021 年第 1 期。

　　共产主义理想的实现需要一个较长期的历史过程，但数字命运共同体的构建确是切实可行、可以预见的。左翼学者和各国进步政党应当积极认识共同体理念的时代价值，利用好"数字丝绸之路"等平台，推动社会各方力量加入共建数字命运共同体的进程中来。在这一过程中，各国、各地区的进步力量可以不断利用数字平台建立共识、统一思想、强化合作，摆脱数字传媒资本的意识形态控制，形成科学的指导理论与稳固的组织架构，并利用数字空间团结一切受压迫的人民，启发公众跨越职业、种族和国家的界限，认识到全人类的共同利益与共产主义信念的科学性，为革命道路不断培育后备力量。随着数字命运共同体建设的深入推进，资本主义的内在痼疾与腐朽价值观念将愈发凸显，阶级力量却会在公众思想解放的过程中不断壮大，作为先进生产力代表的数字技术终要成为颠覆资本主义制度的锐利武器，各国政党将会在世界版图上生成燎原之火，引领人民向着马克思所说的"自由人联合体"[1]的方向进发，而这一切都将成为共产主义伟大理想的前奏。

　　总而言之，在马克思主义发展的历史长河中，西方左翼学者作出了不可忽视的贡献。但是，针对数字时代的斗争问题，西方左翼学者却未能提出成熟和可行的方案。究其原因，有两点是极为关键的。第一，相较于马克思和恩格斯的理论来说，西方左翼学者对列宁思想的重视程度是不够的。除了正常的学理因素外，苏联后期领导人的错误

1　马克思恩格斯文集（第 2 卷）[M].北京：人民出版社，2009 年，第 53 页。

实践及其造成的苏联解体的后果影响了左翼学者的判断，使列宁主义
在西方的理论地位受到了贬抑。很多左翼学者抛弃了列宁所重点阐述
的帝国主义理论、政党理论等，这使得他们在寻找革命主体、探索革
命道路等时不可避免地陷入误区。尽管有学者如齐泽克倡导过"重读
列宁"[1]，但也并未真正从列宁主义出发形成研究当代资本主义的系统
逻辑体系。第二，左翼学者没有正确地理解中国的实践与道路。在过
去 70 余年间，在中国共产党的领导下，中国通过革命建立起了代表
无产阶级利益的政权，获得了社会主义建设的伟大成就，有力地推动
并运用了数字生产力的发展，形成了足以对抗数字资本主义的强大国
家力量，促进了人民物质需求的满足与精神文明的提高，与西方左翼
学者乌托邦式的方案形成了鲜明的对比。然而，很多左翼学者虽然持
有激进理论，但在西方媒体、政客与御用文人的影响下，并未摆脱对
中国的认知偏见，这种偏见使中国实践应有的示范作用难以形成。

在数字时代，马克思列宁主义的阶级观、政党观、国家观等依然
熠熠生辉，西方左翼学者应当以此出发，探索如何将先进的数字工具
用于阶级斗争的实践，而不是从技术要素出发去研究社会问题，这样
的结果只能是南辕北辙。对于国内的学者而言，理论自信是极为关键
的。吸取西方左翼学者的思想精华固然重要，但无条件地将其主张视
为理论发展的"风向标"则是不可取的。中国的建设实践为数字时代
马克思主义的发展提供了宝贵的理论源泉，国内学者应当在深刻总结

1　Slavoj Zizek. Repeating Lenin[M].Zagreb：Arkzin，2002.

这些鲜活历程的基础上，对西方左翼学者的错误思想进行纠偏，为数字时代国际范围内无产阶级的斗争提供经验和方案，共同走向摆脱资本奴役、全人类自由而全面发展的新世界。

这是我人生中的第一部专著，对我而言有着别样的意义。

我自 2017 年起开始关注数字技术与数字经济。彼时国内消费互联网正迈入火热期，但政治经济学界的研究尚未铺开，可参照的文献屈指可数。不过，当时以传播政治经济学派为代表的西方左翼学者的一些观点已经产生了影响，很多新颖视角引起了我的兴趣，我决心在这一领域深耕。如何在一个新技术革命爆发的时代延续马克思主义的解释力，是我当时反复思索的问题。

2019 年，我以"数字资本主义"为研究对象的博士论文写毕，获得了全 A 的专家反馈。有人建议我当即出版，但我知道此时的研究成果并不完美，一些理论问题还应当进一步深入发掘，很多新生业态也可以被纳入讨论，而且对于普通读者而言行文有些晦涩。马克思主义是深刻的，也应当是生动的，很多道理和规律来源于生活和实践，也应当归于大众，被群众所掌握。随后几年，我在清华大学完成了博士后研究并选择厦门大学长居和工作。我加入了很多新的思考，翻新了大部分内容和行文，在保持严肃学术探讨的同时使它更贴近读者，也是它该与大家见面的时候了。

当下，"帝国主义"似乎已变成一个只存在于记忆、影视作品和口号中的名词。人们对于那个不断发起战争和殖民的帝国主义印象深刻，以至于误以为这就是帝国主义的全部。在这个看似和平的年代庆幸帝国主义落幕，甚至对一些发达资本主义国家抱以天真的善意。帝国主义是资本主义的最高阶段，是资本主义的垄断阶段，是垄断造成资本过剩带来资本输出与对殖民地抢夺的阶段，这一点列宁说得很清楚。暴力和军事手段是结果而非根源，是帝国主义的特征而非本质。二战之后，种种因素促使帝国主义不再将战争作为对外掠夺的主要手段，由硬控制转向软控制，但垄断的本质与其带来的政治经济效应并未改变。我们不能再从以往的地缘思维出发去看待帝国主义，帝国主义发明了太多可以避免流血冲突又能压榨海外人民的手段，披上冠冕堂皇的外衣并渗入人们日常生活。譬如，当世界各地的人们兴奋地浏览着 YouTube 推荐内容时，谁会将它与一种新型的殖民方式挂钩呢？

也正因如此，在这个时代坚持帝国主义的学术语境，变得愈发重要。此外，强调"帝国主义"的另一个理由在于对"帝国"概念的回应。20 年前，奈格里和哈特的"帝国"理论影响深远，引得无数学者包括一些马克思主义学者竞相追随，却丝毫没有看到"帝国"与"帝国主义"间细微差别背后对经典作家思想的背离。我们的批判绝不能止于所谓"帝国"，而要看到无产阶级与资产阶级之间的冲突，要看到资本主义与社会主义间的对抗。是时候让"帝国主义"的经典话语回归了。

百年之后，当人们以历史的眼光再回头来看这一轮产业革命时，会发现其对经济社会与资本运行规律的影响绝不亚于甚至还要超出前几次产业革命。数字技术在经济社会中的作用与融合能力太强大，带来了太多创新甚至颠覆。而当这种能力被资本运用，无疑等于创制了一把前所未有的收割人民的邪恶镰刀。人们会在娱乐休闲间成为"玩工"，会在没有被雇佣的条件下被"非雇佣剥削"，会在大数据和算法的分析中被"数字殖民"，而资本家却会通过"中心—散点"结构汇聚财富，通过"多重竞争结构"无序扩张，通过"数字—金融"复合体挖掘剩余……我们应当看到，一座无形的帝国主义大厦正矗立于太平洋彼岸，如吸血鬼一般吸食着全世界人民的血汗，并利用一行行代码渗透资本意志。希望大家看完这本书，都可以不被那些"精神鸦片"和"信息茧房"迷困，拥有可以掌控自己注意力时间的能力。

国内对于数字资本主义的研究晚于西方。必须承认，西方左翼学者在数字时代贡献了很多颇具思想性的学术作品，有些国内学者也将他们的观点视为风向标。但深入研究后会发现，很多左翼学者不信任列宁主义，也无法正确理解中国特色社会主义道路，这让他们在涉及阶级、国家、政党等问题时常常出现理论偏颇。他们有着鲜明的批判性和颠覆数字资本主义的愿望，却无法将理论转化为斗争力量，即便是在中国已有的示范作用下。相对于很多西方国家而言，中国有着它们难以企及的数字化发展的伟大实践和丰富经验，国内学者应当具备独立思维与理论自信，对左翼学者的观点持批判学习的态度，肩负起数字时代推动马克思主义发展的伟大使命。

作为目前数字化发展最为成功的两个国家，中美之间有太多地方可以进行比较研究。中美选择的道路有何不同，对待资本的态度有着怎样的差异，中国为什么没有像美国一样受到技术进步的惩罚，我们又当如何看待国内的数字资本等，都是需要思考的问题。

我们也要对目前的处境有清醒的认识。在数字化时代，科技带来的先进感与虚拟世界带来的迷醉让太多人忽视了帝国主义的险恶。对包括中国在内的广大发展中国家来说，与数字帝国主义对抗的挑战丝毫不亚于战争年代。愿社会主义中国冲云破雾、欣欣向荣，也愿人民都能摆脱资本钳制与技术异化，真正向着马克思所说的解放与自由而去。

这部专著邀请了何自力教授和鄢一龙教授作序，他们在本书的思想形成过程中作出了很多指导并给予了我很大启发，是我学术道路上的重要指引者，其间教诲，深烙于心。

当然，要感谢的人还有很多。感谢我的硕士生导师孙寿涛教授，他将我引入学术大门，无论在科研还是生活上都给予我莫大的帮助和支持，是我人生的榜样和楷模。感谢我的博士后合作导师胡鞍钢教授，他的言传身教让我获益匪浅，让我知晓大师风骨，拥有学术情怀。感谢对我博士论文提出指导意见的贾根良教授、丁为民教授、乔晓楠教授等，对我博士后报告提出指导意见的田改伟教授、朱安东教授、周绍杰教授等，对此书作出评价和推荐的谢富胜教授、江宇教授、樊鹏教授、白钢教授等。当然还有一路走来的诸多师长、同仁、课题组成员，以及在书籍校对过程中付出辛苦工作的柯东丽、尤惠阳等，与他们的学习和探讨对本书的形成颇多助益。此外，还有多年陪伴的家人挚友，你们永远是我不竭的动力。

在本书写作期间，受到不少同仁与朋友的关心。深感在这片土地上，有越来越多身怀家国情怀与伟大理想的年轻人正在茁壮成长。最后，以那句百年前先辈们刚刚选择马克思主义道路时的名言来结束本书吧——

"试看将来的环球，必是赤旗的世界！"

刘皓琰

2022 年秋

图书在版编目（CIP）数据

数字帝国主义 / 刘皓琰著 . –– 北京：中国青年出版社，2022.10
ISBN 978 – 7 – 5153 – 6802 – 3

Ⅰ . ①数… Ⅱ . ①刘… Ⅲ . ①信息经济 – 研究 Ⅳ . ① F49

中国版本图书馆 CIP 数据核字（2022）第 209751 号

中国青年出版社 出版 发行

数字帝国主义
刘皓琰　著

责任编辑：彭慧芝
书装设计：今亮後聲 HOPESOUND 2580590616@qq.com · 张张玉
出版发行：中国青年出版社
社　　址：北京市东城区东四十二条 21 号（邮编：100708）
网　　址：www.cyp.com.cn
编辑中心：010—57350578
营销中心：010—57350370
印　　装：北京科信印刷有限公司
经　　销：新华书店
规　　格：700 × 1000mm 1/16
印　　张：19.5
字　　数：220 千字
版　　次：2023 年 1 月北京第 1 版
印　　次：2023 年 1 月北京第 1 次印刷
定　　价：78.00 元

如有印装质量问题，请凭购书发票与质检部联系调换
联系电话：010—57350337